房山碑刻通志

卷三·大石窝镇

学苑出版社

杨亦武 著

大石窝镇碑刻资源调查项目

总 策 划

唐海蛟　　王永年

本卷策划

王心松　　冀显江　　王得军

序

历代碑刻，是研究历史文化、地方文化、民俗文化的一把钥匙。完整系统的碑刻文献，是研究地方历史文化的百科全书。是地方人文历史最直接、最确凿、最可信的文献。在碑刻丰富的地区，完整系统的碑刻史料，其历史信息的丰富和准确，可以勾勒一个地区历史文化的全貌。

房山历代碑刻总数800余件，历史年代自北魏、北齐、隋、唐、辽、金、元、明、清，直至民国，其分布遍及境内所有乡镇街道。时代延续之久，分布之广，内容之丰富，令人叹为观止。这是祖先留给后人一笔丰厚的文化遗产，我们这一代人，应该将其完整地发掘整理，惠于今人，传之后世。

在京津冀协同发展的大背景下，首都北京正以惊人的速度迈向城市化。十年，二十年，或是更长一段时间，传统农村将彻底消失。植根于乡土的碑刻文献的研究发掘，有赖于这片乡土。因而抢救性的发掘整理碑刻资料，是时代赋予文化工作者急迫的责任和使命。房山是首都历史文化大区，北京文明的发祥地，全面整理历代碑刻资料，对北京历史文化研究极为重要。此前出版过一些房山的碑刻资料，收录碑刻少则几十件，多则一二百件，对地方文化裨益颇多，进而令人期待一部全面系统志录房山碑刻的专著，可喜《房山碑刻通志》著成付梓。

1999年至2001年，我曾任房山区文化文物局局长，其间，把房山历史文化的发掘整理作为工作重点，全面普查田野石刻，对可移动的石刻集中保护，拓印整理碑刻资料。杨亦武当时在本局做文物工作，得知他1982年着手房山碑刻资料的收集整理，即给予其大力支持，安排其赴哈尔滨阿城考察金上京，赴上方山进行为期三年的历史文化调查，形成了《大房山金陵考》《房山历史文物研究》《云居寺》《上方山兜率寺》等阶段性成果。2001年末，我调往房山区教委任职，杨亦武的历史文化研究仍在继续，他持之以恒，坚持不懈，集三十余年之功，终于完成了800余件碑刻的抄录、整理、考证、分类、编目，著成《房

山碑刻通志》，并将陆续出版面世。

《房山碑刻通志》以乡镇列卷，全志共八卷，各镇篇幅依碑刻多寡而异。大石窝镇碑刻称最，独列三卷，其余五卷均为数镇合卷，如卷四，即为城关街道与周口店镇的合卷。每卷镇下列村，村下录碑，从而涵括房山全境碑刻，形成完整的地方碑刻文献体系。

这部通志是解读房山历史文化最确切、最直观、最全面、最系统、最真实、最可靠、最实用的地方文献。此著不止收录碑刻原文，而是志、录、注、考兼备：志，概述镇村历史文化及碑刻大略，介绍碑刻存在地的镇村历史文化环境；录，即录入碑刻原文；注，注明碑刻的基本情况；考，对录文进行考证诠释。在录文过程中，著者认真抄录碑拓原文，校订了旧志碑文和历代录文中的讹误，删衍补脱，确保碑文原真无失，力图使本志成为最为可靠之碑刻文献。著者在碑文考释中下足了功夫，通过碑文的解读，厘清历史的来龙去脉。因而此志不仅是一部碑刻志，更是一部以碑刻为视角的地方志。一志在手，即可全面了解房山的历史文化、宗教文化、民俗文化之方方面面。既为房山区经济社会发展提供了历史文化支撑，又为北京史研究奠定了碑刻文献基础，其重要的文化价值不言而喻。时间是检验著述价值最好的尺度，我们还是让时间说话，让历史做出评价。

碑刻的整理研究，是一项辛劳而艰巨的工作。不仅需要必要的学术研究能力，更需要勤奋担当，吃苦耐劳。著者以一个文化人的责任和使命从事这项文化工程，故能三十年如一日，寒暑交替，为之不辍。像这样全面系统整理、研究、志录地方碑刻，并最终形成专著，在北京十六区实不多见。因此，也就愈加难能可贵。

文化是社会的责任，需要有人担当，谁来做不重要，重要的是有人来做。这是一种自觉的文化行动，作为一个文化人，应自任使命，勇于担当。《房山碑刻通志》的面世，让人鼓舞，使人振奋。时代呼唤更多脚踏实地的文化人，呼唤更多有利于国计民生的文化力作。

郭志族[*]
2018 年元月于京南良乡

---

[*] 郭志族，北京市房山区人大常委会副主任。北京市房山区人。1959 年出生，1981 年 7 月参加工作。历任北京市房山区教育局党委副书记、纪委书记，北京市房山区文化文物局党组副书记、局长，北京市房山区教工委书记、区教委主任、区学习办公室主任，北京市房山区三化两区建设咨询委员会副主任委员。2015 年 1 月，当选为北京市房山区人大常委会副主任。

凡 例

一、本通志碑刻分类以地域划分。以乡镇街道为单位，乡镇街道下列村，村下列碑刻。同一村中、同一地点的碑刻原则上列在一起。一村多点的，依次列出各地点碑刻。每个地点，则以碑刻时间顺序的先后为序。如此，以碑刻形成完整的地方文化体系，便于对地方文化的整体把握。

例：卷一大石窝镇，收录88件碑刻，分属于石窝村、辛庄村、广润庄、北尚乐、南尚乐5村：大石窝村35件、辛庄村16件、广润庄10件、北尚乐17件、南尚乐10件。其中辛庄村有福胜寺、隆阳宫、关帝庙、药王庙等，该村目下便依次录下上述地点的碑刻，每个地点，以碑刻时间的先后为序，如隆阳宫碑刻，最早为元代，其次为明代、清代，碑刻顺序如下：

元至元二十八年（1291）《重修隆阳宫碑》、元至治二年（1322）《大元加赠真大道教始祖刘真君之碑》、明隆庆六年（1572）《重修隆阳宫碑记》、清乾隆三十一年（1766）《重修隆阳宫施买香火地碑记》、清乾隆三十一年（1766）《重修隆阳宫大殿建立禅堂成砌群墙置买并施舍地亩等事序》。

二、本志以乡镇分卷，全志800余件碑刻，共分8卷，每卷一册。每卷平均收录碑刻百件左右，由于乡镇碑刻数量不同，每卷收录碑刻数量不一，有的过百，有的不足百件。大石窝镇碑刻最多，共占三卷，其他乡镇为两个或多个乡镇合卷。

三、本志分别采取三级目录或两级目录。独立成卷的乡镇为两级目录，一级目标为村，二级目录为碑刻。合卷的乡镇为三级目录，一级目录为乡镇，二级目录为村、三级目录为碑刻。

四、本志体例分为志、录、说明、考释、附录：

1.志：本志立足于地方文化，在乡镇、村的目下，志述村落的历史文化背景、碑刻综述。

2.录：收录碑刻原文，这是本志的主体。本志收录的碑文，均为尚有碑刻或碑刻拓片存在的。无碑刻或碑刻拓片存在，见录于文献的碑文，一般不与收录，极具历史文化价值的除外。如《卷三·大石窝镇》收录的唐开元十四年（726）刘济《大唐云居寺石堂碑》，是唐代云居寺刻经的重要文献，原碑虽然遗失，亦收录志中。对文献中有记载的碑刻文字，依原拓对其脱、衍、舛等问题与以校正。本志均以简体字录文，漫漶无法辨识的文字，以"□"表示，异体字和错别字依原碑刻照录，以存原貌。

3.说明：即碑刻说明，本志收录的碑刻除碑刻外，还有经幢、墓志等，为表述一致，统称为"碑刻说明"。重点说明碑刻朝代、出处、大小尺寸、碑额文字。对于碑文撰者、书者、碑额书者、刊者，由于碑刻记载分明，不再重复。

4.考释：即碑文考释，是对碑文的考证和解读。根据内容不同，考释分别为"碑文考释""幢文考释""墓志考释""题记考释"等。这部分，除对碑文考证和解读外，着重碑文记载的史迹与地方文化的联系。

5.附录：即附录碑文。为了保证历史文化信息的完整性，相关散见于各种文献的碑文，因无碑刻和拓片存在，不能作为碑文录入，故注明出处，以附录的形式记入本志。

五、本志村名表述原则简述如下。

1.以"村"冠名的村，原名照录。例：周口村。

2.不以"村"冠名的村，村名两个字的，后加"村"；村名三个字的不再加村。例：辛庄，录为辛庄村；周口店村，录为周口店。

目 录

导 言 / 1

云居寺

舍利碑铭

○○一　隋青石佛舍利函铭文　隋大业十二年（616）/ 4

○○二　涿州西石经山雷音堀舍利记　明万历二十年（1592）/ 5

○○三　明汉白玉外函铭文　明万历二十年（1592）/ 9

○○四　达观真可禅师发愿文　明万历二十年（1592）/ 10

○○五　明汉白玉三函铭文　明万历二十年（1592）/ 12

刻经题记

○○六　武德八年静琬刻经题记　唐武德八年（625）/ 15

○○七　贞观二年静琬刻经题记　唐贞观二年（628）/ 17

○○八　贞观五年静琬涅槃经堂题记　唐贞观五年（631）/ 18

○○九　贞观八年静琬华严经题记　唐贞观八年（634）/ 18

○一○　总章二年玄导刻经题记　唐总章二年（669）/ 20

○一一　故上柱国庞府君金刚经颂　唐垂拱元年（685）/ 21

○一二　大唐云居寺石堂碑　唐开元十四年（726）/ 23

○一三　涿鹿山石经堂记　唐元和四年（809）/29

○一四　唐云居寺韩烈等藏经记　唐元和五年（810）/31

○一五　涿州白带山云居寺东峰续镌成四大部经记　辽清宁四年（1058）/33

○一六　大辽涿州涿鹿山云居寺续秘藏石经塔记　辽天庆八年（1118）/36

○一七　入道沙门见嵩续造石经之记　金天会十四年（1136）/41

○一八　云居寺镌葬藏经总经题字号目录　金天眷三年（1140）/43

○一九　重修华严堂经本记　元至正元年（1341）/45

○二〇　玉皇宝诰　明宣德三年（1428）/47

○二一　宝藏题刻　明崇祯四年（1631）/48

○二二　石经始愿记　民国二十一年（1932）/48

○二三　发现藏经目录记　民国二十一年（1932）/49

经碑经幢

○二四　宋小儿金刚般若波罗蜜经碑　唐武周时期（684—704）/52

○二五　袁敬金刚般若波罗蜜经碑　唐武周时期（684—704）/62

○二六　颍川陈公蜜多心经碑　唐天宝元年（742）/70

○二七　金光明最胜王经弘序品第一卷　唐会昌元年（841）/72

○二八　佛顶尊胜陁罗尼幢　辽/75

○二九　金刚般若波罗蜜经　清康熙三十年（1691）/77

○三〇　药师琉璃光如来本愿功德经　清康熙三十年（1691）/88

○三一　佛说阿弥陀经　清康熙三十年（1691）/97

○三二　妙法莲花经观世音菩萨普门品　清康熙三十年（1691）/100

○三三　佛说五十三佛三十五佛名经　清康熙三十年（1691）/104

○三四　佛说般若波罗蜜多心经　清/106

塔铭塔记

○三五　石浮图铭并序　唐景云二年（711）/109

○三六　大唐易州石亭府左果毅都尉蓟县田义起石浮图颂
　　　　唐太极元年（712）/110

○三七　大唐易州新安府折冲李公石浮图之铭　唐开元十年（722）/112

○三八　大唐云居寺石浮图之铭并叙　唐开元十五年（727）/114

○三九　云居石经山顶石浮图铭并叙　唐开元九年（721）/115

○四○　山顶石浮图后记　唐开元二十八年（740）/117

○四一　题云居上寺诗序　唐建中二年（781）/119

○四二　安禄山石浮图铭　唐天宝六载（747）/121

○四三　王晋等造佛菩萨并中台石浮图记　唐天宝十二载（753）/122

○四四　石经山南台唐塔题名　唐乾宁五年（898）/124

○四五　大辽涿州云居寺供塔灯邑记　辽乾统十年（1110）/125

○四六　大辽燕京范阳县白带山石经云居寺释迦佛舍利塔记
　　　　辽天庆七年（1117）/127

○四七　云居寺释迦佛舍利塔石函记　辽天庆七年（1117）/128

○四八　石经山云居寺故提点法师灵塔　金泰和元年（1201）/130

○四九　广公禅师塔记　金泰和二年（1202）/132

造像题记

○五○　庞怀佰造像记　唐咸亨五年（674）/135

○五一　云居寺观音像残记　唐/136

○五二　感怨文　唐天宝十二载（753）/137

○五三　王晋等造佛菩萨并李时用德政碑记　唐天宝十二载（753）/139

○五四　张普旺造弥勒像碣　明成化九年（1473）/140

朝山题刻

○五五　焦玄岩等题名　唐开元二十一年（733）/143

○五六　归义县魏惟俨等题名碑　唐咸通六年（865）/143

○五七　王忠信等题名碑　唐 / 145

○五八　刘仁佐题名　唐咸通八年（867）/ 146

○五九　韩绍勋题记　辽太平六年（1026）/ 146

○六〇　永乐十四年摩崖题刻　明永乐十四（1416）/ 147

○六一　江空普等题名　明宣德元年（1426）/ 148

○六二　张安等题名碑　明宣德七年（1432）/ 148

○六三　杜泰等石经山题刻　明嘉靖二十二年（1543）/ 149

○六四　"念佛"题刻　明万历十三年（1585）/ 149

○六五　盛昱题记　清光绪八年（1882）/ 150

○六六　海城陈兴亚等题名　民国二十一年（1932）/ 151

○六七　陈兴亚石经山诗刻　民国二十一年（1932）/ 151

寺院碑刻

○六八　重修范阳白带山云居寺碑　辽应历十五年（965）/ 154

○六九　重镌云居寺碑记　辽统和二十三年（1005）/ 158

○七〇　大都房山县小西天石经山云居禅寺藏经记

　　　　元后至元二年（1336）/ 159

○七一　石经寺施茶碑记　明万历二十四年（1596）/ 163

○七二　小西天施茶亭新建石记　明天启三年（1623）/ 164

○七三　重修范阳白带山云居寺碑记　清康熙三十七（1698）/ 166

○七四　重修云居古刹碑记　清乾隆八年（1743）/ 168

○七五　云居寺大悲殿记　清乾隆八年（1743）/ 169

○七六　云居寺瞻礼二十韵　清嘉庆十四年（1809）/ 171

○七七　再游云居寺　清嘉庆十八年（1813）/ 173

○七八　西域山大云居寺重修大悲坛碑记　清道光八年（1828）/ 174

○七九　西域云居寺千佛殿碑记　清道光九年（1829）/ 175

○八〇　大清京都西直门外笑祖院反本寻源归复临济正宗碑记

　　　　清同治三年（1864）/ 176

○八一　云居寺传戒碑　清光绪十六年（1890）/179

○八二　西域云居寺地藏阁碑文　清宣统三年（1911）/181

僧人碑刻

○八三　大唐云居寺故寺主律大德神道碑铭并序　唐咸通八年（867）/188

○八四　范阳郡白带山云居寺溟波和尚碑记　清康熙三十七年（1698）/191

○八五　大清西域寺圆通广禅师塔铭　清雍正十年（1732）/199

○八六　西域大云居寺了尘福禅师塔铭　清乾隆十一年（1746）/203

功德碑刻

○八七　刘天甫等捐资碑　金大定十四年（1174）/208

○八八　张普旺立碑记　明成化十年（1474）/208

○八九　复涿州石经山琬公塔院记　明万历二十年（1592）/209

○九○　石经山雷音寺施香火地碑记　清康熙十一年（1672）/213

○九一　认买入官房地碑　清乾隆四年（1739）/214

○九二　施地供众碑记　清乾隆十九年（1754）/217

○九三　宛平县阜城门内吴门王氏施地碑　清乾隆二十年（1755）/219

○九四　功德碑记　清乾隆二十八年（1763）/219

○九五　放财置地斋僧功德文引　清乾隆四十五年（1780）/220

○九六　嘉庆帝赐稻田记　清嘉庆十四（1809）/221

○九七　傅宅地亩碑记　清嘉庆二十五年（1820）/223

○九八　檀波记　清道光三年（1823）/224

○九九　孝女张氏法名真善功德茔地碑记　清道光七年（1827）/225

一○○　胡铭施地碑　清咸丰元年（1851）/226

一○一　施舍功德碑记　清同治三年（1864）/228

一○二　善愿常存记　清同治十三年（1874）/229

一○三　施财功德碑　清光绪二年（1876）/231

一〇四　云居寺善会碑　清光绪三十三年（1907）/232

一〇五　朝山进香碑　民国五年（1916）/233

一〇六　信女居士李氏法名真修募缘功德碑　民国十五年（1926）/235

导　言

早在一万年前，智慧的先民便在大石窝镇拒马河畔的镇江营掬河而灌，陶土而居，创造了灿烂的镇江营文明，揭开了古北京早期文明最为辉煌的篇章。从新石器时代至晚商，古老的北京文明聚焦在镇江营。拒马河畔的镇江营，人文繁华，执古北京之牛耳，成为圣水之畔灿烂的燕都文明之前奏。西周燕国时期，镇江营人口稠密，村庄兴旺。房子一改原始的圆形，而为方形，平地建筑，用草拌泥垒墙，夯打柱础，铺好黄砂居住，灶壁上挖出烟道，通向户外。有的房子做出内外间，日常陶器摆放在灶址周围。这也是北京地区迄今发现的最好的古聚落遗址。

秦王政二十三年（前224）灭燕，在涿邑置涿县，大石窝镇即涿县属地。西汉属涿郡西乡县。当年西乡县西南有"独鹿鸣泽"，鸣泽之畔的山，史称独鹿山，大石窝镇的独树村，自西汉延续至今，村名由独鹿衍化而来。东汉属涿郡涿县，三国属范阳郡涿县，西晋属范阳国涿县，北朝时期仍属涿县，隋先后属幽州、涿郡涿县，唐代属幽州范阳县弘化乡，辽代属涿州范阴县西北。金属涿州范阳县永福乡，大定二十九年（1189）改隶中都大兴府万宁县，属白玉乡上乐里。明昌二年（1191）改奉先县，属白玉乡上乐里，金大安元年（1209）属中都奉先县怀玉乡独树里。元初未变，至元二十七年（1290）属大都路涿州房山县怀玉乡独树里。明代属顺天府涿州房山县怀玉乡独树里、张坊里。清代属顺天府涿州房山县。民国属京兆房山县，初改乡为区，设五个区，大石窝镇属三区，后设九个区，大石窝镇属七区，其中，镇江营、下滩、王家磨、郑家磨、蔡庄属八区。中华人民共和国成立后，先属张坊乡，后为南尚乐乡，今为大石窝镇。

大石窝镇以出产汉白玉著称于世。西周燕国时期，这种稀世美石便以"燕石如玉"驰名，后世称为玉石，或称白玉，大约清末民国，才称汉白玉。汉白玉的开采和汉白玉工艺，发轫于燕国，继踵于汉，初兴于北朝造像，隋唐时期，静琬刊刻石经始盛。自辽代，汉白玉用于南京陪都和宫殿建设，金营中都与金陵，元营大都，明清营北京与帝陵，均以其为主要石材。汉白玉承载了三千余年的古都文明史，号称北京古都之基，紫禁城、故宫之基。

佛教圣地云居寺绵延一千四百余年，素称"塔林碑海"，见证了大石窝镇宗教的繁荣。历代采石人为求平安祥和，创修寺庙，全镇自唐以来的寺、观、庙、庵众多。除云居寺之外，唐代创建的寺院有岩上磨碑寺、北尚乐禅房寺、南尚乐兴禅寺。辛庄隆阳宫始建于金大定年间，元代为真大道教重要道场。北尚乐杨氏、前石门邢氏，以及各村大大小小的世家，造就一方仕风。兼之地利，较之其他乡镇，大石窝镇历代碑刻最为丰富，共有碑刻283件，超过房山区碑刻总数的三分之一，分布于石窝村、辛庄村、广润庄、北尚乐、南尚乐、水头村、下庄村、岩上村、独树村、后石门、前石门、下营村、高庄村、半壁店、惠南庄、王家磨、郑家磨、三岔村等18村及云居寺，其中隋代1件，唐代33件，辽代13件，金代9件，元代13件，明代48件，清代129件，民国37件。《房山碑刻通志》共8卷，卷一、卷二、卷三均为大石窝镇。

《卷三·大石窝镇》收录云居寺碑刻106件，其中隋代1件、唐代32件、辽9件、金5件、元2件、明16件、清35件、民国6件，包括舍利碑铭、刻经题记、石经碑幢、塔铭塔记、造像题记、朝山题刻、寺院碑刻、僧人碑刻、功德碑刻9类。

  舍利碑铭5件——隋代1件、明代4件。

  刻经题记18件——唐代9件、辽代2件、金代2件、元代1件、明代2件、民国2件。

  石经碑幢11件——唐代4件、辽代1件、清代6件。

  塔铭塔记15件——唐代10件、辽代3件、金代2件。

  造像题记5件——唐代4件、明代1件。

  朝山题刻13件——唐代4件、辽代1件、明代5件、清代1件、民国

2件。

  寺院碑刻15件——辽代2件、元代1件、明代2件、清代10件。

  僧人碑刻4件——唐代1件、清代3件。

  功德碑刻20件——金代1件、明代2件、清代15件、民国2件。

106件碑刻收录碑文74篇、碑阴题5则、佛经11部8种、塔题1则、函铭4则、经题6则、造像题5则、朝山题13则、题诗8首。其中：

  舍利碑铭——碑文1篇、函铭4则。

  刻经题记——碑文12篇、碑阴题1则、经题6则。

  石经碑幢——佛经11部8种。

  塔铭塔记——碑文13篇（含塔记5篇、塔铭6篇）、塔题1则、题诗6首。

  造像题记——造像题5则。

  朝山题刻——朝山题13则。

  寺院碑刻——碑文13篇、碑阴题2则、诗2首、碑阴题1则。

  僧人碑刻——碑文4篇、碑阴题2则。

  功德碑刻——碑文20篇。

房山碑刻通志

云居寺

舍利碑铭

云居寺石经山雷音洞佛舍利，为隋人于隋大业十二年（616）四月八日奉安于雷音洞内。明万历二十年（1592）五月二十日，由达观真可从雷音洞内出土。六月初一，迎入慈圣皇太后的慈宁宫，供养三日，六月四日请出。八月二十日，慈圣皇太后差陈儒，将佛舍利奉回石经山，于雷音洞归安。

1981年11月，云居寺文保所工作人员清理雷音洞地面，在拜石下发现了明万历二十年（1592）归安的佛舍利石函。计五重封函：外函——明汉白玉大石函。长宽各49厘米，通高50.8厘米，达观真可弟子法灯施钱增制。次函——隋青石函。长宽各30厘米，通高24厘米。隋大业十二年（616）四月八日，始奉安时制。三函——汉白玉石函。长宽各13.2厘米，通高13厘米，明慈圣太后出帑银五十两制。四函——镀金银函，长宽各3.85厘米，高5厘米，隋时制。内函——白玉函，长宽各1.2厘米，高1.7厘米，为明慈圣太后增制，内有两粒骨舍利。隋小金函、小金瓶和原奉瓶内的三粒肉舍利未见。

本卷收录有关石经山雷音洞佛舍利函铭和碑刻5件：隋代1件、明代4件，其中有碑文1篇、函铭4则。

○○一　隋青石佛舍利函铭文

大隋大业十二年岁次丙子四月丁巳朔八日甲子，于此函内安置佛舍利三粒，愿住持永劫。

碑刻说明

隋刻。出土于石经山雷音洞。隋舍利石函为青石函，雕刻于隋大业十二年（616），长宽各30厘米，高24厘米。函盖上刻"大隋大业十二年岁次丙子四月丁巳朔八日甲子，于此函内安置佛舍利三粒，愿住持永劫"36字铭文。由这则铭文可知，房山石经山雷音洞佛舍利，共三颗，始置于隋代大业十二年（616）四月八日。函铭无题，题为添加。

铭文考释

为什么要在石经山雷音洞安放佛舍利呢？想来和静琬石经山刻经有关。静琬是北齐南岳慧思大师的弟子，隋大业年间，他秉承师训，在石经山"凿岩为室，摩四壁以写经，又取方石，另更摩写，藏诸室内"（《冥报记》）。静琬刻经受到大隋朝野的重视，当时隋炀帝正临幸涿郡（今北京），炀帝后萧后随驾在涿，萧后弟内史侍郎萧瑀笃信佛法，把静琬刻经一事告知萧后，萧后施绢千匹，萧瑀施绢五百匹。朝野闻之，争共舍施。（《冥报记》）石经山雷音洞是静琬刻经之所，隋人在此安置舍利，也定然是为褒其壮举。所以铭文上说"安置佛舍利三粒，愿住持永劫"。永劫，即永久之意。这是祝福静琬的话，祝静琬矢志不移，祝他开创的刻经事业代代相传。

就佛教本身的意义而言，石经山雷音洞安放佛舍利有其必然性。在佛教中，佛舍利是一种至高无上的神圣物，它作为佛的物质实体，随佛经从天竺（古印度）传播到我国，成为佛教徒们顶礼膜拜的对象。有佛舍利，犹如佛即在此。

石经山由于静琬的凿室刻经，一跃而成为佛教圣地，自然要安置佛舍利以昭佛光。若是佛寺，佛舍利定要建塔贮之，石经山并非佛寺，而是一个藏经石窟，所以佛舍利置于藏有石经的洞室。雷音洞是静琬刻经之首洞，为石经山唯一的开放式经室，除四壁刻有石经外，里面还供奉着佛像，并雕有千佛柱，它是诸藏经洞的核心，是人们顶礼膜拜的地方。故此，佛舍利最终安置在此洞。

佛舍利奉安雷音洞后，隋末唐初始，云居寺以奉安佛舍利的石经山开启了盛大的浴佛节法会之端，由此延续一千余年，直至今日，而唐、辽、金尤盛。在唐代，僧俗相约以每年四月八日，作为向石经山运送石经、封藏石经之日。云居寺僧人藏贲，在石经山半山建义饭亭，场面十分壮观。辽代更是登峰造极，王正《千人邑会碑》曾记录下浴佛节法会场面：

"风俗以四月八日共庆佛生，凡水之滨山之下，不远百里，仅有万家。预馈供粮，号为义食。是时也，香车宝马，藻野缛川，灵木神草，艳赫芊绵。从平地至于绝颠杂沓驾肩，自天子达于庶人归依福田。维摩互设于香积，焉将通戒于米山。面丹崦者，熙熙怡怡，谓耆闍于斯。俯清流者，意夺神骇，谓殑伽无碍。醵施者不以食会而由法会，巡礼者不为食来而由法来。观其感于心外于身，所燃指续灯者，所炼顶代香者，所堕岩舍命者，所积火焚躯者，道俗之间，岁有数辈。"

从碑文的记述看，云居寺浴佛节法会，一向在石经山雷音洞举行，改在山下的云居寺是后世的事。

○○二　涿州西石经山雷音堀舍利记

住东海那罗延山海印寺沙门释德清撰

有明万历二十年岁在壬辰四月庚寅朔十有五日甲辰，达观可禅师自五台送龙子归潭柘，圣母慈圣太后闻之，遣近臣陈儒、赵赟等送斋供饮。五月庚申朔十二日辛未，师携侍者道开、如奇、太仆徐琰等至石经山雷音堀，乃隋大业中静琬尊者刻石藏经所。师见堀中像设拥蔽，石经薄蚀，因命东云居寺住持明亮

芟刈之。是日，光烛严壑，风雷动地。翌日启洞中拜石，石下有穴，穴藏石函，纵横一尺。面刻"大隋大业十二年岁次丙子四月丁巳朔八日甲子，于此函内安置佛舍利三粒，愿住持永劫"，计三十六字，内贮灵骨四五升，状如石髓，异香馥郁。中有银函方寸许，中盛小金函半寸许，中贮小金瓶，如胡豆粒，中安佛舍利三颗，如粟米，紫红色，如金刚，开侍者请至师所。师欢喜礼赞，既而走书付赵赟，属徐法灯者，请奏圣母皇太后。太后欣然喜，斋宿三日，六月己丑朔，迎入慈宁宫，供养三日，仍于小金函外加小玉函，玉函复加小金函，方一寸许，坐银函内，以为庄严，出帑银五十两，乃造大石函，总包藏之。于万历二十年壬辰八月戊子朔二十日丁未，复安置石穴。愿住持永劫，生生世世，缘会再睹。沙门德清记其事。

清一心合掌而言曰："原夫舍利者，乃吾佛因地最初发金刚心，演戒定慧光明，薰蒸有漏无常，三业变化所成，而有生身、法身、全分之别。始从发觉，以至习漏净尽，三德圆满，故随缘所现，色身相好光明，赩如宝山，阎浮檀金紫磨光聚，三业六根，内外莹彻，即无常身，证金刚体。故大般涅盘，诸大弟子、诸天大众，各执旃檀沉水为积。以焚其躯，则皮骨、血肉、发毛、爪齿随火光流，一一化为金刚种子，最极坚固，入火不焚，入水不溺，如水银随地，颗颗皆圆，名曰舍利。

此云骨身，此生身也，分见而已。是故，其色但随皮骨、血肉、发毛、爪齿而有红、黄、白、黑。色色不同，小者大者，圆者直者，如露如珠，如粟如菽。又因禅定行道愿力，三种所熏，故有流不流动，现不现异。其禅定者，凝然常寂。其行道者，宛转瓶盘，终古不息。其愿力者，有求必应。

若曰：我处灵鹫山，常在而不灭，岂非法身全体耶？噫，永嘉所谓幻化空身即法身，岂虚语哉！由是观之，则一切众生，具有如来智慧德相，但以妄想无明业行所熏，而成无常败坏之身，即日用现前，念念潜注，真光独露，迸洒八万四千毛孔，一一光明，照耀无尽，即此无常身心，而为常住金刚矣。若演此光明，普照大地，则一切山河草芥缠尘，无非成佛真体，毕竟坚固，不动不坏，一一皆为法身舍利，岂有量哉？但以随众生心缘力所见故，举世尊生身全体，止获八斛四斗耳，且分为三，而天上、人间、龙宫，各取建塔，而供养之，其流布人间者，即阿育王以大神力遣使鬼神所建窣堵波阎浮提，而我震旦可目而数者一十有九，则明州育王适居首焉。盖亦二智所熏者是耶！其我金陵长干神僧康会所求，岂愿力所熏者非耶！

至若代代高僧，凡三学圆满者间多有之，但曰坚固子耳。尝谓震旦故称赤县神州，况其土人多大乘根器，而吾佛舍利无数，其所及者岂止十数而已哉！窃自疑焉。及读舍利感应记，见隋神尼智仙，得舍利一颗。文帝初生，尼即举而育之，及文帝长负大业，思报神尼，尼但以所藏舍利仅嘱之曰："儿当为普天慈父，重兴佛法，用是尽建浮图足矣，何报我为？"帝受之如命，凡今域内名山所至塔庙，故大隋居多。愚谓此堀所藏舍利者，岂琬公亲荷文帝授手而来者耶？抑我世尊愿力所持经藏，将示少分真身，欲令众生顿见全体耶？今我可禅师一至，而舍利即出，因以授受国母，岂亦凤缘所逮也耶？不然，何其感应道交，昭著之如此也？

窃谓当三吴时，江左佛法未至，而舍利何缘先在地中，光腾霄汉，僧会寻光而来，吴尚异之，及谈此舍利，且期三七恳求而至，吴人由是变幻怪为尊信。法道流通，爰自此始，代代相承，千有余年。至我圣祖神宗，尊崇敬事，超越百代，且赖此为金陵定鼎万世洪基，迄今浮屠光明照耀，庄严妙丽，与佛身等，岂细事哉？

且此石经，乃我琬公乘南岳愿轮，以待慈氏经三灾，历穷劫，岂值亿世？惟此舍利，埋之久矣，今我可师一至，不待求而出现，惟我圣母，尊居九重，不期见而自至，岂非吾佛以大愿力，弘护三宝，应时出现，以延我宗社，福庇苍生，永永无穷，使正法流通，佛种不断故耶？抑考琬公所刻石经，由隋及元，六百余年，甫成其半，洎及我明，则阒然无闻，岂我世尊示此少分。如华一叶，见无边春，欲令众生，从此经藏，远续如来法身慧命于穷劫者耶？不然，何其出现易易之如此也？故清得以详记始末，以昭后世，使见闻者，知圣不虚应，应必有由矣。岂徒然哉！是为记。

大明万历二十年壬辰八月戊子二十日丁未 立石

碑刻说明

明刻。在石经山。原碑已佚失，文载于释德清《憨山梦游集》卷十二，此碑文为重要文献，故录之。

碑文考释

德清与房山有不解之缘。早在万历十一年（1583）初，德清辞别五台山，到房山谷积山三学洞辟谷，继临门头沟锦屏山观音洞，于当年四月，到崂山那罗延窟修禅。万历十三年（1585），德清得到慈圣太后的资助购下崂山太清宫的地产，又得到即墨江、黄两乡绅和泰岩、荫谭诸人的施助，始建海印寺。万历二十年（1592），达观真可在石经山雷音洞发现佛舍利，德清于当年七月至顺天府房山县，到上方山与在此避暑的达观真可相会，后随达观真可到云居寺，参与了琬公塔院的收复，撰写《复涿州石经山琬公塔院记》。八月二十日，在石经山见证了雷音洞佛舍利归安，分别撰写了《涿州西石经山雷音堀舍利记》《明汉白玉舍利函铭文》。此后，两蒙冤狱，三入曹溪，于天启三年（1623）十月，示寂于南华寺。

石经山雷音洞佛舍利，自隋大业年间安置之后，沉睡了976年，直到明神宗万历二十年（1592）才重现于世。德清的《涿州西石经山雷音堀舍利记》录载了事情的原委。

万历二十年（1592）四月十五日，达观禅师自五台山送龙子归京西潭柘寺。慈圣太后闻讯，遣近臣陈儒、赵赟送斋供资。达观一行行至房山，于五月十二日往石经山雷音洞拜经。达观见洞内像设瘫散，石经薄蚀，乃命东云居寺住持明亮酌情整饬。动工翌日，启洞拜石，石下有穴，内藏石函约一尺见方，面刻"大隋大业十二年岁次丙子四月丁巳朔八日甲子，于此函内安置佛舍利三粒，愿住持永劫"三十六字铭文，内贮四五升灵骨，状如石髓，异香馥郁。其间有一银函方寸许，内盛小金函半寸许，金函内有一小金瓶，内贮三颗舍利，状如小米，紫红色。按《法苑珠林》所言，这三颗舍利为肉舍利。达观即刻付书赵赟，请他把石经山雷音洞发现佛舍利一事上奏。慈圣太后获悉，欣然斋宿三日，六月初一，把佛舍利迎入其寝宫慈宁宫，供养三日。佛舍利在皇宫逗留两月有余，八月二十日，皇家遣专使将佛舍利放归石经山雷音洞原石穴内。

按德清所记："于小金函外，加小玉函，玉函复加小金函，方一寸许，坐银函内，以为庄严，出帑银五十两，乃造大石函，总包藏之。"

〇〇三　明汉白玉外函铭文

大明万历二十年岁在壬辰夏五月十有九日戊寅，达观可禅师携侍者道开、如奇、冏丞、徐琰自潭柘来，见像设擁蔽，命东云居寺住持明亮芟刈之，获启隋大业间所藏佛舍利三粒，悲泣赞礼。会慈圣宣文明肃皇太后遗臣陈儒、赵赟送斋供至，以闻，六月朔日己丑迎入慈宁宫供养三日，发帑银加造小玉函一，小金函一，大石函一。于八月二十日丁未，遣陈儒仍旧安藏，愿住持永劫，生生世世，缘会再睹。东海那罗延窟海印寺沙门释德清记。

碑刻说明

明刻。佛舍利外函——白玉大石函上铭文长宽各49厘米，通高50.8厘米。函铭无题，题为添加。

铭文考释

铭文刻在函盖，共172字，简明记载了达观可在石经山雷音洞发现舍利辗转入宫，而后归安的经过。函盖上铭文，即德清所撰。此铭文记述和《涿州西石经山雷音堀舍利记》基本一致。

自当年归安，世人再睹其真容，是在389年之后。

罗炤，中国社会科学院世界宗教研究所研究员。1981年，罗炤为社科院研究生，到云居寺写毕业论文，发现有碑文记载雷音洞明代出土过佛舍利。同年11月，云居寺文保所工作人员清理雷音洞地面，在拜石下发现了明万历二十年（1592）归安的佛舍利石函，计五重封函：

外函——明汉白玉大石函。长宽各49厘米，通高50.8厘米。此函为明代增制，函盖上刻有德清所撰172字铭文。

函盖内侧刻有《达观真可禅师愿》，共83字。

次函——隋青石函。长宽各30厘米，通高24厘米。面刻"大隋大业十二年岁次丙子四月丁巳朔八日甲子，于此函内安置佛舍利三粒，愿住持永劫"，共36字。系原隋佛舍利外函。函内原有四五升灵骨，1981年发函时未见。

三函——汉白玉石函。长宽各13.2厘米，通高13厘米。属明人增制。上部楔状抽屉盖，铭文："佛舍利。明万历壬辰岁秋八月二十日，慈圣皇太后差官陈儒重安。"德清二记或言"出帑银五十两，乃造大石函，总包藏之"，或言"大石函一"，均言造一石函，而实则出现两个石函，慈圣必造一个无疑，德清不敢误记。两个石函，除慈圣所制，还有一个石函，佛舍利外函盖内侧镌有"弟子法灯暨孙元朗等施资镌石"。那么，汉白玉外函为达观弟子法灯等施钱所制。此三函——汉白玉石函，才是慈圣花五十两帑银所制者。

四函——镀金银函，长宽各3.85厘米，高5厘米。顶部有莲花，四坡中部饰莲花，两侧为忍冬纹。函体四面有线刻青龙、白虎、朱雀、玄武四灵图案。周边饰莲花及忍冬纹，錾工极精。内藏木质彩绘香珠一颗，珍珠十一颗。此函为隋佛舍利银函，但被明人进行了镀金。函内的木珠、珍珠等物，均为明人安放。

内函——白玉函，长宽各1.2厘米，高1.7厘米。为明人增制。内有两颗乳白色小米粒般大小的骨舍利及两颗珍珠。隋内函小金函内，原藏有小金瓶，隋人安置的三颗肉舍利即在此瓶内。显而易见，明人再封佛舍利时取走了隋小金函、小金瓶及瓶内的三颗肉舍利，而代之以白玉函、两颗骨舍利和两颗珍珠。

1987年4月28日上午，北京市政府在北京饭店中七楼举行中外记者新闻发布会，首次发布了这一消息。会上，时任北京市副市长的陈昊苏宣布，公元616年安置在北京房山云居寺内的佛舍利现已发现，时任中国佛教协会会长赵朴初言称，在北京石经山雷音洞内发现的两粒舍利，经反复考证是佛教创始人释迦牟尼的遗骨。中国佛教协会秘书长周绍良说，佛舍利的发现，无论是在宗教，还是在文化、文物等方面，都具有世界性意义。翌日，《光明日报》《北京日报》等各大报刊，纷纷报道新闻发布会的情况及佛舍利发现的经过。隋藏云居寺石经山舍利现藏于北京首都博物馆，待云居寺收藏条件具备，将归安本山。

○○四　达观真可禅师发愿文

藐然孤露子，佛慈所摄受。以大智慧手，拔我出众苦。我感佛恩故，愿护佛舍利。若所藏所出，必经我心目。若违我本誓，更无藏出者。仰求圣凡等，

供证我愿力。是力若不坚,当堕无间狱。弟子法灯暨孙元朗等施资镌石。

碑刻说明

明刻。在佛舍利外函——汉白玉函的函盖内,共83字,其中愿文70字,法灯、孙元朗施资题刻13字。发愿文无题,题为添加。

铭文考释

达观真可70字愿,通俗地说就是:因为佛对我有恩,所以我发愿护持佛舍利,佛舍利无论是归安还是出示,必须经过我目视和心证。任何人不得违背我的誓言,不经我而擅自将佛舍利或藏或出。

"仰求圣凡等,供证我愿力。是力若不坚,当堕无间狱。"真可要神圣和凡俗人等为自己做个见证,他发下天大的毒誓:如果我的愿力不坚的话,就让我堕入无间狱。

何为无间狱?无间狱是佛经中八热地狱之一。八热地狱:一、等活地狱,二、黑绳地狱,三、堆压地狱,四、叫唤地狱,五、大叫唤地狱,六、烧炙地狱,七、大烧炙地狱,八、无间狱。无间狱居于八热地狱第八,为最重之狱。

在无间狱中受刑的人要受三种刑罚的折磨,极为悲惨。第一种刑罚,将受刑人放在铁地上,有火焰先从东方扑面来,受刑人被烧得像蜡烛一样,其他三方之火依次而来,大火熊熊,只听见受苦的叫声,才知道火中还有人在受刑。第二种刑罚是在铁箕中装满烧热了的铁炭,把受刑的人放入,一起簸颠,再放到热铁地上,命令他们登大热铁山,反复上下。最后一种刑罚就是,从受刑人的口中拔出舌头,以百铁钉钉在铁板上。然后用铁钳撬开受刑人的口,把热铁丸放到受刑人的口中,并把熔化了的铁水从口中灌入,烧烂受刑人的口、喉、五脏,再从下身流出。

真可在雷音洞佛舍利归安之际发下如此愿力,并自立如此毒誓,实属令人费解。细读其发愿文,并结合真可的身份便知,作为一介僧人,哪怕是一位大师,无论如何是无力左右佛舍利命运的,所以他的发愿文实属毫无意义的一纸空文。既然如此,真可又立下毒誓为哪般?依笔者思之,这反映了真可这个佛教徒,对佛舍利历经周折惊恐不安的心态。佛舍利经他从雷音洞出世,他唯恐佛舍利有失。无奈之际，借佛舍利归安，发愿铭石以自证清白，并聊慰自己内心的不安。

○○五　明汉白玉三函铭文

佛舍利。明万历壬辰岁秋八月二十日，慈圣皇太后差官陈儒重安。

碑刻说明

明刻。此函长宽各13.2厘米，通高13厘米。属明人增制。上部楔状抽屉盖镌铭文。函铭无题，题为添加。德清《涿州西石经山雷音堀舍利记》："出帑银五十两，乃造大石函，总包藏之。"此即明万历二十年（1592）慈圣太后出帑银五十两，所造大石函。

刻经题记

云居寺有 1400 余年历史。北齐时期，南岳天台宗二祖慧思，最早凭借白带山一个天然的石窟修行，这就是今石经山雷音洞。鉴于北魏法难，慧思发愿刻石经，以备法灭。他的愿望，被弟子静琬铭记于心。隋统一天下，佛教复兴。静琬秉承师嘱，在先师慧思驻锡之处的白带山顶，发愿刻《华严经》等一十二部佛经。他于贞观五年（631）大规模兴建云居寺，贞观十三年（639）示寂，至其弟子玄导、僧仪、惠暹、玄法，五代不绝其志，直到晚唐、五代梁，后唐时期由战乱中止。

辽代刻经自太平七年（1027）开始，得到圣宗、兴宗、道宗的支持，辽末天祚帝时期，通理大师开坛续刻。金代刻经始于天会十四年（1136），燕京圆福寺沙门见嵩始刻，金末兵乱，石经刊刻又遭停顿。

元代未见大规模刻经，至正元年（1341）四月，高丽国僧慧月到五台山朝圣，归途中路过云居寺，补刻了雷音洞内的五块经板，由同行的高丽国天台宗沙门达牧书经。

明代，宣德三年（1428），云居寺附近辛庄村隆阳宫全真教道士陈风便和本地民众崔景平、戴道清等，募刻了道教《玉皇经》八块，送至石经山，藏于第七洞中。

明末的万历末年至天启、崇祯年间，吴兴沙门真程劝说在北京的南方籍官僚、居士施钱在北京石灯庵刻小版石经《四十华严》等十余部，送往石经山贮藏。崇祯四年（1631）三月四日，出资刻经人之一，著名书法家董其昌在洞额题"宝藏"二字。一般认为，房山石经到明代结束，而清代确确实实刻经 6 部。

刻经题记和记载刻经的碑刻，是记在石头上的刻经史，通过这些题记，后世得知石经山刻经的来龙去脉。

本卷收录刻经题记和记载刻经的碑刻18件：唐代9件、辽代2件、金代2件、元代1件、明代2件、民国2件，其中收录碑文12篇、经题6则、碑阴题1则。

〇〇六　武德八年静琬刻经题记

正法五百岁，像运一千年。至后汉永平十年戊辰之□，至唐武德八年岁次乙酉，凡经一千五百七十二年。正像复沦，众生垢重，信心□□□□恐一朝磨灭，纸叶难固，长□□□□此涕流悲感。琬为护正法，就此山顶刻石经一十二部，余十一部□□□□于此室，冀天地之有穷，望正法□□□□踰明就使山开七日，三□□□□□流通万代，利益无穷。庶使□□□□者，脱令得究竟无上菩提。

碑阴

总作六行，北头第一行十七石，第二行廿石，第三行十八石，第四行十一石，第五行十二石，第六行三石。

第一行如是我闻为始，次第番背读之，还至第一石。南五行列皆同尔。其石注畔即是经文，并行次上题头具显分明。若后取传写讫，愿还次第安置。经本愿勿出之。

碑刻说明

唐刻。在云居寺。在石经山的碑刻题记中，一般都认为贞观二年是最早的刻经年代。1989年在雷音洞前甬路的汉白玉石栏板地墚下面出土一方残碑记，长32厘米，宽27厘米，厚10.5厘米，面、背俱刻，字迹尚称完整清晰，周边略有残损。题记无题，题为添加。

题记考释

题记正面大意是说：佛教诞生后，已经经历了正法500年，像运1000年，到唐武德八年，已经1572年，进入末法时期，以至正像复沦，众生垢重。用以传播佛法的佛经唯恐一朝磨灭，何况纸写的佛卷很难长久保存，静琬思想此情，每每涕流悲感，故为护正法，在石经山顶刻石经12部，流通万代，利益无穷。

而题记背面，则记录下此经的刊刻顺序。在整理《涅槃经》时发现，每片经版的阴、阳两面的经文并不衔接。原来这部经共刻81石，计分为6组，每组数目各异。第一组17石，第二组20石，第三组18石，第四组11石，第五组12石，第六组3石。经文刻在每组经碑阳面，到最后一石回转至碑阴连续刻下去至本组第一石之阴，然后在第二组第一石碑之阳，如此类推最后到第六组第一石之背，全经终。在全部房山石经只有《涅槃经》是采用这种分类排列方式：总作六行，北头第一行十七石，第二行廿石，第三行十八石，第四行十一石，第五行十二石，第六行三石。

这和发现残记上的文字相吻合，因此可以确定这则题记原本是为《涅槃经》而题刻的。研究发现，这则题刻，有漏刻之字，其中第二、四行字漏刻。

房山石经中有《贞观五年静琬涅槃经堂题记》存在，故某些专家以此漏字而断定，《武德八年静琬刻经题记》是一则因漏刻废弃的题记。这一观点，显然过于武断，笔者在考证房山碑刻时，发现碑刻漏文现象并非个案。《贞观五年静琬涅槃经堂题记》并非补漏后的《武德八年静琬刻经题记》完整版，只是一个发愿文，完全替代不了《武德八年静琬刻经题记》的记事作用。类似的题记如《华严经》题记，也是两则，一个是《贞观二年静琬刻经题记》，一个是《贞观八年静琬华严经题记》。故笔者认为《武德八年静琬刻经题记》是一则正式题记，而非废本。

有人据此题记认为，静琬刻经是自唐初始，且认为《涅槃经》为静琬所刻第一部经。而隋、唐两代的文献中记载，静琬刻经始自隋大业，而刻经肇始更早。

隋《范阳图经》载："智泉寺僧静琬见白带山有石室，遂发心书十二部经，刊石为碑。"

唐元和四年（809）刘济《涿鹿山石经堂记》："涿鹿山石经堂者，始自北齐，至隋沙门静琬，睹层峰灵迹，因发愿造十二部石经。"据此，白带山刻经，始于北齐，静琬后继于隋大业。

唐吏部尚书唐临撰《冥报记》："幽州沙门释智苑，精练有学识，隋大业中，发心造石经藏之，以备法灭。既而于幽州北山，凿岩为石室，即磨四壁而以写经。又取方石别更磨写，藏诸室内。每一室满，即以石塞门，用铁锢之。时隋炀帝幸涿郡，内史侍郎萧瑀，皇后之同母弟也，性笃信佛法，以其事白后，后施绢千匹余钱物，以助成之，瑀亦施绢五百四。朝野闻之，争共舍施。故苑得遂其功。"智苑，即静琬，唐临记述前朝事，名称上有误。

此文献更详细记述了静琬刻经事迹。隋大业中，他发心造石经以备法灭，先是在"幽州北山凿岩为石室，即磨四壁而以写经。又取方石别更磨写，藏诸室内。每一室满，即以石塞门，用铁锢之"。

他的刻经义举得到大隋朝野的支持，当时隋炀帝正临幸涿州（今北京），内史侍郎是萧后的胞弟萧瑀，性笃信佛法，他将此事告诉了萧后，萧后施绢千匹并施舍其他一些钱物，萧瑀施绢五百四。朝野闻之，争相施舍。得到了朝野经济上的资助，静琬刻经得以实现。

文献记载分明，静琬刻经始于隋大业无疑，只是其隋代刻经还有待发现和研究，但并不能因此而草率否定静琬刻经始于隋大业的真实史实。

〇〇七　贞观二年静琬刻经题记

释迦如来正法、像法，凡千五百余岁。至今贞观二年，已浸末法七十五载。佛日既没，冥夜方深，瞽目群生，从兹失导。静琬为护正法，率己门徒、知识及好施檀越，就此山顶刊华严经等一十二部。冀于旷劫，济渡苍生，一切道俗，同登正觉。

碑刻说明

唐刻。静琬早期重要刻经题记之一，在云居寺雷音洞左上角。高42厘米、宽32厘米，厚24厘米。题记无题，题为添加。

题记考释

题记记述了静琬发愿刻《华严经》等一十二部，并表明了其刻经的初衷。静琬目睹佛教浸入末法，担心"佛日既没，冥夜方深，瞽目群生，从兹失导"，发出护持正法宏愿，故"率己门徒、知识及好施檀越，就此山顶刊华严经等一十二部"，以求旷劫到来之时"济渡苍生，一切道俗，同登正觉"。

○○八　贞观五年静琬涅槃经堂题记

此堂内唯有涅槃经一部，更无余物。本为未来悬远，无佛法时留为经本，开生慧目。静琬□头□□□来□□□□。

碑刻说明

唐刻。静琬早期重要刻经题记。左下部残，青石质。高33厘米，宽78厘米。现藏于第四洞。题记无题，题为添加。

题记考释

静琬在题记中申明，刻这部佛经"本为未来悬远，无佛法时留为经本，开生慧目"。时隔三年，静琬再镌题记，重申此愿。

○○九　贞观八年静琬华严经题记

静琬敬白：未来之世，一切道俗，法幢将没，六趣昏冥，人无慧眼，出离难期。每寻斯事，悲恨伤心。今于此山镌凿华严经一部，永留石室，劫火不焚。使千载之下，惠灯常照；万代之后，法炬常明，咸闻正道，□□□□，乃至金刚，更□□□。此经为未来佛法难时，拟充经本，世若有经，愿勿辄开。贞观八年岁次甲午六月乙卯十五日己□。

碑刻说明

唐刻。此石为静琬《华严经》堂题刻。青石质,为静琬早期重要刻经题记。原石高42厘米,宽27厘米,厚57厘米。原嵌于第八洞洞门上方横梁中间,后断为两段。前段同存于第八洞,后段现存于旅顺博物馆。题记无题,题为添加。

题记考释

此题记是自武德八年(625)始静琬的第四则题记。每次题记,静琬都表达了一个佛教徒对佛教进入末法的忧虑,或"涕流悲感",或"悲恨伤心",可谓痛心疾首。静琬刻经题记,集中表达了三层意思:一、佛教进入末法,忧心佛法将灭,佛经将毁灭无存:"正像复沦,众生垢重""佛日既没,冥夜方深""法幢将没,六趣昏冥""瞽目群生,从兹失导""人无惠眼,出离难期"。二、静琬为护正法,使佛经保存下来,发心刻石经《华严经》等一十二部。三、点明刻经主旨:"为未来佛法难时,拟充经本。""为未来悬远,无佛法时留为经本,开生慧目。""冀于旷劫,济渡苍生,一切道俗,同登正觉。"

静琬何以担心佛经毁灭,佛法无存呢?这缘于南北朝时期的两次法难。

佛教自西汉末年传入我国,由于历代统治者的提倡,至南北朝时期空前兴盛起来,凿窟造像,建塔筑寺,僧侣急剧增多。佛教无限制的发展,也给社会造成某些不良后果,甚至影响到统治阶级的利益。于是佛教便受到排斥打击,佛教徒称之为"法难"。一次是在北魏太武帝时期,一次在北周武帝时期。

北魏太武帝"诏诛长安沙门,焚破佛像,敕留台下四方,令一依长安行事"。结果,"长安沙门,一时殄灭"。这是在太平真君六年(445)。翌年(446)三月,太武帝又下诏:"诸有佛图形象及胡经,尽皆击破焚烧,沙门无少长悉坑之。""四方沙门多亡匿……土木宫塔,声教所及,莫不毕毁矣。"这场浩劫,佛史称"魏武之厄"。北周时期法难又起,北周武帝建德年间,下令废佛,前后三年,关、陇地区佛法诛除殆尽。

北周武帝建德六年(577),灭北齐后又在北齐境内毁佛像,焚经卷,没收寺院财产,4万座以上的佛寺充作王公宅邸,300万僧徒全部还俗,佛史称"周武之厄"。

鉴于两次法难,静琬刻石经,为未来无佛法时,作为佛经母本,以弘法济世。因此，静琬在题记中对后世表达了自己的愿望："世若有经，愿忽辄开。"意思是，世间如果尚有佛经，希望不要开启储存石经的藏经洞。

○一○　总章二年玄导刻经题记

　　夫法性玄运，迎而□□。至德虚凝，随而莫□。□归依者，则波征识□，□则尘落情峰。玄导□□，生钟八苦，虽复夙□，□厕缁林。而分变二□，□息惑知。两障随眠，□□借名。会理瘝理者□□，趣真得真者无相。□□师遗训，于此山峰顶造楞伽、思益、佛地、般若四部经律，庶使罽□□□，佛日长明。拘睒訾□，□流无竭。又愿云居□□，群萌助施，修营□□，□升都史，亲觐慈□。□□愿阶初会，舍凡苦□□缘。共拔衾山，同登正觉。

　　大唐总章二年□□□月己酉朔八日景□

碑刻说明

唐刻。此题记在雷音洞门外门楣上横刻，下有残缺。题记无题，题为添加。

题记考释

北京图书馆金石组、中国佛教图书文物馆石经组编《房山石经题记汇编》（书目文献出版社，1987年8月北京第1版第1次印刷）第一次录此题记，此后陆续有金石类著作，录此题记，基本依《房山石经题记汇编》。《汇编》有注："据石形及文字缺三至四字。"《云居寺贞三石录》断句后为："夫法性玄运，迎而□□□，至德虚疑，随而莫□□，□归依者，则波征识□□，□□□者，则尘落情峰，玄导□□，□□生钟，八苦虽复，□□□□，□厕缁林而分变，□□□□□息惑智，两障随眠□□□□借名，会理瘝理者，□□□□，趣真得真者，无相□□，□□师遗训，于此山峰□□□楞伽、思益、佛地、□□、□□、□部经律。庶使罽宾□佛日长明，拘睒訾□□□□□流无竭。又愿云居□□□□群萌助施修营□□□□升都史亲觐慈□□□□□愿阶初会，舍凡□□□□□缘共拔衾山同登。大唐总章二年〔四〕月己酉朔八日景〔辰〕。"

仔细读之，文意似有不通。经笔者据拓片研读，根据题记句式判断，题记每行应为9个字无疑，一共20行，1—10行7字，每行缺2字，其中第10行，最后一字为"峰"，根据上下文意思，所缺二字当为"顶造"，故补之。11行6字，缺3字，上文是"楞伽、思益、佛地"三部经名，下文是"部"字，所缺3个字，前两字当是一部经名，考石经山玄导所刻经为四部，除上述三部外，另一个为《般若经》，故以两字记佛经，所缺两字应为"般若"，而第三个缺字为"四"，亦补。第18行，可辨认7个字缺2字，上文为"共拔衮山同登"，其句式应该是"共拔衮山，同登□□"。又据唐早期刻经题记，均为"同登正觉"，故补之。第19行，应该缺3字，《房山石经题记汇编》《云居寺贞三石录》，均忽略，而以补一"四"字，明显谬矣，现更为3缺文。

静琬于唐贞观十三年（639）迁化，玄导是静琬刻经事业的直接继承者，承静琬遗训，玄导首先续刻了《楞伽阿跋多罗宝经》《思益梵天所问经》《佛地经》《大品般若经》等四部。《总章二年玄导刻经题记》即是为此四部佛经所题："□□师遗训，于此山峰顶造楞伽、思益、佛地、般若四部经律"。

玄导所刻石经还有：《胜天王般若经》《大乘大集地藏十轮经》《僧羯磨经》《比丘尼羯磨经》《佛说四分戒本》《比丘戒本》《比丘尼戒本》《四分大尼戒本》《菩萨受戒法羯磨文》等。玄导时期所刻石经尚有显庆六年（661）刻《心经》、麟德二年（665）刻《四分戒本》、咸亨二年（671）刻《佛说造立形象福报经》等。此外，玄奘译《说无垢称经》《解深密经》，虽无题记佐证，但其字迹与玄导所刻诸经极为类似，有可能也是玄导时所刻。

〇一一　故上柱国庞府君金刚经颂

公讳怀字佰，其先南安郡人也。远祖因宦家于范阳焉，曾祖光魏任雁门郡丞，祖安齐任魏州昌乐县令，父谦隋任定州别驾。并价重连城，光融照乘。栖仁杖义，履顺居贞。公璧孕蓝田，珠生汉水。幼不好弄，长实多能。勋庸冠于朝伦，领袖标于士女。讵心门，称武穴，室拟龙泉而已哉。岂其与善无征，云亡奄洎。遽以光宅元年十一月，遘疾终于私第，春秋七十九也。有子德相等扣地屠魂，号天泣血。想津梁之无据，思回向之有因。以为救助莫若于受持，施与不及于书写。今敬为亡父镌石造金刚般若经一部，即以垂拱元年四月八日雕饰毕功，兼设四部众斋，送经于山寺之顶也。重岩万仞，上亘有天。幽谷百寻，下临无地。缥黄接影，口梵连声，同饮祇树之风，共浃恒河之润。有而为颂曰：

有为有著，三千大千。情尘瞖景，业鄣横山。惊猿不息，萦蚕自缠。□珠靡解，心火徒然。其一

恒河洒润，祇树摇风。即色非色，言空不空。无来无去，宁始宁终。□□妙法，其唯大雄。其二

如露垂□，恒沙善诱。书写受持，□为法首。□□□来，天长地久。陵谷可伤，金石无朽。其三

故上柱国庞德相，弟长上果毅上护军德立，弟柱国名立，弗左金吾翊卫元表。相妻杨，立妻张，名妻郑，表妻刘。相息谨忠、妻刘，谨泰、息，谨忠女二娘、十娘；立息谨信、克俭，女五娘；名息谨寂、克勤、谨约，女净心，八娘。表息郑宾，小宾；女豢儿、博儿、妃儿。姊夫涿城府队正郭神行，亡妻庞、妻胡，息奉祖、奉义，女三娘。妹夫何方海、妻庞，息天僧、天广、天保、天剑、天助，女提希、新希、□□。

上柱国史四郎□□□□护军承问承□□□□□儿、九儿、当儿、四儿。上骑都尉郭神恭，母胡，妻良。庞怀朗，妻马。庞怀闰，妻孔。庞怀素，息义重。庞怀道，息小睹。

史君昂，妻□，息僧端、睹仁。旧安高，息燕□睹。元兴亡父，仁庆母。刘天讬，妻王，息元惹、元威、元节。飞骑尉刘山则，妻良。刘阿表，妻庞。张善登，息思谨。上柱国刘□相德。

碑刻说明

唐垂拱元年（685）四月八日刻，在云居寺石经山雷音洞侧。此文刻于袁敬《金刚经》碑两面之跃。拓片高22厘米，宽108厘米。正书。颂主庞怀佰，即唐咸亨五年（674）五月八日在云居寺造弥勒像之庞怀佰，其子庞德相等为其造经铭颂。

碑文考释

据颂文，考咸亨五年（674）《庞怀佰造像记》：

庞怀佰，祖籍南安郡，远祖到范阳做官，便在范阳定居下来。曾祖庞光，北魏时任雁门郡丞。祖父庞安，北齐时任魏州昌乐县令。父庞谦，隋朝任定州别驾。庞怀佰高宗朝任飞骑尉，是位从六品的武官，娶侯氏。子庞德国、庞德相上柱国，庞德立长上果毅上护军，庞名立柱国，庞元表弗左金吾翊卫。咸亨五年（674）曾在云居寺造弥陀像一尊。十年后的光宅元年（684）十一月，终于私第，春秋七十九。次子庞德相为其镌石造《金刚般若经》一部，垂拱元年（685）四月八日经碑造成，设四部众斋，送经达云居寺石经山顶。

此颂留下庞怀佰数子之名，是用来于校录《庞怀佰造像记》的重要文献，更是考证唐代庞氏家族在云居寺造像刻经的重要文献，为研究唐代云居寺信众佛事活动提供了重要佐证。

庞怀佰生前曾在云居寺施造弥陀像，死后其子庞德相等又施造《金刚经》并设四部众斋，由此推断，庞氏家族似住云居寺附近村庄，庞怀佰造弥勒像时，题记上有"上洛村刘相"，庞氏家族抑或居住该村。

垂拱元年（685）庞德相造《金刚经》，是僧仪主持刻经时期。僧仪是玄导的继承人，他所处的时代大约是在武周时期。当时所刻佛经还有天授三年（692）刘行举造《佛说当来变经》《施食获五福报经》，长寿三年（694）沙门正智造《弥勒下生成佛经》、张任德造《观弥勒上生兜率经》，长安四年（704）汤怀玉造《金刚经》《普门品》。此外还有宋小儿造的《金刚经》碑等。

〇一二　大唐云居寺石堂碑

大唐幽州大都幽州大都督府云□□□□　□□□□镇撰　京兆□惟良书

自大海沸腾，群山振烈，□□□□□□□□□□□□陵崔□□□□□□□□□□。道系□轮，已冥茫于金榡。言存镂简，尚昭□□□□。□□□□□□寂正□□□□□□无远不届。赤鸟阚泽之说大矣！□觉皇之声，□□□□□□□□□□□憎之

□□□□□□□□必因。故示权以顺物，则魏焘之毒□万法。周邕□□□□□□□□人缘□□□□□□□炬。力持七灯，藏四偈于名山，救三灾于末劫。□□□□□□□□人心□□□□□一切也。前临大泽，鸣水伏流。却倚崇山，栖霞俯瞰。夏冰冬卉，寒暑隔阂于幽深。月牖风关，晦明倚伏于开阖。信□都之望也。初此堂之经营也，绵乎十纪，作者三人。刻贯花之言，日不暇给。保系草之志，岁而后凋。可谓先觉□能尽善矣。至于幽涧积阻，悬磴穹崇。步咫尺而三休，历嵌空而九折。半由斯道，以冒垂堂。经营者久之，颠沛必于是。有上座暹公者，道流□□，梵域五□。指禅树之叶，爰求最乐。棹法河之水，更思兼济。以为生生之资，期□汲引之利。□□律□，□□足而不安，□发心乎何□。遂乃购倕石，执坚钢，□峭巘，填深阵，□为佛经。西天乃□□□□□□□于旧堂之下，更造新堂两口。其始削青壁，不骞不崩。卜其可□，功以无竞。莫不□□□□□□□□□且空，硔剥伊赖，始于肤寸，□乎方丈，□钢以击，于砺以磨，岁聿云暮者五人。然后滑易而□□□□□□□月，朱鬣骞时。燕赵佳人，幽并侠客。不违千里，动盈万计。皆相与褫修袖，牵长缅，揭石版，跻□□□□□□□下。左右徒呼，□作朋至。夫薨薨增增，言之不可得而胜也。□乃香盖三匝，珠幡十里。灵花□□□□□□□□梵林中谷，无风而自响者岁一□而至焉。及既登□于新堂，劫之以石扃，钢之以金□□□□力□□□□□□慧日载阳，识微言之尚在，盖暹公之志也。□而□□□坤道□□□□□增睹□缘□生气犹□□□□□闻其名乎，死而不朽。爰有静流、玄法二上座者，非暹公之徒欤？能赴众流，轻舟适运，□超彼岸。此□犹存，克纂前修，咸熙至愿。夫人缘功著，事以类□。崇山之前，遐窥策府。碧海之下，缅闻经藏。道虽兼于隐见，□不浹于生灵。与□虑出混□，制先绳木，十乌并□，□□金刚之坚。三兔齐飞，更得宝函之旨。岂同年而语哉！

大苾蒭玄英，释门之清俊也。垂髫甫岁，勤逾刺股。落发中年，□□镵腹。痛二师之已丧，将述斯文。忝三人之并行，见推不敏。敢无愧色，爰为铭云：

西方之圣兮，彼皇者觉。其正道兮，在我性兮。西言之仁兮，彼坚者觉。其道真兮，其真兮，在我身兮。山有木，工则考。我有大车，是驰觉道。宛其灭矣，暹公是保。山有金，工则锻。我有大筏，是超彼岸。宛其灭矣，暹公是缵。

琢石丁丁，妙音明明。□明之日，迁于石室。克巩克固，是扃是室。百川沸腾，山冢□崩。高岸为谷，深谷为陵。寂然兮不动，法力兮所凭。

开元十四年二月八日建

碑刻说明

唐刻。在石经山。此碑是研究静琬以后几代弟子传承事业的十分重要的历史资料。这方碑刻通高220.5厘米，宽102厘米。

1957年9月初，石经山下层两个藏经洞开始发掘。第1洞、第2洞是石经山9个洞中最大的两个洞，洞内都是大型经板。搬运工人从第1洞内抬出一较大的残石，接着在洞底找到大小不同的残石计23块。经过就地拼接仔细阅读，碑文再现了惠暹开凿新堂两口的碑记和有关送经上山的雄壮场面，从拼凑后的残碑看，碑文共25行，每行42字，正书整秀，是盛唐楷书的风格，碑侧和碑阴都有经主的题刻，碑额刻"大唐云居寺石经堂碑"9个大字，隶书，左右蟠龙，碑文残缺不全。

碑文考释

碑文叙及石经堂的经营："初此堂之经营也，绵乎十纪，作者三人，刻贯花之言，日不暇给。"可知静琬雷音洞刻经，到暹公于旧堂之下，更造新堂两口，历百年三代的经营。按静琬刊刻石经的时期自隋大业间至唐贞观十三年（609—639），约30年左右，入寂后，玄导继之，自贞观十四年至高宗咸亨年间（640—673）也近40年。倘若玄导的弟子僧仪经营，自高宗弘道元年至玄宗开元初年（683—713）的话，这三代刻经的经历110年左右，和碑文所载"绵乎十纪"是相符的。仪公的事迹当在武周时代。

开元初年（713），上座暹公（惠暹）是当时法门领袖，他更思兼济，推广石经的事业，于是于旧堂之下，更造新堂两口。静流、玄法二上座，是惠暹的弟子，他们继承前修的志愿，又刻了许多石经。静流、玄法去世后，刻苾蒭玄英，痛念二师之已丧，请人撰写碑文把先师的事迹记载下来，这是碑文的梗概。

惠暹和玄法，在盛唐开元、天宝间，为房山石经的全盛时期。惠暹和玄法的刻经事业，得到了唐玄宗和玄宗第八妹金仙长公主的大力支持。经金仙长公主奏请，玄宗御赐经新旧译经四千余卷，作为刻经底本，命长安崇福寺沙门——著名的《开元释教录》著者智升负责运送，又御赐大片田园山林作为刻经经费。惠暹和玄法刻经时，雷音洞及其左右各洞藏经已满，于是又在雷音洞下开凿二洞（堂），现称为第一洞、第二洞。《大唐云居寺石经堂碑》载其事。

惠暹和玄法时期所刻石经均藏于他们所开凿的二洞，也就是两口"新堂"内。属于惠暹和玄法时期所刻石经主要有：开元十年（722）幽州良乡县仇二娘造《药师经》1卷，开元十一年（723）幽州总管梁践慇刻《佛说恒水流树经》《佛说摩达国王经》。惠暹于开元初至开元十七年（729），用了十几年的时间刻了大部头的《正法念经》70卷，开元二十九年（741）又刻成了《大方等大集经》30卷。玄法于开元末开始刻造玄奘所译长达六百余卷的巨部佛经《大般若经》，天宝十三载（754）刻至163卷。此经刻石1512条，是房山石经中最多的1部，延至辽代才告完成。此外，开元末刻造的《佛顶尊胜陀罗尼经》1卷，以及现在于第一洞、第二洞的《大集经日藏分》和《月藏分》，从字迹上看也都是玄法时期刻造。

碑阴

经主幽州大都督府副大使□远节信州诸军事信□□□上柱国五原郡开国公□□泰敬造经五条

经主幽州持节副使左威卫大将军上柱国鲁国公鲁受信□□□□

经主经略军副使□□□□□军上柱国韩郡开国公奉□□进经九条

经主右金吾卫灵州河闰府□□□军卫长上柱国田义冲□□□

经主正议大夫行太子率更令兼燕州刺史上柱国□□□赐紫金鱼袋李□□上经□条

经主朝议大夫守安东副都督□兼镇守使上柱国郭挺慇

大中大夫光禄太卿常山郡□□□公

□□□□杨氏

男□□、女□□

经主张延社造经一条；经主程恩波造经五条

固安县□□造石经邑邑主云庭勖、妻郑、息□、姪元贞

咸通十五年四月八日送大般若第百七十五卷

每岁造经邑主阿田婆、阿□□、阿苗婆、游毛娘、阿陈婆、翁六娘、杨大娘、杨二娘、杨七娘、朱一娘、刘二娘、张七娘、高二娘、仇二娘、谢大娘、高大娘、阿辅婆。

经堂主□□□、经堂主□□□、经堂主□□□、经堂主□□□、经堂主□□□、经堂主□□□、经堂主□□□、经堂主□□□、经堂主□□□、经堂主□□□、经堂主□□□、经堂主□□□、经堂主□□□、经堂主赵仁、经堂主□□□、经堂主□□□、经堂主□□□、经堂主□□□、经堂主□□□、经堂主□□□、经堂主□□□、经堂主□□□、经堂主荣□□、经堂主□□仁、经堂主卢元□、经堂主□□□、经堂主张百业、经堂主高成君、经堂主刘弘东、经堂主李普□、经堂主张待□、经堂主张信业、经堂主王仁亮、经堂主王仁□。

经堂主□□□、经堂主王志恩、经堂主张行恝、经堂主王游□、经堂主陈□、经堂主□□□、经堂主赵守广、经堂主赵度、经堂主赵□、经堂主赵宝忠、经堂主赵□□、经堂主赵德□、经堂主蔡仁堪、经堂主韩仁□、经堂主韩宜、经堂主孙高□、经堂主阿□尚、经堂主什行尚、经堂主孙义忠、经堂主孙定香、经堂主孙云太、经堂主孙仙、经堂主刘玄□、经堂主□□□、经堂主曹永昌、经堂主曹礼琛、经堂主曹知魏、经堂主曹□□、经堂主曹□□、经堂主□□尚、经堂主曹忠恭、经堂主曹义基、经堂主□□尚、经堂主蔡文安、经堂主□□敬。

经堂主□□□、经堂主赵忠德、经堂主□□□、经堂主赵即文、经堂主赵伊仁、经堂主安方□、经堂主赵□□、经堂主赵□□、经堂主赵□□、经堂主姜德□、经堂主姜□□、经堂主赵□□、经堂主□□□、经堂主阿□尚、经堂主□满尚、经堂主杨善□、经堂主□□旺、经堂主神照尚、经堂主善集尚、经堂主善业尚、经堂主道□□、经堂主李□□、经堂主□□□、经堂主□□□、经堂主蔡□□、经堂主□□□、经堂主□□□、经堂主佟□□、经堂主何□□、经堂主法喜尚、经堂主佟义□、经堂主姜相□、经堂主□连□、经堂主□□□、经堂主田□□。

碑侧

固安郝加棣妻□、男希璋、男希珊阖家供养

良乡县冯庭宾、朱惟训阖家供养

赵□章□□ 贞元六年正月□□□□

元和十年四月八日阖家供养

上柱国天水君赵沣仁字温清□□□

守左骑卫北平郡卢龙府折冲□□□

经主燕京南都巡游奕守捉挟行□□□□□

碑文考释

碑侧和碑阴题记，涉唐、辽两代。其中碑侧有唐代的两年纪年，一为德宗贞元六年（790）四月八月所题"固安郝加棣妻□、男希璋、男希珊阖家供养，良乡县冯庭宾、朱惟训阖家供养"。固安县，即今河北省保定市固安县。良乡县，即今房山区东部境。一为宪宗元和十年（815）四月八日，题"阖家供养"。

"上柱国天水君赵沣仁字温清□□□，守左骑卫北平郡卢龙府折冲□□□"应为唐代题记，而"经主燕京南都巡游奕守捉挟行□□□□□"应为辽代题记，辽代称今北京为燕京。

碑阴纪年为唐懿宗咸通十五年（874）四月八日。题记为："送大般若第百七十五卷。"其上题幽州、灵州河闰府、燕州、安东等七位官员和固安县等地信众造经数量，各造9条、5条、1条不等。

咸通纪年下，题每岁造经邑主阿田婆、阿□婆、阿苗婆、游毛娘、阿陈婆、翁六娘、杨大娘、杨二娘、杨七娘、朱一娘、刘二娘、张七娘、高二娘、仇二娘、谢大娘、高大娘、阿辅婆17人。

再下题经堂主张百业、经堂主高成君、经堂主刘弘东、经堂主张信业、经主王仁亮、经堂主王志恩、经堂主张行恕、经堂主赵守广、经堂主赵度、经堂主赵宝忠、经堂主蔡仁堪、经堂主韩仁□、经堂主韩宜、经堂主什行尚、经堂主孙义忠、经堂主孙定香、经堂主孙云太、经堂主孙仙、经堂主曹永昌、经堂主曹礼琛、经堂主曹知魏、经堂主曹忠恭、经堂主曹义基、经堂主蔡文安、经堂主赵忠德、经堂主赵即文、经堂主赵伊仁、经堂主神照尚、经堂主善集尚、经堂主善业尚等105人。

此碑阳、碑阴之记事,上溯隋大业静琬及玄导、僧仪,再述惠暹开新堂开口之事,建碑于玄宗开元十四年(726)二月八日。后于德宗贞元六年(790)四月八月、宪宗元和十年(815)四月八日、懿宗咸通十五年(874)四月八日于碑阴附题。由隋、唐初、历盛唐至唐末,时间跨度达250年,几乎涵盖了整个隋唐刻经时期。因此,是一件极为重要的题记。以往研究者,往往忽略碑阴题记。这一个严重的疏忽,使此碑的价值得到不充分体现。

〇一三　涿鹿山石经堂记

幽州卢龙节度使支度营田观察处置等使开府仪同三司检校司徒兼侍中彭城郡王上柱国刘济撰

我朝十有一叶,圣皇帝继明昭宣,光被四海,彝夏作义,神人以和。迨今己丑岁凡五祀矣,方隅守臣乐其休明,天地大德罔知攸报。济封内山川,有涿鹿山石经堂者,始自北齐,至隋沙门静琬,睹层峰灵迹,因发愿造十二部石经。国朝贞观五年,涅槃经成,其夜山吼三声,生香树三十余本,六月暴水,浮大木数千株于山下,遂上构成云居寺焉。暨而玄宗开元圣文神武皇帝第八妹金仙长公主特加崇饰,遐迩之人增之如蚁术焉,有为之功莫此而大。济遂以俸钱为圣上刻造大般若经,以今年四月功就,亲自率励,与道俗齐会石经峰下。饭等香积,而香云燰空。会等华严,而花雨满地。金篆玉版,灿如龙宫。神光赫赫,宇宙金色。于是一口作念,万人齐力。岩壑动,鸾凤翔。或推之,或挽之,或摇之,以跻于上方,缄于石室。必使劫火烧而弥固,桑田变而不易。或祝兹圣寿,愿高于崇山。缄彼石经,愿延于沙界。鸿祚景福与天无垠,圣寿无疆。幕府众君子同称赞之。

时元和四年四月八日记

碑刻说明

唐刻。碑在石经山,刘济撰,已失。文见清《日下旧闻考》。为唐代晚期刻经重要碑记,故录之。

碑文考释

刘济唐元和四年（809）《涿鹿山石经堂记》载云居寺佛教道场创于北齐："济封内山川，有涿鹿山石经堂者，始自北齐，至隋沙门静琬，睹层峰灵迹，因发愿造十二部石经。"

这是云居寺碑刻最早记载云居寺创建年代，此后辽、明碑刻，均有类似记载。

辽天庆七年（1117）《大辽燕京范阳县白带山石经云居寺释迦佛舍利塔记》："案诸传记并起寺碑，原其此寺始自北齐，迄至隋代，有幽州智泉寺沙门智苑，精炼有学，终有琐骨，此寺见有塔焉，发心磨莹贞石，镌造大藏，经以备法灭。"

明万历二十四年（1596）《石经寺施茶碑记》："涿州房山县西数里有石经寺，俗称小西天，始自北齐。至隋大业中，沙门静琬，睹灵迹华丽，因发愿用石板镌经十二部，藏于石窟，以避水火不失故也。"

据上述记载，云居寺创自北齐应是可信的，有关文献记载，隋为智泉寺。唐贞观五年（631）静琬动工，改善了寺院条件，扩大了寺院规模，此后历代薪火相传。

唐德宗贞元至唐宪宗元和间（785—820），为云居寺住持律僧真性主持刻经时期。这一时期，云居寺刻经事业得到了幽州地方势力，特别是幽州节度使刘济的施助。刘济刻了《法华经》一部。值得一提的是，刘济自贞元五年（789）至元和四年（809），用了20年左右的时间，续刻了《大般若经》300卷前后至412卷的100余卷（其中有一些别人捐助所刻）。刘济于元和四年（809）亲撰《涿鹿山石经堂记》记其事。

刘济在碑文中，追溯了静琬刻经、建寺、金仙公主奏请玄宗赐云居寺新旧释经的史迹，重点记述了他施刻《大般若经》，亲临石经山，率众把石经运到山顶，封于洞内的经过。

碑中记载了元和四年（809）向石经山运藏石经的情景："以今年四月功就，亲自率励，与道俗齐会石经峰下。……金篆玉版，灿如龙宫。神光赫赫，宇宙金色。于是一口作念，万人齐力。岩壑动，鸾凤翔。或推之，或挽之，或摇之，以跻于上方，缄于石室。"参与者之众，场面之壮阔，令人震撼！

《大唐云居寺石堂碑》记载了早期静琬、玄导时期运藏石经情景："幽涧积阻，悬磴穹崇。步咫尺而三休，历嵌空而九折。半由斯道，以冒垂堂。经营者久之，颠沛必于是。"创业之艰难历历可见。

惠暹时期运藏石经的情景："燕赵佳人，幽并侠客。不违千里，动盈万计。皆相与褥修袖，牵长缍，揭石版，跻□□□□□□□□下。左右徒呼，□作朋至。夫薨薨增增，言之不可得而胜也。□乃香盖三匝，珠幡十里。"到了惠暹时期，刻经事业进入全胜，参与者众，声势浩大。

三个时期运藏石经的记载，形成了自隋大业至唐元和四年（809）200余年刻石的生动历史画面。

刘济，幽州（今北京）人，唐朝藩镇割据时期任卢龙节度使，忠于朝廷。刘济生于肃宗至德二年（757），父亲刘怦，原为卢龙节度使朱滔手下的雄武军使，因忠勇义烈，深得军心，颇得朱滔信任，累官至幽州大都督府长史、御史大夫、卢龙节度副大使、管内营田观察、押奚契丹、经略卢龙军使。朱滔死后，传位于刘怦。贞元元年九月，刘怦病死，被朝廷追赠为兵部尚书，军中拥立刘济继位，任卢龙节度使。

他亲临石经山运藏石经的第二年，即元和五年（810），被其次子刘总下毒身亡，葬于云居寺东南长沟镇坟庄村。2012年8月，其墓因地方建设被发现。坟庄村，原为刘济墓的坟庄，后聚集成村。

〇一四　唐云居寺韩烈等藏经记

□起自心地，门起自无为。无为则善教可为，心地则依经取义，是以涿之者□□□□岭慧险而居，束马扪萝方可而届此，故谓之云居焉。又以东峰□□□金□以期锢固也。

今邑主韩烈等构邑藏经者，何知身世俱空，□情□□□□捐，遂立邑藏经，以备沙劫。庶使霜霭禁苑，贝多之叶不凋。海变桑田，□枝□于善种。更慕释提之因，早悟三明，心归觉海。而欲藏经构邑者，日□于□□。钲鼓震于朝野，惶螫困转输之役，丁壮就争战之勤，抒轴甚于□□。而百当春，日月朗而搀抢扫然。乃封尸掩骼，伐罪吊人。考室小□室□各卧召世珥于貂蝉，余庆流于万叶。从此元元本本，各遂其情，于是各州邑为愿入者有百，至今仅卌年矣。常以四月八日为藏经之辰，是日也，□千人普□齐于东峰之下，搽药副焉，牛马之费，蒭豢备焉，尽使颐中□。恒岳有丧元之日，功高卫霍，霸重桓文。开纳谏而悬金，杜回邪而焚□。□齐君好紫，举国无衣白之人。淮南重文，门下足曳裾之客。此盖上行下效。

翼殁世而以邑务授于傅长老。至元和初，傅长老婴疾，顾谓韩烈曰：□□□传无人口废。自后韩烈等敬而行之，罔敢胥替。于今五年矣，而□□□□于一□勋绪侔于三杰，尤遵释典，益重儒门，又属邑众藏经转多普通。院斋弥广，厨盈玉馔，瓶贮醍醐。□人来□□□或留扉屦，或遗缣绡。居止不言，人莫之识。逡巡而失，□□□□□□考异□奇，则不知何以逮此。展虽庸昧，寄迹于□□□□讬□□灾□而永□。旹元和五年岁次摄提于律中仲吕八日。

蓟士琛刻字

碑刻说明

唐刻。碑原在石经山施茶亭，已失，据拓本抄录。拓片高100厘米，宽79厘米，□展撰文，行书。此碑无题，题为添加。

碑文考释

这是石经邑首韩烈于元和五年（810）年所立刻经题记，记载刻石经邑四十年的经历。由元和五年（810）上溯四十年，为唐代宗大历五年（770），这一年由百人成立石经邑。

在石经邑成立的七年前，即代宗宝应二年（763），安史之乱刚刚结束。这一叛乱自唐玄宗天宝十四载（755）开始，历时七年零三个月。云居寺所在的幽州地区为安史之乱祸始之区，卷入剧烈的社会动荡，"钲鼓震于朝野，惸嫠困转输之役，丁壮就争战之勤"。安乱之乱平定，"乃封尸掩骼，伐罪吊人……召世珥于貂蝉，余庆流于万叶。从此元元本本，各遂其情"。天下太平，百姓安居乐业。七年后，在战乱中劫后余生的某姓一个名"翼"的人发起组织百余人成立了施助刻经的石经邑。"齐君好紫，举国无衣白之人。淮南重文，门下足曳裾之客。"由于唐王朝的提倡和重视，佛教摆脱了战乱的影响，迅速恢复了活力。"以四月八日为藏经之辰，是日也，□千人普□齐于东峰之下，搽药副焉，牛马之费，蒭豢备焉。"四月八日这一天，信众邑人齐集石经山下，备上工伤涂抹的药膏，施舍牛马驮经的费用，储足草料，齐心协力，把石经运上峰顶，封于洞窟。

此文继元和四年（809）刘济《涿鹿山石经堂记》之后，再次记载了石经山运经藏经的场面。和刘济的记载相比，透露出不同的信息，丰富了后人对石经山藏经过程的认知，因此弥足珍贵。

邑首某翼故去，以邑务授于傅长老。至元和元年（806），傅长老因病让位韩烈，由韩烈任石经邑首。到元和五年（810），韩烈掌邑第五个年头，他立此碑在石经山半山腰的义饭亭中（此亭后改施茶亭）。

当年的云居寺"院斋弥广，厨盈玉馔，瓶贮醍醐"。信众到寺"或留扉屦，或遗缣缃"，一派丰足兴旺的画面。

值得一提的是，此题记明确记载"以四月八日为藏经之辰"，从而告诉我们，当年石经刻好后，每年四月八日，利用石经山浴佛节法会之机，万众齐会，把石经运至封藏。这一时间，是云居寺藏经的定例。

〇一五　涿州白带山云居寺东峰续镌成四大部经记

殿试进士赵遵仁撰　乡贡进士王诠书

盖闻严相好、具慈悲、师天人、出生死者，诸佛之愿力也。开群迷、入圣道、薰种性、达因缘者，诸法之功德也。佛之愿力既如彼，法之功德又若此，佛法之道大矣哉！然则三身应现，资化以谈其真，三学对明，惟经以标其右。为圣凡之宗要，济像末之根本。有缘斯格，无福靡臻。是以周兆不之祥，化身以之西灭。汉警宵梦，像教由是东来，遂得贝籍灵文。时臻于近代，就唐译梵，岁出于诸家。释教流通，自兹寝盛。若乃一轴一藏，半偈半言，或摸以香檀，或书之缃卷，尚能蠲见苦而涤宿业，缔上缘而成妙果。利益广大，思议其难，矧有勒石传文，凿山开室。录宝轴之妙说，藏金口之微言。水火不可漂烧，风雨不可溃坏。以备凌灭，传之无穷。寔所谓施最上法尽未来际者也。

燕都之有五郡，民最饶者涿郡首焉。涿郡之有七寺，境最胜者云居占焉。

寺自隋朝所建，号自唐代所赐。山在郡之西北五十里，寺在山之阳。掌寺之东望，有峰最高，故曰东峰，峰顶上有石室七焉，经佇是室。先自我朝太平七年，会故枢密直学士韩公讳绍芳知牧是州，因从政之暇，命从者游是山，诣是寺，陟是峰。暨观游间，乃见石室内经碑且多，依然藏佇，遂召当寺耆秀，询以初迹，代去时移，细无知者。既而于石室间，取出经碑，验名对数：得正法念经一部，全七十卷，计碑二百一十条。大涅盘经一部，全四十卷，计碑一百二十条。大花严经一部，全八十卷，计碑二百四十条。大般若经五百二十卷，计碑一千五百六十条。又于左右别得古记云：幽州沙门释净琬，精有学识，于隋大业中，发心造石经一藏，以备法灭。遂于幽州西南白带山上，凿为石室，以石勒经，藏诸室内，满即用石塞户，以铁锢之。其后虽成其志，未满其愿，以唐贞观十三年奄化归真，门人导公继焉。导公没，有仪公继焉。仪公没，有暹公继焉。暹公没，有法公继焉。自琬至法，凡五代焉，不绝其志。乃知自唐已降，不闻继造，佛之言教，将见其废耶。公一省其事，喟然有复兴之叹，以具上事，奏于天朝。我圣宗皇帝，锐志武功，留心释典，既闻来奏，深快宸衷。乃委故瑜伽大师法讳可玄，提点镌修，勘讹刊谬，补缺续新。释文坠而复兴，楚匠废而复作。琬师之志，因此继焉。迨及我兴宗皇帝之绍位也，孝敬恒专，真空凤悟。菲余食致丰于庙荐，贱珠玉惟重其法宝。常念经碑数广，匠役程遥。藉檀施则岁久难为，费常住则力乏焉办。重熙七年，于是出御府钱，委官吏佇之，岁析轻利，俾供书经镌碑之价，仍委郡牧相丞提点。自兹无分费常住，无告藉檀施。以时系年，不暇镌勒。自太平七年至清宁三年，中间续镌造到大般若经八十卷，计碑二百四十条，以全其部也。又镌写到大宝积经一部，全一百二十卷，计碑三百六十条，以成四大部数也，都总合经碑二千七百三十条。若乎摄九类四生，归真寂无余者，莫尊于大涅盘、大乘顿教方广真筌。一句之内包法界，一毛之中安刹土者，莫出于大花严。破有归无，泯相逐性，作众经之轨躅，为诸法之玄宗者，莫归于大般若。求佛智见，入佛境界，断缠缚之爱心，去执著之妄想者，莫如于大宝积。如是经典，镌之以石，藏之以山，四部毕备。壮矣哉！亦释门中天禄石渠也。噫！竹虬殁而佛声寝，灵山坏而法不作。后数百年，炽然兴者，岂非时有遇而教有缘乎。清宁三年五月十二日，大宝积初成，郡守萧公讳惟平，天子股肱，法门墙堑，下车之后，以六条布政，副圣上之倚毗，退公之余，惟三宝留诚。禀如来之付嘱，欣其遭遇，寔谓寅缘。乃请召余，谓曰：四大部经，今续镌毕，见闻之下，幸会攸难，愿制好辞，以为刊记。余弓裘未袭，苫块居忧，又以先父前剖是郡，亦于经事私积愿诚。周任未迁，遽嗟奄逝。敢以顺先父之愿，遵良牧之请，罔愧孱芜，直以为记。

大契丹清宁四年三月一日记。

安国军节度刑洺磁等州观察处置等使崇禄大夫检校太师左金吾卫上将军使持节刑州刺史知涿州军州事兼掌内巡检安抚屯田劝农等使兼御史大夫上柱国兰陵郡开国公食邑三千二百户实封叁佰贰拾户惟平、涞水郡夫人耶律氏，西颠供奉官银青崇禄大夫检校国子祭酒兼监察御史云骑尉男佶、司徒娘子耶律氏，女小娘子三宝奴，孙女兴哥。

碑阴：都孔目官苏在躬，通引官行首李益，前行王惠，涿州石匠吴福孙记。

碑侧：虞部郎中通判涿州军州事王仁洽，太康六年四月一日至此提点镌碑，书表赵日恭。

碑刻说明

辽刻。在石经山第六洞前。方首抹角，首身一体，青石质。碑身高286厘米，宽103厘米，厚26厘米。

碑额正书"四大部经成就碑记"，旁镌"吴志全""吴世准"，应该为刊石人。全碑正书竖刻25行，满行57字，共计1400余字。书法峭拔峻崒，别有意趣。此碑碑侧竖刻楷书一行"虞部郎中通判涿州军州事王仁给大康六年四月一日到此提点镌碑"14字及"书表赵日恭"5字。碑阴题"都孔目官苏在躬，通引官行首李益，前行王惠，涿州石匠吴福孙记"26字，均应为后来借此碑题名。

碑文考释

此碑记述了房山石经的刊刻史，从隋朝高僧静琬发愿造经，经过弟子导公、仪公、暹公、法公，相继刊造。圣宗太平七年（1027），涿州刺史韩绍芳于从政之暇前往白带山游览，见到贮藏在石室中的石经，向云居寺内的僧人询问石经刊刻的历史。由于年久远，已没人能讲得清了。韩绍芳命寺僧打开石室清点经目，又从古记中得知刻经始末，见后来刻经废止，至今未能续造，乃奏请圣宗皇帝恢复刻经。于是圣宗赐普度坛利钱作为刻经经费，又委派瑜伽大师可玄，提点镌修，勘讹刊谬，补缺续新，辽代大规模刻经开始了。《大般若经》卷36、68、73、147、223、238、254、264、267、486诸卷之经末均刻有"大辽太平七年岁次丁卯重修此经"的题记，可见刻经伊始韩绍芳首先补刻了《大般若经》中上述残损的10卷经，接着又开始从521卷刻起，续刻最后的80卷。

兴宗继位以后，再度给予刻经事业大力支持。兴宗考虑到刻经是一项长期的事业，费用巨大，单靠社会捐助和寺僧自筹难以维持，便于重熙七年（1038）赐御府钱作为刻经基金，委派官吏贮存起来，岁析轻利，供书经镌碑之用，并以涿州刺史刘湘提点镌修。刘湘承袭韩绍芳续刻《大般若经》，重熙十年（1041）九月刻至第600卷，连同韩绍芳所刻，计经碑240条，最终完成全部《大般若经》。之后便开始镌刻《大宝积经》，至清宁三年（1057）刻完全部《大宝积经》120卷，计经碑360条。

从太平七年（1027）到清宁三年（1057），连同前代的刻经，全部完成了《大涅槃经》《大华严经》《大般若经》《大宝积经》4大部经，总计经碑2730条。

碑文中的韩绍芳，辽朝南京安次（今河北省廊坊市安次区）人。辽初重臣韩延徽的重孙子，韩德枢的孙子，韩绍勋之弟。辽兴宗重熙年间，授参知政事，兼侍中。《辽史》卷74有传，并无曾任知涿州的记载。后来的知涿州萧惟平也不见载于《辽史》，碑文可补《辽史》之缺。

《全辽文》载："亦于经事积愿。"对照拓本，漏"私"字，应为"亦于经事私积愿诚"，今补正。

〇一六　大辽涿州涿鹿山云居寺续秘藏石经塔记

愍题沙门志才撰

古之碑者用木为之，乃葬祭飨聘之际，所植一大木。而字从石者，取其坚而久也。后人铭功其上，不忍去之。自秦汉已降，生而有功德政事者亦碑之，欲图不朽，易之以石。虽失其本，从来所尚，不可废焉。噫！秦焚书后，圣人经典多刻贞石，亦类碑而已矣。

且浮图经教来自西国，梵文贝叶，此译华言尽之书竹帛，或邪见而毁灭，或瀑水而漂溺，或兵火而焚蓺，或时久而蠹烂。孰更印度求请与？由是教坏理隐，行亡果丧。群生蠢蠢，尽陷苦途。实可悲夫！

有隋沙门静琬，深虑此事，厉志发愿，于大业年中，至涿鹿山，以大藏经刻于贞珉，藏诸山窦，大愿不终而掩化。门人道公、仪公、暹公、法公，师资相踵，五代造经，亦未满师愿。

至大辽留公法师，奏闻圣宗皇帝，赐普度坛利钱续而又造。次兴宗皇帝赐钱又造。相国杨公遵勖、梁公颖奏闻道宗皇帝，赐钱造经四十七帙。通前上石，共计一百八十七帙。已厝东峰七石室内。见今大藏仍未及半，有故上人通理大师，缁林秀出，名实俱高。教风一扇，草偃八宏。其余德业，具载宝峰本寺遗行碑中。师因游兹山，寓宿其寺，嘅石经未圆，有续造之念。兴无缘慈，为不请友。

至大安九年正月一日，遂于兹寺开放戒坛。仕庶道俗，入山受戒，叵以数知。海会之众，孰敢评之。师之化缘，实亦次之，方尽暮春，始得终罢。所获施钱，乃万余锱，付门人见右街僧录通慧圆照大师善定，校勘刻石。石类印板，背面俱用，镌经两纸。至大安十年，钱已费尽，功且权止，碑四千八十片，经四十四帙。题名目录，具列如左，未知后代，谁更继之。

又有门人讲经沙门善锐，念先师遗风，不能续扇，碑经未藏，或有残坏，遂与定师共议募功。至天庆七年，于寺内西南隅，穿地为穴，道宗皇帝所办石经大碑一百八十片，通理大师所办石经小碑四千八十片，皆藏瘗地穴之内，上筑台砌甎，建石塔一坐，刻文标记，知经所在。昔苏州重玄寺法华院石辟经，请白乐天撰碑，有"水火不能烧漂，风日不能摇消"等文，乃国手大才，今命余作记，合抱惭阁笔，奈是善缘，勉而直书。

通理大师所办石经小碑四千八十片经四十四帙。大佛顶如来密因修证了义诸菩萨万行首楞严经十卷，"诗"一帙。菩萨地持经十卷，"贤"一帙。菩萨善戒经九卷、净业障经一卷，"剋"一帙。优婆塞戒经七卷、梵网经二卷、受十善戒经一卷，"念"一帙。菩萨璎珞本业经二卷、佛藏经四卷、菩萨善戒经一卷，"作"一帙。菩萨内戒经一卷、优婆塞五戒威仪经一卷、大乘三聚忏悔经一卷、菩萨五法忏悔文一卷、菩萨藏经一卷、三曼陀颰陀罗菩萨经一卷、菩萨受斋经一卷、舍利佛悔过经一卷、文殊悔过经一卷、法律三昧经一卷、十善业道经一卷，"圣"一帙。大智度论一百卷，十帙，"德"、"建"、"名"、"立"、"形"、"端"、"表"、"正"、"空"、"谷"。十地经论十二卷，"传"一帙。弥勒菩萨所问经论五卷、大乘宝积经论四卷、宝髻菩萨四法经论一卷，"声"一帙。佛地经论七卷、金刚般若论二卷，"虚"一帙。金刚般若波罗蜜经破取著不坏假名论二卷、文殊师利菩萨问菩提经论二卷，"堂"一帙。胜思惟梵天所问经论四卷、涅盘论一卷、涅盘经本有今无偈论一卷、遗教经论一卷、三具足经论一卷、无量寿经论一卷、转法轮经论一卷，"习"一帙。瑜伽师地论一百卷，十帙，"听"、"祸"、"因"、"恶"、"积"、"福"、"缘"、"善"、"庆"、"尺"。显扬圣教论二十卷，"璧"、"非"二帙。瑜伽师地论释一卷、显扬圣教论颂一卷、王法正理论一卷、大乘阿毗达磨集论七卷，宝一帙。大乘阿毗达磨杂集论十六卷、中论四卷，"寸""阴"一帙。般若灯论释十五卷、十二门论一卷、十八空论一卷、百论二卷、广百论本一卷，"是"、"竞"一帙。大乘广百释论十卷，"资"一帙。成唯识论十卷，"尽"一帙。大丈夫论二卷、入大乘论二卷、大乘掌珍论二卷、大乘五蕴论一卷、大乘广五蕴论一卷、大乘起信论一卷、宝行王正论一卷，"命"一帙。摩诃衍论十卷，"宁"一帙。大乘本生心地观经八卷，"璧"一帙。大乘理趣六波罗蜜经十卷，"杜"一帙。

道宗皇帝所办石经大碑一百八十片，十住断结经碑五片，花手经碑二十五片，佛名经碑二十片，大威德陀罗尼经碑二十八片，摩诃摩耶经碑一片，菩萨璎珞经碑一十一片，大法炬陀罗尼经碑三十片，五千五百佛名经碑一十三片，不空羂索神变真言经碑七片，贤劫经碑一十八片，入法界体经碑一片，须真太子经碑一片，佛说德护长者经碑二片，超日明三昧经碑五片，佛说浴像功德经碑一片，未曾有因缘经碑二片，不思议功德诸佛所护念经碑三片，佛说成具光明定意经碑一片，佛说妙法决定业障经碑一片，佛说宝网经碑一片，过去庄严劫千佛名经碑一片，未来星宿劫千佛名经碑一片，见在贤劫千佛名经碑二片。

天庆八年戊戌朔五月戊午十七日戊戌甲寅时建　燕台沙门惟和书

夫见古之墓圹得铭者，其石温润，其字分朗。今经碑穿地穴秘藏者，取久固不毁者也。沙门志德镌。

当寺首座沙门志珂　寺主讲经沙门志憨　尚座讲经沙门善相　都知讲经沙门

志兴

碑刻说明

辽刻。在云居寺石经地宫顶上。为密檐式八棱经幢,俗称压经塔,青石质。此塔高500厘米,八角形,塔身上镌刻文字,须弥座束腰上下雕有动物和飞天。

塔记考释

此文《全辽文》有录,其中有误,今据拓本证之。

《全辽文》:"梵文贝叶。此译华言。尽书竹帛。或邪见而毁灭。"对照拓本,后漏"之"字,断句亦失。应为"梵文贝叶,此译华言尽之书竹帛,或邪见而毁灭",今补正之。

《全辽文》漏尾文:"燕台沙门惟和书。夫见古之墓圹得铭者,其石温润,其字分朗。今经碑穿地穴秘藏者,取久固不毁者也。沙门志德镌。当寺首座沙门志珂、寺主讲经沙门志慇、尚座讲经沙门善相、都知讲经沙门志兴。"今补。

此塔是继《涿州白带山云居寺东峰续镌成四大部经记》后,云居寺辽代重要刻经题记,以经幢式塔的形成出现,别具一格。此塔追溯了自静琬至导公、僧公、暹公、法公及辽圣宗、兴宗刻经历程。重点记载了道宗时期刻经,及天祚帝天庆八年(1118)石经藏瘗地穴的情况。

道宗时,先是"相国杨遵勖、梁颖,奏闻道宗皇帝,赐钱造经四十七帙",办石经大碑180片。时间似在太康年间(1075—1084)。

大安九年(1093)正月初一,通理在云居寺开放戒坛,以筹集刻经经费,至暮春而止,共获施助钱万余镪,付门人通慧圆照大师善定,校刊刻经。通理师徒对刻经进行了改革,经石由大板改为小板,由大字改为小字,并借鉴了《契丹大藏经》印版的优点,由单面刻经改为两面刻经,这样一块经石能刻两页纸经,从而提高了工效,节省了费用。大安十年(1094),募得的钱用完了,通理师徒的刻经告一段落。通理师徒共刻佛经62部,431卷,经碑4080片。

通理大师示寂后,其弟子善锐、善定"念先人遗风,不能续扇,经碑未藏,或有残坏",于天庆七年(1117)在云居寺西南隅穿地为穴,将通理、道宗所刻经碑瘗藏于内,天庆八年(1118)在地穴上建石塔一座,此即云居寺续秘藏石经塔,世称"压经塔"。

《涿州涿鹿山云居寺续秘藏石经塔记》将通理所刻经碑名目、卷数、《千字文》编号、帙数,及道宗所办大经碑的经目片数记载分明,此不赘述。

通理刻经以《契丹大藏经》为底本,《契丹大藏经》帙序以《千字文》编号,通理以"诗"字起,而《千字文》自开篇到"诗"字尚有:

"天地玄黄,宇宙洪荒。日月盈昃,辰宿列张。寒来暑往,秋收冬藏。闰余成岁,律吕调阳。云腾致雨,露结为霜。金生丽水,玉出昆冈。剑号巨阙,珠称夜光。果珍李柰,菜重芥姜。海咸河淡,鳞潜羽翔。龙师火帝,鸟官人皇。始制文字,乃服衣裳。推位让国,有虞陶唐。吊民伐罪,周发殷汤。坐朝问道,垂拱平章。爱育黎首,臣伏戎羌。遐迩壹体,率宾归王。鸣凤在树,白驹食场。化被草木,赖及万方。盖此身发,四大五常。恭惟鞠养,岂敢毁伤。女慕贞洁,男效才良。知过必改,得能莫忘。罔谈彼短,靡恃己长。信使可覆,器欲难量。墨悲丝染",共196字。由此可知,《契丹大藏经》至"诗"字号,共197帙。

通理由197帙刻起,首先刻了《大佛顶如来密因修证了义诸菩萨万行首楞严经》十卷。自"诗"号,《千字文》为"诗赞羔羊。景行维贤,克念作圣。"通师所刻第二帙,为204帙的"贤"字号的《菩萨地持经》十卷,其间隔过"赞、羔、羊、景、行、维"6帙。自204帙的"贤"字号后,通理继刻了"克念作圣。德建名立,形端表正。空谷传声,虚堂习听。祸因恶积,福缘善庆。尺璧非宝,寸阴是竞。资"至241帙的37帙经目,这些经目,通理是连续刻的,其间没有跳越。这是通理刻经的主要部分。

自241帙"资"字号的《菩萨地持经》十卷后,为"尽"字"命"字二帙,分别为255帙、256帙,其间跳越"父事君,曰严与敬。孝当竭力,忠则"13帙的经目。

自256帙"命"字号后是"宁"字号的《摩诃衍论十卷》,"宁"字为第568帙,其间跳越了327帙经目。

自568帙的"宁"帙,为"壁"字号的《大乘本生心地观经》八卷。"壁"字号为第487帙。

"壁"字号之后为"杜"的《大乘理趣六波罗密经》十卷,而"杜"字排序第481帙。至此,通理全部结束刻经。

由此可见，通理并未严格以《契丹大藏经》帙目顺序刻经，而是跳越若干帙的经目，跳越数帙、十数帙，多至数百帙不等。有时甚至逆向择帙而刻。通理这样做的原因，结合金代《镌葬藏经总经题字号目录》考证发现，通理漏刻的帙号经目，并非已经刻过，而是出于通理的主观取舍。其逆向选择帙号经目，也足以说明这点。

○一七　入道沙门见嵩续造石经之记

夫以探鱼兔者必赖于筌蹄，趣至道者须凭于言象。况我能仁氏，恩施万类，慈摄九流，非十二曷以分易以被之哉？噫！天人师奄于双林，诸弟子结集于贝叶。信解行证，独闻于天竺。即孝明帝入梦，始传华夏。遂易字翻言，文于纸素。至隋大业中，有琬法师者□□传事，仿千古誓，将一代圣言刻于石，藏于山，可□□□□□患。大愿即兴，圣贤潜佑，自古至今已□□□□□□十二帙，所阙者教三百三十七部，见嵩□□□□□东峰，遍历石室，遂发心续造石经一帙。名大教王经□字号。至天会丙辰禩，秋七日，诱化多人，瘗于华严堂西南隅石室内，未审后来谁能继之，复念凿禹门非一夫之力能通，建明堂非一木之材能构，减浮伪之□财，成坚牢之教藏。亦使飘风走石，而此□□无倾。□□周天，而此因缘不溺。劫炎盈空，而此功德莫焚矣。

施主燕都圆福寺故大卿大师孙入道沙门见嵩

同施佛岩山道友沙门义肃

同施安次县冯家务院沙门了相

同施当寺法兄沙门智甫

勘教门人参放沙门智慤

大金国天会十四年岁次丙辰七月丁卯朔七日酉时建

成造此大藏经为报

国恩

碑刻说明

金刻。在石经山。拓片阳阴两纸,同尺寸,通高77厘米,宽45厘米。碑已残,下部缺失。碑文阳、阴两面相续。

碑文考释

在天会至天眷间(1123—1140),燕京圆福寺沙门见嵩还曾刻石经一部。

此题记为石经施造者见嵩所撰。见嵩,燕京圆福寺故大卿大师之法孙,他来云居寺是在金天会十四年(1136)前。见嵩来到石经山,看过一个又一个藏经石室,发心造石经一帙,同施者还有佛岩山道友沙门义肃、安次县冯家务院沙门了相、当寺法兄沙门智甫、勘教门人参放沙门智愨等。到天会十四年(1136),石经造成,七月初七,送达石经山顶,封藏于华严堂西南角的石室内。当时,见嵩镌石经题记于石经山上。

1956至1957年,中国佛教协会对石经山藏经洞石经发掘整理,发现见嵩施造的佛经为《大乘瑜伽金刚性海曼殊室利千臂千钵大教王经》,共10卷,分别藏于石经山第一、二、三、四、七等五个藏经洞中,施造时间,从金太宗天会至熙宗天眷(1123—1140)。这是金代早期刻经。

佛岩山,即今房山区史家营乡百花山,辽金时期号佛岩山,通理大师曾驻锡于山上的佛岩寺,今为百花山显光寺。此记题"同施佛岩山道友沙门义肃",保留下百花山显光寺金代唯一的历史信息,据此记可知,百花山显光寺,不仅走出了主持云居寺辽末刻经的通理大师,在金代,更有名僧义肃独步燕京,广结燕京内外善缘,与燕京圆福寺高僧见嵩、云居寺僧人智甫、安次县冯家务院沙门了相等以道相交,金天会年间,在云居寺共同施造了《大教王经》。这是北京佛教史上的一大盛事。

"安次县冯家务院",今河北廊坊市安次区九州镇有西冯家务、东冯家务,应即金代安次县之冯家务村。冯家务院为佛寺,辽代称佛寺多称"院",故冯家务院应不晚于辽代,冯家务村辽代亦有之。

〇一八　云居寺镌葬藏经总经题字号目录

大方等陁罗尼经四经合十二卷。同帙。覆字号。

观佛三昧海经一十卷。同帙。器字号。

大方便佛报恩经七卷。于同帙菩提本行经下卷末纸，镌标在马鞍山洞里。有今次六年再造此报恩经，请知有菩萨本行经上中下三卷。欲字号。

法集经等二经合一十卷。同帙。难字号。

菩萨处胎经等三经合十卷。同帙。量字号。

鸯崛魔罗经等三经十卷。同帙。墨字号。

中阴经五经合十卷。同帙。悲字号。

大乘密严经五经合十卷。同帙。丝字号。

广大宝楼阁善住秘密陁罗尼经三经合九卷。同帙。染字号。

大毗卢遮那成佛神变加持经二经合十卷。同帙。赞字号。

苏悉地羯罗经三经合八卷。同帙。羔字号。

七佛所说神呪经七经合十一卷。同帙。羊字号。

智炬陁罗尼经二十六经合十卷。同帙。景字号。

德光太子经二十二经合十卷。同帙。行字号。

菩萨内习六波罗蜜经二十三经合十卷。同帙。维字号。

十地经三经合一十卷。同帙。书字号。

守护国界主陁罗尼经十卷。同帙。经字号。

大威力乌枢瑟摩明王经七经合十卷。罗字号。

一字奇特佛顶经九经合十一卷。同帙。将字号。

菩提场所说一字顶轮王经十经合十二卷。同帙。相字号。

佛母大金曜孔雀明王九经合八卷。同帙。路字号。

大宝广博楼阁善住秘密陁罗尼经十三经合七卷。同帙。侠字号。

金刚顶瑜伽千手千眼观自在菩萨修行仪轨十三经合九卷。同帙。槐字号。

仁王般若念诵法十三经合六卷。同帙。卿字号。

大圣文殊师利菩萨佛刹功德庄严经五经合七卷。同帙。户字号。

普遍光明清净炽盛如意轮宝印心无能胜大明王大随求陁罗尼七经合八卷。

同帙。封字号。

金刚手光明灌顶经最胜立印圣无动尊大威怒王念诵仪轨法十三经合八卷。同帙。八字号。

已上计二十七个字号。此经碑有长有短，高下不平，当来出时宜慎护之。

镌葬藏经施主山西奉圣州保宁寺沙门玄英、俗弟子史君庆等，奉为先亡生身父母，法界众生，承此功德，同生花藏，亲见诸佛。

维天眷三年岁次庚申四月乙巳朔十五日己未辰时瘞之

碑刻说明

金刻。碑石存于云居寺内。此刻石为1987年8月7日，在清理云居寺行官院遗址时出土。清代以前，原本放在云居寺南塔的塔基上。此石长17厘米，宽42厘米，厚6厘米。立于金天眷三年（1140），为沙门玄英和俗弟子史君庆撰刻。

碑文考释

《镌葬藏经总经题字号目录》，记述辽金两代所刻覆、器、欲、难、量、墨、悲、丝、染、赞、羔、羊、景、行、维、书、经、罗、将、相、路、侠、槐、卿、户、封、八，27帙、248卷经书的目录，是准确记述金代刻经目录的珍贵文献。此目录证实，辽、金更替，云居寺刻经仍自辽代延续下来，按千字文编号续刻。

辽大安九年（1093）至十年（1094）通理刻经，自197帙"诗"字起。金天眷，史君庆刻经首先刻了"诗"字前"覆，器欲难量。墨悲丝染"9字9帙。

自第188帙"覆"字号，依次是第189帙"器"字号、第190"欲"字号、第191帙"难"字号、第192帙"量"字号、第193帙"墨"字号、第194帙"悲"字号、第195帙"丝"字号、第196帙"染"字号。

接着刻了"诗"字号至"贤"字号之间（不包括"诗"字号和"贤"字号）的6帙，此6帙为：第198帙"赞"字号、第199帙"羔"字号、第200帙"羊"字号、第201帙"景"字号、第202帙"行"字号、第203帙"维"字号。恰恰是通理当年漏刻的。因此，有理由认为，史君庆刻经，是与辽末通理刻经相衔接，先选择刻通理及辽代漏刻的帙号经目。

以上自第203帙"维"字号后，史君庆刻了第486帙"书"字号，隔第

487帙"壁"字号，刻了第488帙"经"字号，而第487帙"壁"字号亦恰恰是通理刻过的帙号经目。

再隔第489帙"府"字号，刻"罗将相，路侠槐卿。户封八"10帙。即：第490帙"罗"字号、第491帙"将"字号、第492帙"相"字号、第493帙"路"字号、第494帙"侠"字号、第495帙"槐"字号、第496帙"卿"字号、第497帙"户"字号、第498帙"封"字号、第499帙"八"字号。

刻经人史君庆，并非山西奉圣州人，而是云居寺本地张方里人。金代张方里，现在张坊镇张坊村一带。史君庆不过是山西奉圣州保宁寺沙门玄英的俗家弟子而已。有大安四年（1211）《奉先县怀玉乡史君之墓》碑为证：

"讳君庆，张方里人也。长曰君庆，次曰君严，次三君圣。所生三男：长坚贞，次曰史璋，全娶褚氏。君庆不结迈，摧折而念□，而能谏之，酬心经史，待□□□。后史璋等建。孙史永均，娶妻。姑二□□□□侄史芷、史祐、史永坚，禄见□□□六和。二月二十八日史璋。"（北京图书馆金石组、中国佛教图书文物馆石经组《房山题记汇编》）

〇一九　重修华严堂经本记

范阳逸人贾志道撰并书

至正改元夏四月，有高丽国僧名慧月者，因礼文殊大士于五台，衲衣锡杖，幽然脱俗，路经房山县西乡里东峰，古梵刹名曰小西天华严堂，其境清胜奇丽，远超市井，疏绝尘嚣，唯有志者居焉。其堂并华严经本等十二部，皆石为之，盖有年矣，真古今祝延圣寿之域。穷岁月绵延，住僧云至，堂催经剥者有之，唯存基址焉。寺僧传曰：三藏经宿之处也。慧月留止于此，不旬日，阅堂户首刻曰：释迦如来正法像法凡千五百余岁，迄贞观二年，已浸末法七十五载。时群住者从兹失导者众。有僧静琬，隋为护正法，率诸弟谨化檀越，共结良缘苦行，即兹山顶刊经板不胜其数，冀于旷劫济度众生。盖静琬肇起于此矣。其境萧条，时有樵牧者憩焉，经文残缺者斯其由矣。慧月悯其石户摧圮，经本残缺，□然惜其将来浸泯静琬之功，而安能复其初？以斯感发化缘之念，志坚而心笃。

幸遇资政院使资德大夫龙卜高公、匠作院使大夫党住申公，慧月拜礼，详陈其事。公等允其言，兴大功德，布施净财千余缗，命慧月施劳董工，修石户、经本。不月余而俱修，□□布施一毫不私于己。闻者咸曰：施财者犹为易，得人者实为难。惟慧月则其人也。不□酒，不茹荤。俭衣食而绝物欲，同归善者几人焉！慧月宁忘己劳，而不没人之能。今立贞石，纪功德，扬人之善，岂慕勤劬著己之功？愿言所过者化，所存者功。尝谓人曰：事落成，而吾适他矣，岂久淹于此哉！若值经废之缘，兴功者如是，处佛门无愧矣！同金玉局提领李，持状详其事，刻诸石，来谒其辞，予不获已，姑依命撼其实录一二云尔。

大功德主　高龙卜院使　申党住院使　　山主斯满

同缘功德主　也先不花太卿　不花帖木儿总管　李总管　五阑古提点　秃满达

同缘功德主　中政院使伯帖木儿　王丹夫人　同愿僧西域智谛　达而宝

时至正改元夏五月初八日高丽国比丘慧月立石　补写经板高丽国天台宗沙门达牧　金玉局提领李德全　李德　程仲玉刊

碑刻说明

元刻。原在石经山雷音洞前。此碑为青石质，刻于元至正元年（1341）。高83厘米，宽54厘米，厚11厘米。1991年12月2日，工作人员在小西天施茶亭下山壑中发现此碑，移存于云居寺。

碑文考释

元代未见大规模刻经。至正元年（1341）四月，高丽僧慧月到五台山朝圣，归途中路过云居寺的小西天华严堂（即雷音洞），见华严堂石户摧毁，堂内所嵌石经残损，遂发愿补刻佛经修葺华严堂。这时恰与前来云居寺的资政院使资德大夫高龙卜、匠作院使申党住相遇，慧月向此二人详陈补经修堂的心愿，二人"布施净财千余缗，命慧月施劳董工，修石户、经本，不月余而俱修。"经慧月董工，共补刻了雷音洞内的五块经板，这五块经板是：雷音洞右壁《弥勒上生经》四石中的二石、《胜鬘经》四石中的一石，前壁《维摩经》三十三石中的二石。慧月留下了"高丽国比丘等达牧书字，慧月修补经石五介"的题记。

需要指出的是，参与刻经的有两个高丽僧，一个是慧月，另一个则是达牧，

《重修华严堂经本记》尾属"补写经板高丽国天台宗沙门达牧"。结合雷音洞"高丽国比丘等达牧书字"的题记，与慧月同来的高丽国天台宗沙门达牧，实参与了这次补刻石经之举，所补刻的五块经版，皆出自达牧之手。在刻经史上，不能对这位补写经版的高丽沙门略而不谈。

○二○　玉皇宝诰

太上弥罗无上天，妙有玄真境。渺渺紫金阙，太微玉清宫。无极无上圣，廓落法光明。寂寂浩无宗，玄范总十方。湛寂真常道，恢漠大神通。昊天玉皇大天尊，玄穹高上帝。

碑刻说明

明刻。嵌于石经山古井上方崖壁龛内。此碑长方形，高62厘米，宽48厘米，厚6厘米，白石质。此碑无纪年，据考证时间当在明初的宣德三年（1428）。

碑文考释

《玉皇宝诰》出自《高上玉皇本行经髓》。《高上玉皇本行经髓》简称《玉皇经》，撰人不详，约出于隋、唐间。假托元始天尊演说玉皇修道证仙故事，及诵念玉帝经咒之功德果报。经文共三卷。

宣德三年（1428），怀玉乡独树里新庄村（今大石窝镇辛庄村）隆阳宫八十三岁的全真教道士陈风便与正一道士王至玄以及其他信士、官员共同募刻了道教的《玉皇经》。包括《高上玉皇本行集经髓》《太上洞玄灵宝高上玉皇本行集经》《玉皇本行集经纂》《无上玉皇心印经》等4部，共刻石8块，送至房山石经山，贮藏于第七洞，这也是房山石经唯一的道经藏洞。故《玉皇宝诰》应镌于此时。

〇二一　宝藏题刻

宝藏

董其昌书

司爟氏新安许立礼同姪中祕、志仁，文学谢绍烈、黄玉虬、何如霖、男鏉、李自杰，游小西天勒石。

大明崇祯四年三月四日

碑刻说明

明刻。嵌于石经山第六洞上的岩壁。长方形，高45厘米，宽96厘米，厚11厘米。此碑无题，题为添加。

题记考释

明代正式刻石经，是在明末的万历末年至天启、崇祯年间。当时，吴兴沙门真程劝说在北京的南方籍官僚、居士，如葛一龙、王思任、赵琦美、李腾芳、董其昌、黄汝亨等刻造石经。他们先集资在北京石灯庵用小石版刻好佛经，然后再送往石经山贮藏。据现存的石经查考，这一时期刻石经有《四十华严》《法宝坛经》《宝云经》《佛遗教经》《四十二章经》《大方广总持宝光明经》《梵王经》《阿弥陀经》等十余部，明人于雷音洞左侧新开一洞，将这些石经藏入其中，洞额由董其昌题"宝藏"二字，此即石经山第六洞，俗称宝藏洞。

〇二二　石经始愿记

县志载石经山纪略云：北齐南岳僧慧思虑藏教有毁灭时，发愿刻石闷封岩壑，座下静琬承师嘱，成其事云。今观碑志多言琬公发愿而不及其师，千载而后，恐人仅知有琬公而不知有其师。纵其师不欲居功，而独享盛名又岂琬公之意？兹谨缀数言，俾后之览者知刻石藏经之功不仅在琬公，而尤在其师慧公也。

宪兵司令警察总监陆军中将陈兴亚撰书

中华民国二十一年七月十二日

碑刻说明

民国刻。刻于唐太极元年（712）塔外壁，塔立北塔院北塔之东南角。拓片通高108厘米，宽67厘米。

题记考释

民国二十一年（1932），陈兴亚在北平赵文奎、辽阳人冀良的陪同下，到西域寺和小西天游历。游毕在西域寺太极元年塔外壁镌下《石经始愿记》。大意是提醒世人，房山石经始愿者为北齐南岳僧慧思大师，他"虑藏教有毁灭时，发愿刻石冈封岩壑。座下静琬承师嘱，成其事"，告诉世人，刻经之功成于静琬，启于慧思。

陈兴亚，字介卿，清光绪八年（1882）生于辽宁海城县腾鳌堡永安村。他科考中举之后，任北京硫磺局秘书。清光绪三十一年（1905）赴日考入日本振武学校陆军宪兵练习所士官班，清光绪三十三年（1907）毕业回国。民国二年（1913）任京师宪兵营营长，1917年9月26日任京师宪兵司令，民国八年（1919）11月晋级陆军少将。民国九年（1920）投身张作霖，出任国务院咨议兼京师宪兵司令。历任奉天宪兵司令、京师警察总监。民国十六年（1927）升为陆军中将。民国十七年（1928）任国民革命军东北边防军宪兵司令。"九一八"事变后，陈兴亚辞去宪兵司令，任北平绥靖公署参事，不久，即在北京闲居。1959年故于北京，终年77岁。

从时间上推断，此次陈兴亚来云居寺，正是其在北京闲居期间，其"宪兵司令警察总监陆军中将"是属其曾任宪、警、军职衔，而非现任。

〇二三　发现藏经目录记

民国壬申七月，游云居寺，登石经塔。见有石刻卧其中，视之，乃知为葬藏经总经题字号目录也。考此碑并未建于塔中，寺僧亦不知有此。今忽发现，未知何处飞来，或千古秘藏，数应于此时出世。佛故使余见之乎？不然，此塔向无人登，余又何必汲汲缘梯以登之也？惜碑正面右上方少剥蚀，字不全。当商之寺僧，愿捐廉制座弖保存之。是为记。

海城陈兴亚

碑刻说明

民国刻。此碑于1991年出土于云居寺千佛殿，现存于云居寺文物库房。碑高49厘米，宽93厘米，厚19厘米。民国壬申年，为民国二十一年（1932）。

碑文考释

碑文记述了海城陈兴亚民国二十一年（1932）七月，游云居寺"石经塔"，即云居寺北塔时发现塔内有葬藏经总经题字号目录碑，当即施钱让寺僧造碑座妥善保存起来。当年应存于行宫院内，后行宫院毁圮，此碑便埋于地下。1987年8月7日，云居寺清理行宫院遗址，发现此碑。这是一件金代重要的刻经题记，记载由辽入金刻经的重要信息。为此，陈兴亚特镌《发现藏经目录记》。

经碑经幢

房山石经自隋静琬始，历唐、五代梁、辽、金、元，至明崇祯四年（1631），共刻佛经1122部、3572卷、14278石，分别藏于石经山九洞和云居寺内的石经地宫中。也有个别石经，则刻在碑上，立于石经山或云居寺内。本卷收录的均为树碑的石经，鲜涉及藏经洞和石经地宫的石经。在收集石经碑刻中，发现清代石经6部，其中5部刻于康熙三十年（1691），其他1部具体年代不详。一般把云居寺刻经的截止时间定于明，而清代确确实实有刻经发生，且不止一部。无论如何，清代刻经不容人为忽视和否定。

房山刻经始于隋，历唐、五代梁、辽、金、元、明至于清。

本卷收录石经碑、幢11件：其中唐代4件、辽代1件、清代6件，其中收录佛经11部、8种。

〇二四　宋小儿金刚般若波罗蜜经碑

佛说金则船若波罗蜜经

如是我闻：一时，佛在舍卫国祇树给孤独园，与大比丘众千二百五十人俱。尔时，世尊食时，著衣持钵，入舍卫大城乞食。于其城中，次第乞已，还至本处。饭食讫，收衣钵，洗足已，敷座而坐。

时，长老须菩提在大众中即从座起，偏袒右肩，右膝着地，合掌恭敬而白佛言：希有！世尊！如来善护念诸菩萨，善付嘱诸菩萨。世尊！善男子、善女人，发阿耨多罗三藐三菩提心，应云何住，云何降伏其心？

佛言：善哉，善哉！须菩提，如汝所说，如来善护念诸菩萨，善付嘱诸菩萨。汝今谛听！当为汝说：善男子、善女人，发阿耨多罗三藐三菩提心，应如是住，如是降伏其心。

唯然，世尊！愿乐欲闻。

佛告须菩提：诸菩萨摩诃萨应如是降伏其心！所有一切众生之类，若卵生，若胎生，若湿生，若化生，若有色，若无色，若有想，若无想，若非有想非无想，我皆令入无余涅盘而灭度之。如是灭度无量、无数、无边众生，实无众生得灭度者。何以故？须菩提！若菩萨有我相、人相、众生相、寿者相，即非菩萨。

复次，须菩提！菩萨于法，应无所住，行于布施，所谓不住色布施，不住声香味触法布施。须菩提！菩萨应如是布施，不住于相。何以故？若菩萨不住相布施，其福德不可思量。须菩提！于意云何？东方虚空可思量不？

不也，世尊！

须菩提！南西北方四维，上下虚空，可思量不？

不也，世尊！

须菩提！菩萨无住相布施，福德亦复如是不可思量。须菩提！菩萨但应如

所教住。

须菩提！于意云何？可以身相见如来不？

不也,世尊！不可以身相得见如来。何以故？如来所说身相,即非身相。

佛告须菩提：凡所有相,皆是虚妄。若见诸相非相,即见如来。

须菩提白佛言：世尊！颇有众生,得闻如是言说章句,生实信不？

佛告须菩提：莫作是说。如来灭后,后五百岁,有持戒修福者,于此章句能生信心,以此为实,当知是人不于一佛、二佛、三四五佛而种善根,已于无量千万佛所种诸善根,闻是章句,乃至一念生净信者。须菩提！如来悉知悉见,是诸众生得如是无量福德。何以故？是诸众生无复我相、人相、众生相、寿者相,无法相,亦无非法相。何以故？是诸众生若心取相,则为著我人众生寿者。若取法相,即著我人众生寿者。何以故？若取非法相,即著我人众生寿者,是故不应取法,不应取非法。以是义故,如来常说：汝等比丘,知我说法,如筏喻者。法尚应舍,何况非法。

须菩提！于意云何？如来得阿耨多罗三藐三菩提耶？如来有所说法耶？

须菩提言：如我解佛所说义,无有定法,名阿耨多罗三藐三菩提,亦无有定法,如来可说。何以故？如来所说法,皆不可取,不可说,非法,非非法。所以者何？一切圣贤,皆以无为法而有差别。

须菩提！于意云何？若人满三千大千世界七宝以用布施,是人所得福德,宁为多不？

须菩提言：甚多,世尊！何以故？是福德即非福德性,是故如来说福德多。若复有人,于此经中受持,乃至四句偈等,为他人说,其福胜彼。何以故？

须菩提！一切诸佛,及诸佛阿耨多罗三藐三菩提法,皆从此经出。须菩提！所谓佛法者,即非佛法。

须菩提！于意云何？须陁洹能作是念,我得须陁洹果不？

须菩提言：不也,世尊！何以故？须陁洹名为入流,而无所入,不入色声香味触法,是名须陁洹。

须菩提！于意云何？斯陁含能作是念我得斯陁含果不？

须菩提言：不也,世尊！何以故？斯陁含名一往来,而实无往来,是名斯陁含。

须菩提！于意云何？阿那含能作是念我得阿那含果不？

须菩提言：不也，世尊！何以故？阿那含名为不来，而实无不来，是名阿那含。

须菩提！于意云何？阿罗汉能作是念，我得阿罗汉道不？

须菩提言：不也，世尊！何以故？实无有法名阿罗汉。世尊！若阿罗汉作是念我得阿罗汉道，即为著我人众生寿者。世尊！佛说我得无诤三昧，人中最为第一，是第一离欲阿罗汉。我不作是念我是离欲阿罗汉。世尊！我若作是念我得阿罗汉道，世尊则不说须菩提是乐阿兰那行者！以须菩提实无所行，而名须菩提是乐阿兰那行。

佛告须菩提：于意云何？如来昔在然灯佛所，于法有所得不？

世尊！如来在然灯佛所，于法实无所得。

须菩提！于意云何？菩萨庄严佛土不？

不也，世尊！何以故？庄严佛土者，即非庄严，是名庄严。

是故须菩提！诸菩萨摩诃萨应如是生清净心，不应住色生心，不应住声香味触法生心，应无所住而生其心。须菩提！譬如有人，身如须弥山王，于意云何？是身为大不？

须菩提言：甚大，世尊！何以故？佛说非身，是名大身。

须菩提！如恒河中所有沙数，如是沙等恒河，于意云何？是诸恒河沙宁为多不？

须菩提言：甚多，世尊！但诸恒河尚多无数，何况其沙。

须菩提！我今实言告汝，若有善男子、善女人，以七宝满尔所恒河沙数三千大千世界，以用布施，得福多不？

须菩提言：甚多，世尊！

佛告须菩提：若善男子、善女人，于此经中，乃至受持四句偈等，为他人说，而此福德胜前福德。

复次，须菩提！随说是经，乃至四句偈等，当知此处，一切世间、天人、阿修罗，皆应供养，如佛塔庙，何况有人尽能受持读诵。须菩提！当知是人成就最上第一希有之法，若是经典所在之处，则为有佛，若尊重弟子。

尔时，须菩提白佛言：世尊！当何名此经，我等云何奉持？

佛告须菩提：是经名为金刚般若波罗蜜，以是名字，汝当奉持。所以者何？须菩提！佛说般若波罗蜜，即非般若波罗蜜。须菩提！于意云何？如来有所说法不？

须菩提白佛言：世尊！如来无所说。

须菩提！于意云何？三千大千世界所有微尘是为多不？

须菩提言：甚多，世尊！

须菩提！诸微尘，如来说非微尘，是名微尘。如来说，世界，非世界，是名世界。须菩提！于意云何？可以三十二相见如来不？

不也，世尊！何以故？如来说三十二相，即是非相，是名三十二相。

须菩提！若有善男子、善女人，以恒河沙等身命布施。若复有人，于此经中，乃至受持四句偈等，为他人说，其福甚多。

尔时，须菩提闻说是经，深解义趣，涕泪悲泣，而白佛言：希有，世尊！佛说如是甚深经典，我从昔来所得慧眼，未曾得闻如是之经。世尊！若复有人得闻是经，信心清净，则生实相，当知是人，成就第一希有功德。世尊！是实相者，即是非相，是故如来说名实相。世尊！我今得闻如是经典，信解受持不足为难，若当来世，后五百岁，其有众生，得闻是经，信解受持，是人则为第一希有。

何以故？此人无我相、人相、众生相、寿者相。所以者何？我相即是非相，人相、众生相、寿者相，即是非相。何以故？离一切诸相，则名诸佛。佛告须菩提：如是！如是！若复有人得闻是经，不惊、不怖、不畏，当知是人甚为希有。何以故？须菩提！如来说第一波罗蜜，非第一波罗蜜，是名第一波罗蜜。须菩提！忍辱波罗蜜，如来说非忍辱波罗蜜，是名忍辱波罗蜜。何以故？须菩提！如我昔为歌利王割截身体，我于尔时，无我相、无人相、无众生相、无寿者相。何以故？

我于往昔节节支解时，若有我相、人相、众生相、寿者相，应生嗔恨。须菩提！又念过去于五百世作忍辱仙人，于尔所世，无我相、无人相、无众生相、无寿者相。是故，须菩提！菩萨应离一切相，发阿耨多罗三藐三菩提心，不应住色生心，不应住声香味触法生心，应生无所住心。若心有住，即为非住。是故佛说，菩萨心不应住色布施。须菩提！菩萨为利益一切众生，应如是布施。

如来说，一切诸相，即是非相。又说，一切众生，即非众生。须菩提！如来是真语者、实语者、如语者、不诳语者、不异语者。须菩提！如来所得法，此法无实无虚。须菩提，若菩萨心住于法而行布施，如人入闇，则无所见。若菩萨心不住法而行布施，如人有目，日光明照，见种种色。须菩提！当来之世，若有善男子、善女人，能于此经受持读诵，则为如来以佛智慧，悉知是人，悉见是人，皆得成就无量无边功德。

须菩提！若有善男子、善女人，初日分以恒河沙等身布施，中日分复以恒河沙等身布施，后日分亦以恒河沙等身布施，如是无量百千万亿劫以身布施。若复有人，闻此经典，信心不逆，其福胜彼，何况书写、受持、读诵、为人解说。须菩提！以要言之，是经有不可思议、不可称量、无边功德。如来为发大乘者说，为发最上乘者说。若有人能受持读诵，广为人说，如来悉知是人，悉见是人，皆得成就不可量、不可称、无有边、不可思议功德。如是人等，即为荷担如来阿耨多罗三藐三菩提。

何以故？须菩提！若乐小法者，著我见、人见、众生见、寿者见，则于此经，不能听受读诵、为人解说。须菩提！在在处处，若有此经，一切世间、天、人、阿修罗，所应供养。当知此处则为是塔，皆应恭敬，作礼围绕，以诸华香而散其处。

复次，须菩提！若善男子、善女人，受持读诵此经，若为人轻贱，是人先世罪业，应堕恶道，以今世人轻贱故，先世罪业则为消灭，当得阿耨多罗三藐三菩提。须菩提！我念过去无量阿僧祇劫，于然灯佛前，得值八百四千万亿那由他诸佛，悉皆供养承事，无空过者，若复有人于后末世，能受持读诵此经，所得功德，于我所供养诸佛功德，百分不及一，千万亿分，乃至算数譬喻所不能及。须菩提！若善男子、善女人，于后末世，有受持读诵此经，所得功德，我若具说者，或有人闻，心即狂乱，狐疑不信。须菩提！当知是经义不可思议，果报亦不可思议。

尔时，须菩提白佛言：世尊！善男子、善女人，发阿耨多罗三藐三菩提心，云何应住？云何降伏其心？

佛告须菩提：善男子、善女人，发阿耨多罗三藐三菩提者，当生如是心，我应灭度一切众生。灭度一切众生已，而无有一众生实灭度者。

何以故？须菩提！若菩萨有我相、人相、众生相、寿者相，即非菩萨所以者何？须菩提！实无有法发阿耨多罗三藐三菩提者。

须菩提！于意云何？如来于然灯佛所，有法得阿耨多罗三藐三菩提不？

不也，世尊！如我解佛所说义，佛于然灯佛所，无有法得阿耨多罗三藐三菩提。

佛言：如是！如是！须菩提！实无有法如来得阿耨多罗三藐三菩提。须菩提！若有法得阿耨多罗三藐三菩提，然灯佛则不与我授记，汝于来世，当得作佛，号释迦牟尼。以实无有法得阿耨多罗三藐三菩提，是故然灯佛与我授记，作是言：汝于来世，当得作佛，号释迦牟尼。

何以故？如来者，即诸法如义。若有人言：如来得阿耨多罗三藐三菩提。须菩提！实无有法，佛得阿耨多罗三藐三菩提。须菩提！如来所得阿耨多罗三藐三菩提，于是中无实无虚。是故如来说：一切法皆是佛法。须菩提！所言一切法者，即非一切法，是故名一切法。须菩提！譬如人身长大。

须菩提言：世尊！如来说人身长大，即为非大身，是名大身。

须菩提！菩萨亦如是。若作是言：我当灭度无量众生，即不名菩萨。何以故？须菩提！无有法名为菩萨。是故佛说：一切法无我、无人、无众生、无寿者。须菩提！若菩萨作是言，我当庄严佛土，是不名菩萨。何以故？如来说：庄严佛土者，即非庄严，是名庄严。须菩提！若菩萨通达无我法者，如来说名真是菩萨。

须菩提！于意云何？如来有肉眼不？

如是，世尊！如来有肉眼。

须菩提！于意云何？如来有天眼不？

如是，世尊！如来有天眼。

须菩提！于意云何？如来有慧眼不？

如是，世尊！如来有慧眼。

须菩提！于意云何？如来有法眼不？

如是，世尊！如来有法眼。

须菩提！于意云何？如来有佛眼不？

如是，世尊！如来有佛眼。

须菩提！于意云何？恒河中所有沙，佛说是沙不？

如是，世尊！如来说是沙。

须菩提！于意云何？如一恒河中所有沙，有如是等恒河，是诸恒河所有沙数，佛世界如是，宁为多不？甚多，世尊！佛告须菩提：尔所国土中，所有众生，若干种心，如来悉知。何以故？如来说：诸心皆为非心，是名为心。所以者何？须菩提！过去心不可得，现在心不可得，未来心不可得。

须菩提！于意云何？若有人满三千大千世界七宝以用布施，是人以是因缘，得福多不？

如是，世尊！此人以是因缘，得福甚多。

须菩提！若福德有实，如来不说得福德多。以福德无故，如来说得福德多。

须菩提！于意云何？佛可以具足色身见不？

不也，世尊！如来不应以具足色身见。何以故？如来说：具足色身，即非具足色身，是名具足色身。

须菩提！于意云何？如来可以具足诸相见不？

不也，世尊！如来不应以具足诸相见。何以故？如来说：诸相具足，即非具足，是名诸相具足。

须菩提！汝勿谓如来作是念：我当有所说法。莫作是念，何以故？若人言：如来有所说法，即为谤佛，不能解我所说故。须菩提！说法者，无法可说，是名说法。

须菩提白佛言：世尊！佛得阿耨多罗三藐三菩提，为无所得耶？如是，如是。须菩提！我于阿耨多罗三藐三菩提乃至无有少法可得，是名阿耨多罗三藐三菩提。

复次，须菩提！是法平等，无有高下，是名阿耨多罗三藐三菩提。以无我、无人、无众生、无寿者，修一切善法，即得阿耨多罗三藐三菩提。须菩提！所言善法者，如来说即非善法，是名善法。

须菩提！若三千大千世界中所有诸须弥山王，如是等七宝聚，有人持用布施。若人以此般若波罗蜜经，乃至四句偈等，受持、为他人说，于前福德百分不及一，百千万亿分，乃至算数譬喻所不能及。

须菩提！于意云何？汝等勿谓如来作是念：我当度众生。须菩提！莫作是念。何以故？实无有众生如来度者。若有众生如来度者，如来则有我、人、众生、寿者。须菩提！如来说：有我者，则非有我，而凡夫之人以为有我。须菩提！凡夫者，如来说即非凡夫。

须菩提！于意云何？可以三十二相观如来不？

须菩提言：如是！如是！以三十二相观如来。

佛言：须菩提！若以三十二相观如来者，转轮圣王即是如来。

须菩提白佛言：世尊！如我解佛所说义，不应以三十二相观如来。

尔时，世尊而说偈言：若以色见我，以音声求我，是人行邪道，不能见如来。

须菩提！汝若作是念：如来不以具足相故，得阿耨多罗三藐三菩提。须菩提！莫作是念，如来不以具足相故，得阿耨多罗三藐三菩提。须菩提！汝若作是念，发阿耨多罗三藐三菩提心者，说诸法断灭。莫作是念！何以故？发阿耨多罗三藐三菩提心者，于法不说断灭相。

须菩提！若菩萨以满恒河沙等世界七宝布施。若复有人知一切法无我，得成于忍，此菩萨胜前菩萨所得功德。须菩提！以诸菩萨不受福德故。须菩提白佛言：世尊！云何菩萨不受福德？须菩提！菩萨所作福德，不应贪著，是故说不受福德。

须菩提！若有人言：如来若来若去、若坐若卧，是人不解我所说义。何以故？如来者，无所从来，亦无所去，故名如来。

须菩提！若善男子、善女人，以三千大千世界碎为微尘，于意云何？是微尘众宁为多不？

甚多，世尊！何以故？若是微尘众实有者，佛则不说是微尘众，所以者何？佛说：微尘众，即非微尘众，是名微尘众。世尊！如来所说三千大千世界，即非世界，是名世界。何以故？若世界实有，即是一合相。如来说：一合相，即非一合相，是名一合相。

须菩提！一合相者，即是不可说，但凡夫之人贪著其事。

须菩提！若人言：佛说我见、人见、众生见、寿者见。须菩提！于意云何？是人解我所说义不？

不也，世尊！是人不解如来所说义。何以故？世尊说：我见、人见、众生见、寿者见，即非我见、人见、众生见、寿者见，是名我见、人见、众生见、寿者见。

须菩提！发阿耨多罗三藐三菩提心者，于一切法，应如是知，如是见，如是信解，不生法相。须菩提！所言法相者，如来说即非法相，是名法相。

须菩提！若有人以满无量阿僧祇世界七宝持用布施，若有善男子、善女人发菩提心者，持于此经，乃至四句偈等，受持读诵，为人演说，其福胜彼。云何为人演说，不取于相，如如不动。何以故？一切有为法，如梦幻泡影，如露亦如电，应作如是观佛说是经已，长老须菩提及诸比丘、比丘尼、优婆塞、优婆夷，一切世间、天、人、阿修罗，闻佛所说，皆大欢喜，信受奉行。

佛说金刚般若波罗蜜经一卷。

佛说蜜多心经一卷：

观自在菩萨，行深般若波罗蜜多时，照见五蕴皆空，度一切苦厄。舍利子，色不异空，空不异色，色即是空，空即是色，受想行识，亦复如是。舍利子，是诸法空相，不生不灭，不垢不净，不增不减。是故空中无色，无受想行识，无眼耳鼻舌身意，无色声香味触法，无眼界，乃至无意识界。无无明，亦无无明尽，乃至无老死，亦无老死尽。无苦集灭道，无智亦无得。以无所得故，菩提萨埵，依般若波罗蜜多故，心无罣碍，无罣碍故，无有恐怖，远离颠倒梦想，究竟涅槃。三世诸佛，依般若波罗蜜多故，得阿耨多罗三藐三菩提。故知般若波罗蜜多，是大神呪，是大明呪，是无上呪，是无等等呪。能除一切苦，真实不虚。故说般若波罗蜜多呪，即说呪曰：羯谛羯谛：般啰羯谛：般啰僧羯谛：菩提萨婆阿。

碑刻说明

唐刻。此碑立于雷音洞门外东侧，第六、七洞前。专家定为武周时期（684—704）。青石质，通高233厘米。其中碑座高29厘米，宽91厘米，厚62厘米；碑身高149厘米，宽92厘米，厚21厘米；碑首高55厘米，宽95厘米，厚20厘米。螭首与碑身一体，圭形龛内雕一佛二菩萨像，龛帝两侧刻"清信女宋小儿敬造上，金轮圣神皇帝及师僧父母"。碑文刻两部经：一部为《佛说金刚般若波罗蜜经》，北朝三藏法师鸠摩罗什奉诏译，此经后为《佛说蜜多心经》即《佛说般若波罗蜜多心经》，唐三藏法师玄奘奉诏译。

碑文考释

《佛说金刚般若波罗蜜经》即《金刚般若波罗蜜经》是大乘佛教的重要经典。全称《能断金刚般若波罗蜜多经》，简称《金刚经》。

《金刚经》来自印度的初期大乘佛教。因其包含根本般若的重要思想，在般若系大乘经中被视为一个略本；本经说"无相"而不说"空"，保持了原始般若的古风。

本经六种译本中，后秦鸠摩罗什翻译的《金刚般若波罗蜜经》法本是最早也是流传最广的译本。以后相继出现五种译本：北魏菩提流支译《金刚般若波罗蜜经》，南朝陈真谛译《金刚般若波罗蜜经》，隋达摩笈多译《金刚能断般若波罗蜜经》，唐玄奘译《能断金刚般若波罗蜜多经》，唐义净译《佛说能断金刚般若波罗蜜多经》。

如印顺法师所说，鸠摩罗什之后的五译是同一唯识系的诵本，比如菩提流支、达摩笈多等，都是依无著、世亲的释本译出；只有鸠摩罗什所译为中观家的诵本。又如吕澄说，鸠摩罗什传龙树的般若学，所以能"心知其意"；到玄奘新译般若经，《金刚经》其实已"面目全非"了。

《宋小儿金刚般若波罗蜜经碑》上所镌《佛说蜜多心经》即《佛说般若波罗蜜多心经》，又称《般若波罗蜜多心经》《摩诃般若波罗蜜多心经》，简称《般若心经》或《心经》，是般若经系列中一部言简义丰、博大精深、提纲挈领、极为重要的经典，为大乘佛教出家及在家佛教徒日常背诵的佛经。以唐代三藏法师玄奘译本为最流行。房山石经中镌刻《心经》多部，其中最早的一部镌刻于唐高宗显庆六年（661），保存在石经山第八洞中，镌刻时玄奘尚在世，三年以后才圆寂。这部石经明确题署："三藏法师玄奘奉诏译"。中国社科院世界宗教所研究员罗炤先生表示，经调查研究，认定房山云居寺石经山保存在第八洞中的《心经》应为现存最早的版本。

《宋小儿金刚般若波罗蜜经碑》上的《心经》，与石经山第八洞中，唐高宗显庆六年（661）所镌《心经》同为三藏法师玄奘译本，时间上稍晚了几十年。

〇二五　袁敬金刚般若波罗蜜经碑

金刚般若波罗蜜经

如是我闻：一时，佛在舍卫国祇树给孤独园，与大比丘众千二百五十人俱。尔时，世尊食时，著衣持钵，入舍卫大城乞食。于其城中，次第乞已，还至本处。饭食讫，收衣钵，洗足已，敷座而坐。

时，长老须菩提在大众中即从座起，偏袒右肩，右膝着地，合掌恭敬而白佛言：希有！世尊！如来善护念诸菩萨，善付嘱诸菩萨。世尊！善男子、善女人，发阿耨多罗三藐三菩提心，应云何住，云何降伏其心？

佛言：善哉，善哉！须菩提，如汝所说，如来善护念诸菩萨，善付嘱诸菩萨。汝今谛听！当为汝说：善男子、善女人，发阿耨多罗三藐三菩提心，应如是住，如是降伏其心。

唯然，世尊！愿乐欲闻。

佛告须菩提：诸菩萨摩诃萨应如是降伏其心！所有一切众生之类：若卵生，若胎生，若湿生，若化生，若有色，若无色，若有想，若无想，若非有想非无想，我皆令入无余涅槃而灭度之。如是灭度无量、无数、无边众生，实无众生得灭度者。何以故？须菩提！若菩萨有我相、人相、众生相、寿者相，即非菩萨。

复次，须菩提！菩萨于法，应无所住，行于布施，所谓不住色布施，不住声香味触法布施。须菩提！菩萨应如是布施，不住于相。何以故？若菩萨不住相布施，其福德不可思量。须菩提！于意云何？东方虚空可思量不？

不也，世尊！

须菩提！南西北方四维，上下虚空，可思量不？

不也，世尊！

须菩提！菩萨无住相布施，福德亦复如是不可思量。须菩提！菩萨但应如所教住。

须菩提！于意云何？可以身相见如来不？

不也，世尊！不可以身相得见如来。何以故？如来所说身相，即非身相。

佛告须菩提：凡所有相，皆是虚妄。若见诸相非相，即见如来。

须菩提白佛言：世尊！颇有众生，得闻如是言说章句，生实信不？

佛告须菩提：莫作是说。如来灭后，后五百岁，有持戒修福者，于此章句能生信心，以此为实，当知是人不于一佛、二佛、三四五佛而种善根，已于无量千万佛所种诸善根，闻是章句，乃至一念生净信者。须菩提！如来悉知悉见，是诸众生得如是无量福德。何以故？是诸众生无复我相、人相、众生相、寿者相，无法相，亦无非法相。何以故？是诸众生若心取相，则为著我人众生寿者。若取法相，即著我人众生寿者。何以故？若取非法相，即著我人众生寿者，是故不应取法，不应取非法。以是义故，如来常说：汝等比丘，知我说法，如筏喻者。法尚应舍，何况非法。

须菩提！于意云何？如来得阿耨多罗三藐三菩提耶？如来有所说法耶？

须菩提言：如我解佛所说义，无有定法，名阿耨多罗三藐三菩提，亦无有定法，如来可说。何以故？如来所说法，皆不可取，不可说，非法，非非法。所以者何？一切圣贤，皆以无为法而有差别。

须菩提！于意云何？若人满三千大千世界七宝以用布施，是人所得福德，宁为多不？

须菩提言：甚多，世尊！何以故？是福德即非福德性，是故如来说福德多。若复有人，于此经中受持，乃至四句偈等，为他人说，其福胜彼。何以故？

须菩提！一切诸佛，及诸佛阿耨多罗三藐三菩提法，皆从此经出。须菩提！所谓佛法者，即非佛法。

须菩提！于意云何？须陀洹能作是念，我得须陀洹果不？

须菩提言：不也，世尊！何以故？须陀洹名为入流，而无所入，不入色声香味触法，是名须陀洹。

须菩提！于意云何？斯陀含能作是念我得斯陀含果不？

须菩提言：不也，世尊！何以故？斯陀含名一往来，而实无往来，是名斯陀含。

须菩提！于意云何？阿那含能作是念我得阿那含果不？

须菩提言：不也，世尊！何以故？阿那含名为不来，而实无不来，是名阿那含。

须菩提！于意云何？阿罗汉能作是念，我得阿罗汉道不？

须菩提言：不也，世尊！何以故？实无有法名阿罗汉。世尊！若阿罗汉作是念我得阿罗汉道，即为著我人众生寿者。世尊！佛说我得无诤三昧，人中最为第一，是第一离欲阿罗汉。我不作是念我是离欲阿罗汉。世尊！我若作是念我得阿罗汉道，世尊则不说须菩提是乐阿兰那行者！以须菩提实无所行，而名须菩提是乐阿兰那行。

佛告须菩提：于意云何？如来昔在然灯佛所，于法有所得不？

世尊！如来在然灯佛所，于法实无所得。

须菩提！于意云何？菩萨庄严佛土不？

不也，世尊！何以故？庄严佛土者，即非庄严，是名庄严。

是故须菩提！诸菩萨摩诃萨应如是生清净心，不应住色生心，不应住声香味触法生心，应无所住而生其心。须菩提！譬如有人，身如须弥山王，于意云何？是身为大不？

须菩提言：甚大，世尊！何以故？佛说非身，是名大身。

须菩提！如恒河中所有沙数，如是沙等恒河，于意云何？是诸恒河沙宁为多不？

须菩提言：甚多，世尊！但诸恒河尚多无数，何况其沙。

须菩提！我今实言告汝，若有善男子、善女人，以七宝满尔所恒河沙数三千大千世界，以用布施，得福多不？

须菩提言：甚多，世尊！

佛告须菩提：若善男子、善女人，于此经中，乃至受持四句偈等，为他人说，而此福德胜前福德。

复次，须菩提！随说是经，乃至四句偈等，当知此处，一切世间、天人、阿修罗，皆应供养，如佛塔庙，何况有人尽能受持读诵。须菩提！当知是人成就最上第一希有之法，若是经典所在之处，则为有佛，若尊重弟子。

尔时，须菩提白佛言：世尊！当何名此经，我等云何奉持？

佛告须菩提：是经名为金刚般若波罗蜜，以是名字，汝当奉持。所以者何？须菩提！佛说般若波罗蜜，即非般若波罗蜜。须菩提！于意云何？如来有所说法不？

须菩提白佛言：世尊！如来无所说。

须菩提！于意云何？三千大千世界所有微尘是为多不？

须菩提言：甚多，世尊！

须菩提！诸微尘，如来说非微尘，是名微尘。如来说，世界，非世界，是名世界。须菩提！于意云何？可以三十二相见如来不？

不也，世尊！何以故？如来说三十二相，即是非相，是名三十二相。

须菩提！若有善男子、善女人，以恒河沙等身命布施。若复有人，于此经中，乃至受持四句偈等，为他人说，其福甚多。

尔时，须菩提闻说是经，深解义趣，涕泪悲泣，而白佛言：希有，世尊！佛说如是甚深经典，我从昔来所得慧眼，未曾得闻如是之经。世尊！若复有人得闻是经，信心清净，则生实相，当知是人，成就第一希有功德。世尊！是实相者，即是非相，是故如来说名实相。世尊！我今得闻如是经典，信解受持不足为难，若当来世，后五百岁，其有众生，得闻是经，信解受持，是人则为第一希有。

何以故？此人无我相、人相、众生相、寿者相。所以者何？我相即是非相，人相、众生相、寿者相，即是非相。何以故？离一切诸相，则名诸佛。佛告须菩提：如是！如是！若复有人得闻是经，不惊、不怖、不畏，当知是人甚为希有。何以故？须菩提！如来说第一波罗蜜，非第一波罗蜜，是名第一波罗蜜。须菩提！忍辱波罗蜜，如来说非忍辱波罗蜜，是名忍辱波罗蜜。何以故？须菩提！如我昔为歌利王割截身体，我于尔时，无我相、无人相、无众生相、无寿者相。何以故？

我于往昔节节支解时，若有我相、人相、众生相、寿者相，应生嗔恨。须菩提！又念过去于五百世作忍辱仙人，于尔所世，无我相、无人相、无众生相、无寿者相。是故，须菩提！菩萨应离一切相，发阿耨多罗三藐三菩提心，不应住色生心，不应住声香味触法生心，应生无所住心。若心有住，即为非住。是故佛说，菩萨心不应住色布施。须菩提！菩萨为利益一切众生，应如是布施。如来说，一切诸相，即是非相。又说，一切众生，即非众生。须菩提！如来是真语者、实语者、如语者、不诳语者、不异语者。须菩提！如来所得法，此法无实无虚。须菩提，若菩萨心住于法而行布施，如人入暗，则无所见。若菩萨心不住法而行布施，如人有目，日光明照，见种种色。须菩提！当来之世，若有善男子、善女人，能于此经受持读诵，则为如来以佛智慧，悉知是人，悉见是人，皆得成就无量无边功德。

须菩提！若有善男子、善女人，初日分以恒河沙等身布施，中日分复以恒河沙等身布施，后日分亦以恒河沙等身布施，如是无量百千万亿劫以身布施。若复有人，闻此经典，信心不逆，其福胜彼，何况书写、受持、读诵、为人解说。须菩提！以要言之，是经有不可思议、不可称量、无边功德。如来为发大乘者说，为发最上乘者说。若有人能受持读诵，广为人说，如来悉知是人，悉见是人，皆得成就不可量、不可称、无有边、不可思议功德。如是人等，即为荷担如来阿耨多罗三藐三菩提。

何以故？须菩提！若乐小法者，著我见、人见、众生见、寿者见，则于此经，不能听受读诵、为人解说。须菩提！在在处处，若有此经，一切世间、天、人、阿修罗，所应供养。当知此处则为是塔，皆应恭敬，作礼围绕，以诸华香而散其处。

复次，须菩提！若善男子、善女人，受持读诵此经，若为人轻贱，是人先世罪业，应堕恶道，以今世人轻贱故，先世罪业则为消灭，当得阿耨多罗三藐三菩提。须菩提！我念过去无量阿僧祇劫，于然灯佛前，得值八百四千万亿那由他诸佛，悉皆供养承事，无空过者，若复有人于后末世，能受持读诵此经，所得功德，于我所供养诸佛功德，百分不及一，千万亿分，乃至算数譬喻所不能及。须菩提！若善男子、善女人，于后末世，有受持读诵此经，所得功德，我若具说者，或有人闻，心即狂乱，狐疑不信。须菩提！当知是经义不可思议，果报亦不可思议。

尔时，须菩提白佛言：世尊！善男子、善女人，发阿耨多罗三藐三菩提心，云何应住？云何降伏其心？

佛告须菩提：善男子、善女人，发阿耨多罗三藐三菩提者，当生如是心，我应灭度一切众生。灭度一切众生已，而无有一众生实灭度者。

何以故？须菩提！若菩萨有我相、人相、众生相、寿者相，即非菩萨所以者何？须菩提！实无有法发阿耨多罗三藐三菩提者。

须菩提！于意云何？如来于然灯佛所，有法得阿耨多罗三藐三菩提不？

不也，世尊！如我解佛所说义，佛于然灯佛所，无有法得阿耨多罗三藐三菩提。

佛言：如是！如是！须菩提！实无有法如来得阿耨多罗三藐三菩提。须菩提！若有法得阿耨多罗三藐三菩提，然灯佛则不与我授记，汝于来世，当得作佛，号释迦牟尼。以实无有法得阿耨多罗三藐三菩提，是故然灯佛与我授记，作是言：汝于来世，当得作佛，号释迦牟尼。

何以故？如来者，即诸法如义。若有人言：如来得阿耨多罗三藐三菩提。须菩提！实无有法，佛得阿耨多罗三藐三菩提。须菩提！如来所得阿耨多罗三藐三菩提，于是中无实无虚。是故如来说：一切法皆是佛法。须菩提！所言一切法者，即非一切法，是故名一切法。须菩提！譬如人身长大。

须菩提言：世尊！如来说人身长大，即为非大身，是名大身。

须菩提！菩萨亦如是。若作是言：我当灭度无量众生，即不名菩萨。何以故？须菩提！无有法名为菩萨。是故佛说：一切法无我、无人、无众生、无寿者。须菩提！若菩萨作是言，我当庄严佛土，是不名菩萨。何以故？如来说：庄严佛土者，即非庄严，是名庄严。须菩提！若菩萨通达无我法者，如来说名真是菩萨。

须菩提！于意云何？如来有肉眼不？

如是，世尊！如来有肉眼。

须菩提！于意云何？如来有天眼不？

如是，世尊！如来有天眼。

须菩提！于意云何？如来有慧眼不？

如是，世尊！如来有慧眼。

须菩提！于意云何？如来有法眼不？

如是，世尊！如来有法眼。

须菩提！于意云何？如来有佛眼不？

如是，世尊！如来有佛眼。

须菩提！于意云何？恒河中所有沙，佛说是沙不？

如是，世尊！如来说是沙。

须菩提！于意云何？如一恒河中所有沙，有如是等恒河，是诸恒河所有沙数，佛世界如是，宁为多不？甚多，世尊！佛告须菩提：尔所国土中，所有众生，若干种心，如来悉知。何以故？如来说：诸心皆为非心，是名为心。所以者何？

须菩提！过去心不可得，现在心不可得，未来心不可得。

须菩提！于意云何？若有人满三千大千世界七宝以用布施，是人以是因缘，得福多不？

如是，世尊！此人以是因缘，得福甚多。

须菩提！若福德有实，如来不说得福德多。以福德无故，如来说得福德多。

须菩提！于意云何？佛可以具足色身见不？

不也，世尊！如来不应以具足色身见。何以故？如来说：具足色身，即非具足色身，是名具足色身。

须菩提！于意云何？如来可以具足诸相见不？

不也，世尊！如来不应以具足诸相见。何以故？如来说：诸相具足，即非具足，是名诸相具足。

须菩提！汝勿谓如来作是念：我当有所说法。莫作是念，何以故？若人言：如来有所说法，即为谤佛，不能解我所说故。须菩提！说法者，无法可说，是名说法。

须菩提白佛言：世尊！得阿耨多罗三藐三菩提，为无所得耶？如是，如是。须菩提！我于阿耨多罗三藐三菩提乃至无有少法可得，是名阿耨多罗三藐三菩提。

复次，须菩提！是法平等，无有高下，是名阿耨多罗三藐三菩提。以无我、无人、无众生、无寿者，修一切善法，即得阿耨多罗三藐三菩提。须菩提！所言善法者，如来说即非善法，是名善法。

须菩提！若三千大千世界中所有诸须弥山王，如是等七宝聚，有人持用布施。若人以此般若波罗蜜经，乃至四句偈等，受持、为他人说，于前福德百分不及一，百千万亿分，乃至算数譬喻所不能及。

须菩提！于意云何？汝等勿谓如来作是念：我当度众生。须菩提！莫作是念。何以故？实无有众生如来度者。若有众生如来度者，如来则有我、人、众生、寿者。须菩提！如来说：有我者，则非有我，而凡夫之人以为有我。须菩提！凡夫者，如来说即非凡夫。

须菩提！于意云何？可以三十二相观如来不？

须菩提言：如是！如是！以三十二相观如来。

佛言：须菩提！若以三十二相观如来者，转轮圣王即是如来。

须菩提白佛言：世尊！如我解佛所说义，不应以三十二相观如来。

尔时，世尊而说偈言：若以色见我，以音声求我，是人行邪道，不能见如来。

须菩提！汝若作是念：如来不以具足相故，得阿耨多罗三藐三菩提。须菩提！莫作是念，如来不以具足相故，得阿耨多罗三藐三菩提。须菩提！汝若作是念，发阿耨多罗三藐三菩提心者，说诸法断灭。莫作是念！何以故？发阿耨多罗三藐三菩提心者，于法不说断灭相。

须菩提！若菩萨以满恒河沙等世界七宝布施。若复有人知一切法无我，得成于忍，此菩萨胜前菩萨所得功德。须菩提！以诸菩萨不受福德故。须菩提白佛言：世尊！云何菩萨不受福德？须菩提！菩萨所作福德，不应贪著，是故说不受福德。

须菩提！若有人言：如来若来若去、若坐若卧，是人不解我所说义。何以故？如来者，无所从来，亦无所去，故名如来。

须菩提！若善男子、善女人，以三千大千世界碎为微尘，于意云何？是微尘众宁为多不？

甚多，世尊！何以故？若是微尘众实有者，佛则不说是微尘众，所以者何？佛说：微尘众，即非微尘众，是名微尘众。世尊！如来所说三千大千世界，即非世界，是名世界。何以故？若世界实有，即是一合相。如来说：一合相，即非一合相，是名一合相。

须菩提！一合相者，即是不可说，但凡夫之人贪著其事。

须菩提！若人言：佛说我见、人见、众生见、寿者见。须菩提！于意云何？是人解我所说义不？

不也，世尊！是人不解如来所说义。何以故？世尊说：我见、人见、众生见、寿者见，即非我见、人见、众生见、寿者见，是名我见、人见、众生见、寿者见。

须菩提！发阿耨多罗三藐三菩提心者，于一切法，应如是知，如是见，如是信解，不生法相。须菩提！所言法相者，如来说即非法相，是名法相。

须菩提！若有人以满无量阿僧祇世界七宝持用布施，若有善男子、善女人发菩提心者，持于此经，乃至四句偈等，受持读诵，为人演说，其福胜彼。云何为人演说，不取于相，如如不动。何以故？一切有为法，如梦幻泡影，如露

亦如电，应作如是观佛说是经已，长老须菩提及诸比丘、比丘尼、优婆塞、优婆夷，一切世间、天、人、阿修罗，闻佛所说，皆大欢喜，信受奉行。金刚般若波罗蜜经。

吴志顺

碑刻说明

唐刻。此碑立于雷音洞门外东侧，第六、七洞前，与宋小儿碑并峙。专家定为武周时期（684—704）。青石质，通高241厘米。其中碑座高27厘米，宽86厘米，厚58厘米；碑身高153厘米，宽91厘米，厚16.5厘米；碑首高61厘米，宽95厘米，厚17厘米。螭首与碑身一体，圭形龛内雕佛一尊，龛旁两侧刻："朝议郎幽州范阳县令舆平县开国子袁敬一经之碑供养。"碑文刻《金刚般若波罗蜜经》，由吴志顺书。

碑文考释

此碑石两面之跌刻有《故上柱国庞府君金刚经颂》颂记：光宅元年（684），庞怀佰去世，垂拱元年（685），其子庞德相、庞德立、庞名立、庞元表为其刊造《金刚般若波罗蜜经》一部，四月八日雕毕，送达石经山顶。因疑所谓袁敬造金刚般若波罗蜜经。即为庞德相等所造。至于范阳令袁敬在碑额之题名，只是镌名供养而已。谨抛此疑，待明者证之。

○二六　颍川陈公蜜多心经碑

般若波罗蜜多心经

观自在菩萨，行深般若波罗蜜多时，照见五蕴皆空，度一切苦厄。舍利子，色不异空，空不异色，色即是空，空即是色，受想行识，亦复如是。舍利子，是诸法空相，不生不灭，不垢不净，不增不减。是故空中无色，无受想行识，无眼耳鼻舌身意，无色声香味触法，无眼界，乃至无意识界。无无明，亦无无明尽，乃至无老死，亦无老死尽。无苦集灭道，无智亦无得。已无所得故，菩提萨埵，依般若波罗蜜多故，心无罣碍，无罣碍故，无有恐怖，远离颠倒梦想，究竟涅槃。三世诸佛，依般若波罗蜜多故，得阿耨多罗三藐三菩提。故知般若波罗蜜多，是大神呪，是大明呪，是无上呪，是无等等呪。能除一切苦，真实不虚。故说般若波罗蜜多呪，即说呪曰：揭谛揭谛，般啰揭谛，般啰僧揭谛，菩提萨婆诃。

天宝元年四月八日 河北道宣慰使朝散大夫守内侍陈令望造

碑刻说明

唐刻。在石经山。拓片通高95厘米，宽46厘米，两侧均宽11厘米。此经碑为河北道宣慰使朝散大夫守内侍陈令望于天宝元年（742）四月八日施造。

碑文考释

《颍川陈公蜜多心经碑》亦为三藏法师玄奘译本。

此碑碑侧有"辽咸雍二年三月二日贾原妻史氏，男□□□□□□法重，弟永□香花共□一切诸佛。有□□□"题刻。另一侧有"尼善妙、普果、建德、□佺汤，辛泽用、妻王、男建、女"题刻。碑阴刻金大定十四年（1174）刘仁甫等捐资题名。均为后世利用此碑而镌。

施造者陈令望，官职为河北道宣慰使朝散大夫守内侍。

宣慰使，在唐代不是常设官职，为临时性职务。

唐贞观元年（627）分天下为10道：一曰关内道，二曰河南道，三曰河东道，四曰河北道，五曰山南道，六曰陇右道，七曰淮南道，八曰江南道，九曰剑南道，十曰岭南道。

开元二十一年（733）分天下为15道：京畿道、都畿道、关内道、河东道、河南道、河北道、陇右道、山南东道、山南西道、剑南道、淮南道、江南东道、江南西道、黔中道、岭南道。

河北道治魏州，今河北大名县。辖今河北大部，河南、山西、北京、天津部分地区。

唐代官职，文散官分二十九阶，朝散大夫秩十四阶，从五品下。

《新唐书·志第三十六·百官一》："凡文散阶二十九：从一品曰开府仪同三

司，正二品曰特进，从二品曰光禄大夫，正三品曰金紫光禄大夫，从三品曰银青光禄大夫，正四品上曰正议大夫，正四品下曰通议大夫，从四品上曰太中大夫，从四品下曰中大夫，正五品上曰中散大夫，正五品下曰朝议大夫，从五品上曰朝请大夫，从五品下曰朝散大夫。"

唐朝内侍省，掌传达诏旨，守御宫门，洒扫内廷，内库出纳和照料皇帝的饮食起居等事务，主官有内侍监、内侍少监、内侍，内侍秩从四品上。

《新唐书·志第三十七·百官二·内侍省》："监二人，从三品；少监二人，内侍四人，皆从四品上。监掌内侍奉，制令。"

可见，陈令望是一位玄宗身边的宦官，主职是内侍省内侍。他在天宝元年亲往云居寺施造《心经》，反映了当年唐王朝与云居寺刻经的密切关联。

○二七　金光明最胜王经弘序品第一卷

三藏法师义净奉制译

如是我闻，一时薄伽梵，在王舍城鹫峰山顶；于最清净甚深法界，诸佛之境如来所居，与大苾刍众九万八千人，皆是阿罗汉，能善调伏如大象王。诸漏已除，无复烦恼，心善解脱，慧善解脱。所作已毕，舍诸重担，逮得己利，尽诸有结，得大自在，住清净戒，善巧方便，智慧庄严，证八解脱，已到彼岸。其名曰具寿阿若憍陈如，具寿阿说侍多，具寿婆湿波，具寿摩诃那摩，具寿婆帝利迦，大迦摄波，优楼频螺迦摄，伽耶迦摄，那提迦摄。舍利子，大目乾连，惟阿难陁住于学地，如是等诸大声闻，各于晡时从定而起，往诣佛所，顶礼佛足，右绕三匝，退坐一面。复有菩萨摩诃萨，百千万亿人俱，有大威德，如大龙王，名称普闻，众所知识，施戒清净，常乐奉持，忍行精勤，经无量劫，超诸静虑，系念现前，开阐慧门，善修方便，自在游戏，微妙神通，逮得总持，辩才无尽，断诸烦恼，累染皆亡。不久，当成一切种智，降魔军众，而击法鼓，制诸外道，令起净心，转妙法轮，度人天众。十方佛土，悉已庄严。六趣有情，无不蒙益。成就大智，具足大忍，住大慈悲心，有大坚固力。历事诸佛，不般涅槃。发弘誓心，尽未来际。广于佛所，深种净因。于三世法，悟无生忍。逾于二乘，所行境界。以大善巧化导世间，于大师教悉能敷演秘密之法，甚深空性，皆已了知，无复疑惑，其名曰无障碍转法轮菩萨，常发心转法轮菩萨，常精进菩萨，不休息菩萨，慈氏菩萨，妙吉祥菩萨，观自在菩萨，总持自在王菩萨，大辩庄严王菩萨，妙高山王菩萨，大海深王菩萨，宝幢菩萨，大宝幢菩萨，地藏菩萨，虚空藏菩萨，宝手自在菩萨，金刚手菩萨，欢喜力菩萨，大法力菩萨，大庄严光菩萨，大金光庄严菩萨，净戒菩萨，常定菩萨，极清净慧菩萨，坚固精进菩萨，心如虚空菩萨，不断大愿菩萨，施药菩萨，疗诸烦恼病菩萨，医王菩萨，欢喜高王菩萨，得上授记菩萨，大云净光菩萨，大云持法菩萨，大云名称喜乐菩萨，大云现无边称菩萨，大云师子吼菩萨，大云牛王吼菩萨，大云吉祥菩萨，大云宝德菩萨，大云日藏菩萨，大云月藏菩萨，大云星光菩萨，大云火光菩萨，大云电光菩萨，大云雷音菩萨，大云慧雨充遍菩萨，大云清净雨王菩萨，大云花树王菩萨，大云青莲花香菩萨，大云宝栴檀香清凉身菩萨，大云除闇菩萨，大云破医菩萨。如是等无量大菩萨众，各于晡时从定而起，往诣佛所，顶礼佛足，右绕三匝，退坐一面。复有梨车毗童子五亿八千，其名曰师子光童子，师子慧童子，法授童子，因陀罗授童子，大光童子，大猛童子，佛护童子，法护童子，僧护童子，金刚护童子，虚空护童子。虚空吼童子，宝藏童子，吉祥妙藏童子。如是等人而为上首，悉皆安住无上菩提，于大乘中深信欢喜，各于晡时，往诣佛所，顶礼佛足，右绕三匝，退坐一面。复有四万二千天子，其名曰喜见天子，喜悦天子，日光天子，月髻天子，明慧天子，虚空净慧天子，除烦恼天子，吉祥天子。如是等天子而为上首，皆发弘愿护持大乘，绍隆正法能使不绝，各于晡时往诣佛所，顶礼佛足，右绕三匝，退坐一面。复有二万八千龙王，莲华龙王，翳罗叶龙王，大力龙王，大吼龙王，小波龙王，持驶水龙王，金面龙王，如意龙王。如是等龙王而为上首，于大乘法常乐受持，发深信心称扬拥护，各于晡时往诣佛所，顶礼佛足，右绕三匝，退坐一面。复有三万六千诸药叉众，毗沙门天王而为上首，其名曰庵婆药叉，持庵婆药叉，莲花光藏药叉，莲花面药叉，颦眉药叉，现大怖药叉，动地药叉，吞食药叉。是等药叉悉皆爱乐如来正法，深心护持不生疲懈，各于晡时往诣佛所，顶礼佛足，右绕三匝，退坐一面。复有四万九千揭路荼王，香象势力王而为上首，及余健闼婆阿苏罗紧那罗莫呼洛伽等，山林河海一切神仙，并诸大国所有王众，中宫后妃，净信男女，人天大众，悉皆云集。咸愿拥护无上大乘，读诵受持书写流布，各于晡时往诣佛所，顶礼佛足，右绕三匝，退坐一面。如是等声闻菩萨，人天大众龙神八部，既云集已，各各至心合掌恭敬，瞻仰尊容，目未曾舍，愿乐欲闻殊胜妙法。尔时薄伽梵，于日晡时从定而起，观察大众而说颂曰：

金光明妙法，最胜诸经王。甚深难得闻，诸佛之境界。我当为大众，宣说如是经。

并四方四佛，威神共加护。东方阿閦尊，南方宝相佛。西方无量寿，北方天鼓音。

我复演妙法，吉祥忏中胜。能灭一切罪，净除诸恶业。及消众苦患，常与无量乐。

一切智根本，诸功德庄严。众生身不具，寿命将损减。诸恶相现前，天神皆舍离。

亲友怀嗔恨，眷属悉分离。彼此共乖违，珍财皆散失。恶星为变怪，或被邪蛊侵。

若复多忧愁，众苦之所逼。睡眠见恶梦，因此生烦恼。是人当澡浴，应着鲜洁衣。

于此妙经王，甚深佛所赞。专注心无乱，读诵听受持。由此经威力，能离诸灾横。

及余众苦难，无不皆除灭。护世四王众，及大臣眷属。无量诸药叉，一心皆拥卫。

马步副使银青禄大夫检校太子宾客使持节平州诸军事摄平州刺史兼监察御史充卢龙留后兼殿中侍御史史元宽造

宣德郎试左金吾卫兵曹参军右差摄瀛州司户参军史弘仁 送经使郭顺合家大小平安

会昌元年四月八日造

碑刻说明

唐刻。此经碑在石经山。史元宽造。拓片通高150厘米，宽60厘米。为唐武宗会昌元（841）四月八日，卢龙留后兼殿中侍御史史元宽施造，郭顺任送经使将经碑送达石经山。碑额行书"奉为合家平安造金光明经"。左右线刻坐佛各一尊，下为莲花宝座，头顶背光。

碑文考释

碑文刻《金光明最胜王经弘序品第一卷》，经尾颂文不全，缺如下部分：

"大辩才天女，尼连河水神。诃利底母神，坚牢地神众。梵王帝释主，龙王紧那罗。及金翅鸟王，阿苏罗天众。如是天神等，并将其眷属。皆来护是人，昼夜常不离。我当说是经，甚深佛行处。诸佛秘密教，千万劫难逢。若有闻是经，能为他演说。若心生随喜，或设于供养。如是诸人等，当于无量劫。常为诸天人，龙神所恭敬。此福聚无量，数过于恒沙。读诵是经者，当获斯功德。亦为十方尊，深行诸菩萨。拥护持经者，令离诸苦难。供养是经者，如前澡浴身。饮食及香花，恒起慈悲意。若欲听是经，令心净无垢。常生欢喜念，能长诸功德。若以尊重心，听闻是经者。善生于人趣，远离诸苦难。彼人善根熟，诸佛之所赞。方得闻是经，及以忏悔法。"

《金光明最胜王经》，简称《金光明经》。佛教以《金光明经》《法华经》《仁王经》为镇护国家之三部经。若诵读此经，可获得四天王之守护。

本经译本有五种：一、《金光明经》四卷，北凉昙无谶译。二、《金光明帝王经》七卷（或六卷），南朝陈真谛译。三、《金光明更广大辩才陀罗尼经》五卷，北周耶舍崛多（一作阇那崛多）译。四、《合部金光明经》八卷，隋代宝贵等糅编。五、《金光明最胜王经》（略称《最胜王经》）十卷，唐义净译。此经碑为唐义净译本。

〇二八　佛顶尊胜陀罗尼幢

佛顶尊胜陀罗尼曰（陀罗尼每行19字，16行，共304字，文漫漶不清）

大辽□□□□年二月一日

寺主僧惠澄、上座僧智泉、都维那僧智远、都检校僧闻悟、门人惠通、都检校僧门人长明。

同施主宣慰将军、后武将军、左金吾卫大将军、骠骑大将军、开府仪同三司试太常卿□□孙□、孙□夫人高氏，合家供养。

同施主云麾将军守左武卫大将军员外置用正员太常卿赐紫金鱼袋上柱国衡光庭，同施主常恕、张什、殷壁，□□妻刘。同施主□□□试太常赐紫金鱼袋上柱国孙归、孙□，同施主□□衙前大将试太常卿上柱国卿赐紫金鱼袋西方宏，同施主忠武将军左武卫大将军试太常卿上柱国张莫，同施主昝宏隽，同施主李义乾、宁沅兴、盛□□、张□□、真□藏、李法藏、□□□、卢□果、戴家娘子王、史明府、□□□、李琳、李□□、姊兰、姊妙□、妙行、妻圆镜、男空寂、张宽、李阿陈、李阿暕、王雍、晋贤、修政、大慈、□□□。

永清县李内明，阳仙同妻，信都梁俊。

碑刻说明

辽刻。在云居寺北塔院西侧碑廊，北起第一。八面幢，六面刻文，拓三纸。高120厘米，每两每面12.5厘米。

幢文考释

溥儒《白带山志·卷六·艺文一》有载，题为"佛顶尊胜陁罗尼题名"，据拓片仔细辨认，幢起为"佛顶尊胜陁罗尼曰"，后虽漫漶不清，部分幢文尚能认出为佛顶尊胜陁罗尼真言文字。故知此幢为辽代云居寺僧惠澄，得到试太常赐紫金鱼袋上柱国孙归等官员，并永清县李内明，阳仙同妻、信都梁俊施助建造的《佛顶尊圣陁罗尼幢》。此幢已严重风化，难以判别，笔者也是在著述此志时，仔细研究，又参《白带山志》得以确认。

此幢所录为《佛顶尊胜陁罗尼真言》，完整的《佛顶尊胜陁罗尼经》以序为首，序后为经，经后为真言。辽金时期的《佛顶尊胜陁罗尼幢》一般只镌真言，此幢即无序无经，只镌真言，真言后为僧众和施造者的名字。

序记述《佛顶尊胜陁罗尼经》的来历。房山的《佛顶尊胜陀罗尼幢》众多，只有北郑院幢有序文，此序文为唐定觉寺沙门志静述。

附：《佛顶尊胜陁罗尼经序》

"佛顶尊胜陀罗尼经者，婆罗门僧佛陀波利，仪凤元年从西国来至此土，到五台山次，遂五体投地，向山顶礼曰：如来灭后，众圣潜灵，唯有大士文殊师利，于此山中汲引苍生，教诸菩萨。波利所恨，生逢八难，不睹圣容，远涉流沙，故来敬谒。伏乞大慈大悲普覆，令见尊仪。言已，悲泣雨泪，向山顶礼。礼已，举首忽见一老人，从山中出来，遂作婆罗门语谓僧曰：法师情存慕道，追访圣踪，不惮劬劳，远寻遗迹。然汉地众生多造罪业，出家之辈亦多犯戒律。唯有佛顶尊胜陀罗尼经能灭众生恶业。未知法师颇将此经来不？僧曰：贫道直来礼谒，不将经来。老人曰：既不将经，空来何益？纵见文殊，亦何必识？师可到西国取此经来，流传汉土，即是遍奉圣法，广利群生，拯济幽冥，报诸佛恩也。师取经来至此，弟子当示文殊师利菩萨所在。僧闻此语，不胜喜跃，遂裁抑悲泪，至心敬礼。举头之顷，忽不见老人。其僧惊愕，倍更虔心。系念倾诚，回还西国，取佛顶尊胜陀罗尼经。至永淳二年，回至西京，具以上事闻奏大帝。大帝遂将其本入内，请日照三藏法师及敕司宾寺典令杜行颛等共译此经，施僧绢三十匹。其经本禁在内不出，其僧悲泣奏曰：贫道损躯委命，远取经来，情望普济群生，救拔苦难，不以财宝为念，不以名利关心，请还经本流行，庶望含灵同益。遂留翻得之经，还僧梵本。其僧得梵本，将向西明寺，访得善梵语汉僧顺贞共翻译。帝从其情，请僧遂对诸大德共顺贞翻译，讫，僧将梵本向西五台山入，于今不出。今前后所翻两本并流行于代，小小语有不同者，幸勿怪焉。

至垂拱三年，定觉寺主僧志静，因停在神都魏国东寺，亲见日照三藏法师，问其逗留，一如上说。志静遂就三藏法师语受神咒，法师于是口宣梵旨，经二七日，句句委授，具足梵音，一无差失。仍更取旧翻梵本勘校，所有脱错悉皆改定。其咒初注云：最别后翻者是也。其咒句稍异于杜令所翻者，其新咒改定不错并注其音，讫后有学者幸详此焉。至永昌元年八月，于大敬爱寺见西明上座澄法师，问其逗留，亦如前说。其翻经僧顺贞见在住西明寺。此经救拔幽显，最不可思议。恐学者不知故，具录委曲以传未悟。"

○二九　金刚般若波罗蜜经

法会因由分第一

如是我闻,一时,佛在舍卫国祇树给孤独园,与大比丘众千二百五十人俱。尔时,世尊食时,著衣持钵,入舍卫大城乞食。于其城中,次第乞已,还至本处。饭食讫,收衣钵,洗足已,敷座而坐。

善现启请分第二

时,长老须菩提在大众中即从座起,偏袒右肩,右膝着地,合掌恭敬而白佛言:希有!世尊!如来善护念诸菩萨,善付嘱诸菩萨。世尊!善男子、善女人,发阿耨多罗三藐三菩提心,云何应住,云何降伏其心?

佛言:善哉,善哉。须菩提!如汝所说,如来善护念诸菩萨,善付嘱诸菩萨。汝今谛听!当为汝说:善男子、善女人,发阿耨多罗三藐三菩提心,应如是住,如是降伏其心。

唯然,世尊!愿乐欲闻。

大乘正宗分第三品

佛告须菩提:诸菩萨摩诃萨应如是降伏其心!所有一切众生之类:若卵生,若胎生,若湿生,若化生,若有色,若无色,若有想,若无想,若非有想非无想,我皆令入无余涅槃而灭度之。如是灭度无量无数无边众生,实无众生得灭度者。何以故?须菩提!若菩萨有我相、人相、众生相、寿者相,即非菩萨。

妙行无住分第四

复次,须菩提!菩萨于法,应无所住,行于布施,所谓不住色布施,不住声香味触法布施。须菩提!菩萨应如是布施,不住于相。何以故?若菩萨不住相布施,其福德不可思量。须菩提!于意云何?东方虚空可思量不?

不也,世尊!

须菩提!南西北方四维上下虚空可思量不?

不也,世尊!

须菩提!菩萨无住相布施,福德亦复如是不可思量。须菩提!菩萨但应如所教住。

如理实见分第五

须菩提!于意云何?可以身相见如来不?

不也,世尊!不可以身相得见如来。何以故?如来所说身相,即非身相。

佛告须菩提:凡所有相,皆是虚妄。若见诸相非相,即见如来。

正信希有分第六

须菩提白佛言：世尊！颇有众生，得闻如是言说章句，生实信不？

佛告须菩提：莫作是说。如来灭后，后五百岁，有持戒修福者，于此章句能生信心，以此为实，当知是人不于一佛二佛三四五佛而种善根，已于无量千万佛所种诸善根，闻是章句，乃至一念生净信者。须菩提！如来悉知悉见，是诸众生得如是无量福德。何以故？是诸众生无复我相、人相、众生相、寿者相。无法相，亦无非法相。何以故？是诸众生若心取相，则为著我人众生寿者。若取法相，即著我人众生寿者。何以故？若取非法相，即著我人众生寿者，是故不应取法，不应取非法。以是义故，如来常说：汝等比丘，知我说法，如筏喻者。法尚应舍，何况非法。

无得无说分第七

须菩提！于意云何？如来得阿耨多罗三藐三菩提耶？如来有所说法耶？

须菩提言：如我解佛所说义，无有定法名阿耨多罗三藐三菩提，亦无有定法，如来可说。何以故？如来所说法，皆不可取、不可说、非法、非非法。所以者何？一切圣贤，皆以无为法而有差别。

依法出生分第八

须菩提！于意云何？若人满三千大千世界七宝以用布施，是人所得福德，宁为多不？

须菩提言：甚多，世尊！何以故？是福德即非福德性，是故如来说福德多。若复有人，于此经中受持，乃至四句偈等，为他人说，其福胜彼。何以故？

须菩提！一切诸佛，及诸佛阿耨多罗三藐三菩提法，皆从此经出。须菩提！所谓佛法者，即非佛法。

一相无相分第九

须菩提！于意云何？须陀洹能作是念，我得须陀洹果不？

须菩提言：不也，世尊！何以故？须陀洹名为入流，而无所入，不入色声香味触法，是名须陀洹。

须菩提！于意云何？斯陀含能作是念我得斯陀含果不？

须菩提言：不也，世尊！何以故？斯陀含名一往来，而实无往来，是名斯陀含。

须菩提！于意云何？阿那含能作是念我得阿那含果不？

须菩提言：不也，世尊！何以故？阿那含名为不来，而实无不来，是名阿那含。

须菩提！于意云何？阿罗汉能作是念，我得阿罗汉道不？

须菩提言：不也，世尊！何以故？实无有法名阿罗汉。世尊！若阿罗汉作是念我得阿罗汉道，即著我人众生寿者。世尊！佛说我得无诤三昧，人中最为第一，是第一离欲阿罗汉。我不作是念我是离欲阿罗汉。世尊！我若作是念我得阿罗汉道，世尊则不说须菩提是乐阿兰那行者！以须菩提实无所行，而名须菩提是乐阿兰那行。

庄严净土分第十

佛告须菩提：于意云何？如来昔在然灯佛所，于法有所得不？

不也，世尊！如来在然灯佛所，于法实无所得。

须菩提！于意云何？菩萨庄严佛土不？

不也，世尊！何以故？庄严佛土者，即非庄严，是名庄严。

是故须菩提！诸菩萨摩诃萨应如是生清净心，不应住色生心，不应住声香味触法生心，应无所住而生其心。须菩提！譬如有人，身如须弥山王，于意云何？是身为大不？

须菩提言：甚大，世尊！何以故？佛说非身，是名大身。

无为福胜分第十一

须菩提！如恒河中所有沙数，如是沙等恒河，于意云何？是诸恒河沙宁为多不？

须菩提言：甚多，世尊！但诸恒河尚多无数，何况其沙。

须菩提！我今实言告汝，若有善男子、善女人，以七宝满尔所恒河沙数三千大千世界，以用布施，得福多不？

须菩提言：甚多，世尊！

佛告须菩提：若善男子、善女人，于此经中，乃至受持四句偈等，为他人说，而此福德胜前福德。

尊重正教分第十二

复次，须菩提！随说是经，乃至四句偈等，当知此处，一切世间、天人、阿修罗，皆应供养，如佛塔庙，何况有人尽能受持读诵。须菩提！当知是人成就最上第一希有之法，若是经典所在之处，则为有佛，若尊重弟子。

如法受持分第十三

尔时，须菩提白佛言：世尊！当何名此经，我等云何奉持？

佛告须菩提：是经名为金刚般若波罗蜜，以是名字，汝当奉持。所以者何？须菩提！佛说般若波罗蜜，即非般若波罗蜜。须菩提！于意云何？如来有所说法不？

须菩提白佛言：世尊！如来无所说。

须菩提！于意云何？三千大千世界所有微尘是为多不？

须菩提言：甚多，世尊！

须菩提！诸微尘，如来说非微尘，是名微尘。如来说，世界，非世界，是名世界。须菩提！于意云何？可以三十二相见如来不？

不也，世尊！何以故？如来说三十二相，即是非相，是名三十二相。

须菩提！若有善男子、善女人，以恒河沙等身命布施。若复有人，于此经中，乃至受持四句偈等，为他人说，其福甚多。

离相寂灭分第十四

尔时，须菩提闻说是经，深解义趣，涕泪悲泣，而白佛言：希有，世尊！佛说如是甚深经典，我从昔来所得慧眼，未曾得闻如是之经。世尊！若复有人得闻是经，信心清净，则生实相，当知是人，成就第一希有功德。世尊！是实相者，即是非相，是故如来说名实相。世尊！我今得闻如是经典，信解受持不足为难，若当来世，后五百岁，其有众生，得闻是经，信解受持，是人则为第一希有。

何以故？此人无我相、人相、众生相、寿者相。所以者何？我相即是非相、人相、众生相、寿者相，即是非相。何以故？离一切诸相，则名诸佛。佛告须菩提：如是！如是！若复有人得闻是经，不惊、不怖、不畏，当知是人甚为希有。何以故？须菩提！如来说第一波罗蜜，非第一波罗蜜，是名第一波罗蜜。须菩提！忍辱波罗蜜，如来说非忍辱波罗蜜，是名忍辱波罗蜜。何以故？须菩提！如我昔为歌利王割截身体，我于尔时，无我相、无人相、无众生相、无寿者相。何以故？

我于往昔节节支解时，若有我相、人相、众生相、寿者相，应生嗔恨。须菩提！又念过去于五百世作忍辱仙人，于尔所世，无我相、无人相、无众生相、无寿者相。是故须菩提！菩萨应离一切相，发阿耨多罗三藐三菩提心，不应住色生心，不应住声香味触法生心，应生无所住心。若心有住，即为非住。是故佛说，菩萨心不应住色布施。须菩提！菩萨为利益一切众生，应如是布施。如来说，一切诸相，即是非相。又说，一切众生，即非众生。须菩提！如来是真语者、实语者、如语者、不诳语者、不异语者。须菩提！如来所得法，此法无实无虚。须菩提，若菩萨心住于法而行布施，如人入暗，即无所见。若菩萨心不住法而行布施，如人有目，日光明照，见种种色。须菩提！当来之世，若有善男子、善女人，能于此经受持读诵，则为如来以佛智慧，悉知是人，悉见是人，皆得成就无量无边功德。

持经功德分第十五

须菩提！若有善男子、善女人，初日分以恒河沙等身布施，中日分复以恒河沙等身布施，后日分亦以恒河沙等身布施，如是无量百千万亿劫以身布施。若复有人，闻此经典，信心不逆，其福胜彼，何况书写、受持、读诵、为人解说。须菩提！以要言之，是经有不可思议、不可称量、无边功德。如来为发大乘者说，为发最上乘者说。若有人能受持读诵，广为人说，如来悉知是人，悉见是人，皆得成就不可量、不可称、无有边、不可思议功德。如是人等，即为荷担如来阿耨多罗三藐三菩提。

何以故？须菩提！若乐小法者，著我见、人见、众生见、寿者见，则于此经，不能听受读诵、为人解说。须菩提！在在处处，若有此经，一切世间、天、人、阿修罗，所应供养。当知此处则为是塔，皆应恭敬，作礼围绕，以诸华香而散其处。

能净业障分第十六

复次，须菩提！若善男子、善女人，受持读诵此经，若为人轻贱，是人先世罪业，应堕恶道，以今世人轻贱故，先世罪业则为消灭，当得阿耨多罗三藐三菩提。须菩提！我念过去无量阿僧祇劫，于然灯佛前，得值八百四千万亿那由他诸佛，悉皆供养承事，无空过者，若复有人于后末世，能受持读诵此经，所得功德，于我所供养诸佛功德，百分不及一，千万亿分，乃至算数譬喻所不能及。须菩提！若善男子、善女人，于后末世，有受持读诵此经，所得功德，我若具说者，或有人闻，心即狂乱，狐疑不信。须菩提！当知是经义不可思议，果报亦不可思议。

究竟无我分第十七

尔时，须菩提白佛言：世尊！善男子、善女人，发阿耨多罗三藐三菩提心，云何应住？云何降伏其心？

佛告须菩提：善男子、善女人，发阿耨多罗三藐三菩提者，当生如是心，我应灭度一切众生。灭度一切众生已，而无有一众生实灭度者。

何以故？须菩提！若菩萨有我相、人相、众生相、寿者相，即非菩萨所以者何？须菩提！实无有法发阿耨多罗三藐三菩提者。

须菩提！于意云何？如来于然灯佛所，有法得阿耨多罗三藐三菩提不？

不也，世尊！如我解佛所说义，佛于然灯佛所，无有法得阿耨多罗三藐三菩提。

佛言：如是！如是！须菩提！实无有法如来得阿耨多罗三藐三菩提。须菩提！若有法得阿耨多罗三藐三菩提，然灯佛则不与我授记，汝于来世，当得作佛，号释迦牟尼。以实无有法得阿耨多罗三藐三菩提，是故然灯佛与我授记，作是言：汝于来世，当得作佛，号释迦牟尼。

何以故？如来者，即诸法如义。若有人言：如来得阿耨多罗三藐三菩提。须菩提！实无有法，佛得阿耨多罗三藐三菩提。须菩提！如来所得阿耨多罗三藐三菩提，于是中无实无虚。是故如来说：一切法皆是佛法。须菩提！所言一切法者，即非一切法，是故名一切法。须菩提！譬如人身长大。

须菩提言：世尊！如来说人身长大，即为非大身，是名大身。

须菩提！菩萨亦如是。若作是言：我当灭度无量众生，即不名菩萨。何以故？须菩提！无有法名为菩萨。是故佛说：一切法无我、无人、无众生、无寿者。须菩提！若菩萨作是言，我当庄严佛土，是不名菩萨。何以故？如来说：庄严佛土者，即非庄严，是名庄严。须菩提！若菩萨通达无我法者，如来说名真是菩萨。

一体同观分第十八

须菩提！于意云何？如来有肉眼不？

如是,世尊!如来有肉眼。

须菩提!于意云何?如来有天眼不?

如是,世尊!如来有天眼。

须菩提!于意云何?如来有慧眼不?

如是,世尊!如来有慧眼。

须菩提!于意云何?如来有法眼不?

如是,世尊!如来有法眼。

须菩提!于意云何?如来有佛眼不?

如是,世尊!如来有佛眼。

须菩提!于意云何?恒河中所有沙,佛说是沙不?

如是,世尊!如来说是沙。

须菩提!于意云何?如一恒河中所有沙,有如是等恒河,是诸恒河所有沙数,佛世界如是,宁为多不?甚多,世尊!佛告须菩提:尔所国土中,所有众生,若干种心,如来悉知。何以故?如来说:诸心皆为非心,是名为心。所以者何?须菩提!过去心不可得,现在心不可得,未来心不可得。

法界通分分第十九

须菩提!于意云何?若有人满三千大千世界七宝以用布施,是人以是因缘,得福多不?

如是,世尊!此人以是因缘,得福甚多。

须菩提!若福德有实,如来不说得福德多。以福德无故,如来说得福德多。

离色离相分第二十

须菩提!于意云何?佛可以具足色身见不?

不也,世尊!如来不应以具足色身见。何以故?如来说:具足色身,即非具足色身,是名具足色身。

须菩提!于意云何?如来可以具足诸相见不?

不也,世尊!如来不应以具足诸相见。何以故?如来说:诸相具足,即非具足,是名诸相具足。

非说所说分第二十一

须菩提!汝勿谓如来作是念:我当有所说法。莫作是念,何以故?若人言:

如来有所说法，即为谤佛，不能解我所说故。须菩提！说法者，无法可说，是名说法。

尔时，慧命须菩提白佛言：世尊！颇有众生，于未来世，闻说是法，生信心不？

佛言：须菩提！彼非众生，非不众生。何以故？须菩提！众生众生者，如来说非众生，是名众生。

无法可得分第二十二

须菩提白佛言：世尊！佛得阿耨多罗三藐三菩提，为无所得耶？

佛言：如是，如是。须菩提！我于阿耨多罗三藐三菩提乃至无有少法可得，是名阿耨多罗三藐三菩提。

净心行善分第二十三

复次，须菩提！是法平等，无有高下，是名阿耨多罗三藐三菩提。以无我、无人、无众生、无寿者，修一切善法，即得阿耨多罗三藐三菩提。须菩提！所言善法者，如来说即非善法，是名善法。

福智无比分第二十四

须菩提！若三千大千世界中所有诸须弥山王，如是等七宝聚，有人持用布施。若人以此般若波罗蜜经，乃至四句偈等，受持、为他人说，于前福德百分不及一，百千万亿分，乃至算数譬喻所不能及。

化无所化分第二十五

须菩提！于意云何？汝等勿谓如来作是念：我当度众生。须菩提！莫作是念。何以故？实无有众生如来度者。若有众生如来度者，如来则有我、人、众生、寿者。须菩提！如来说：有我者，则非有我，而凡夫之人以为有我。须菩提！凡夫者，如来说即非凡夫。

法身非相分第二十六

须菩提！于意云何？可以三十二相观如来不？

须菩提言：如是！如是！以三十二相观如来。

佛言：须菩提！若以三十二相观如来者，转轮圣王即是如来。

须菩提白佛言：世尊！如我解佛所说义，不应以三十二相观如来。

尔时，世尊而说偈言：若以色见我，以音声求我，是人行邪道，不能见如来。

无断无灭分第二十七

须菩提！汝若作是念：如来不以具足相故，得阿耨多罗三藐三菩提。须菩提！莫作是念，如来不以具足相故，得阿耨多罗三藐三菩提。须菩提！汝若作是念，发阿耨多罗三藐三菩提心者，说诸法断灭。莫作是念！何以故？发阿耨多罗三藐三菩提心者，于法不说断灭相。

不受不贪分第二十八

须菩提！若菩萨以满恒河沙等世界七宝布施。若复有人知一切法无我，得成于忍，此菩萨胜前菩萨所得功德。须菩提！以诸菩萨不受福德故。须菩提白佛言：世尊！云何菩萨不受福德？须菩提！菩萨所作福德，不应贪著，是故说不受福德。

威仪寂净分第二十九

须菩提！若有人言：如来若来若去、若坐若卧，是人不解我所说义。何以故？如来者，无所从来，亦无所去，故名如来。

合理相分第三十一

须菩提！若善男子、善女人，以三千大千世界碎为微尘，于意云何？是微尘众宁为多不？

甚多，世尊！何以故？若是微尘众实有者，佛则不说是微尘众，所以者何？佛说：微尘众，即非微尘众，是名微尘众。世尊！如来所说三千大千世界，即非世界，是名世界。何以故？若世界实有，即是一合相。如来说：一合相，即非一合相，是名一合相。

须菩提！一合相者，即是不可说，但凡夫之人贪著其事。

见不生分第三十一知

须菩提！若人言：佛说我见、人见、众生见、寿者见。须菩提！于意云何？是人解我所说义不？

不也，世尊！是人不解如来所说义。何以故？世尊说：我见、人见、众生见、寿者见，即非我见、人见、众生见、寿者见，是名我见、人见、众生见、寿者见。

须菩提！发阿耨多罗三藐三菩提心者，于一切法，应如是知，如是见，如是信解，不生法相。须菩提！所言法相者，如来说即非法相，是名法相。

应化非真分第三十二

须菩提！若有人以满无量阿僧祇世界七宝持用布施，若有善男子、善女人发菩提心者，持于此经，乃至四句偈等，受持读诵，为人演说，其福胜彼。云何为人演说，不取于相，如如不动。何以故？一切有为法，如梦幻泡影，如露亦如电，应作如是观佛说是经已，长老须菩提及诸比丘、比丘尼、优婆塞、优婆夷，一切世间、天、人、阿修罗，闻佛所说，皆大欢喜，信受奉行。

金刚般若波罗蜜经

般若无尽藏真言：纳谟薄伽伐帝，钵唎若，波罗蜜多曳。怛侄他，唵，纥唎，地唎，室唎，戍噜知，三蜜栗知，佛社曳，莎诃。

金刚心真言：唵，乌伦尼，娑婆诃。

补阙真言：南谟喝啰怛那，哆啰夜耶。佉啰佉啰，俱住俱住。摩啰摩啰。虎啰，吽，贺贺，苏怛拏，吽。泼抹拏，娑婆诃。

普回向真言：唵，娑摩啰，娑摩啰。弭摩曩，萨缚诃。摩诃斫迦啰嚩吽。

□方丈

□□：前堂首座、后堂首座、书记、知客、□□、□□、□□□□、□□□□、圣□侍者、应□侍者

东序：都临、维那、副寺、典座、直□、列殿、寮□、□主、副寮、堂主、净头、园主、磨主、水头、柴头、庄主、临收、清众

新安县信官：桑林樾、张宗第、张兴、张文亮、朱明云、曹显宗、张从顺、李明立

新城、定兴二县：王景春、王业泰、刘中文、刘天伸、刘□□氏、卢门田氏

碑刻说明

清刻。此碑立于云居寺内，为康熙三十年（1691）清云居寺重开山第一代溟波刻。现据拓本录文。拓片碑身高208厘米，宽97厘米。碑额高102厘米，宽104厘米。阴额高102厘米，宽107厘米。阳额篆书，阴额镌三世佛，端坐于莲花之上。碑文正书，自碑阳起至碑阴续，镌完《金刚般若波罗蜜经》全文。文末依次刻录下云居寺方丈执事，及新安、新城、定兴三县信官、檀越的姓名。

○三○　药师琉璃光如来本愿功德经

如是我闻，一时薄伽梵游化诸国，至广严城，住乐音树下。与大苾刍众八千人俱，菩萨摩诃萨三万六千，及国王大臣、婆罗门、居士、天龙八部、人非人等无量大众，恭敬围绕，而为说法。

尔时，曼殊室利法王子承佛威神，从座而起，偏袒一肩，右膝着地，向薄伽梵曲躬合掌，白言：世尊，惟愿演说如是相类诸佛名号，及本大愿殊胜功德，令诸闻者业障销除，为欲利乐像法转时诸有情故。

尔时，世尊赞曼殊室利童子言：善哉，善哉！曼殊室利，汝以大悲，劝请我说诸佛名号，本愿功德，为拔业障所缠有情、利益、安乐、像法、转时诸有情故，汝今谛听，极善思惟，当为汝说。曼殊室利言：唯然！愿说，我等乐闻。

佛告曼殊室利：东方去此过十殑伽沙等佛土，有世界名净琉璃，佛号药师琉璃光如来。应正等觉，明行圆满，善逝世间解无上士，调御丈夫、天人师、佛薄伽梵。曼殊室利，彼佛世尊药师琉璃光如来，本行菩萨道时发十二大愿，令诸有情所求皆得。

第一大愿：愿我来世，得阿耨多罗三藐三菩提时，自身光明炽然，照耀无量无数无边世界，以三十二大丈夫相，八十随形，庄严其身，令一切有情如我无异。

第二大愿：愿我来世得菩提时，身如琉璃，内外明彻。净无瑕秽，光明广大。功德巍巍，身善安住。焰网庄严，过于日月。幽冥众生，悉蒙开晓。随意所趣，作诸事业。

第三大愿：愿我来世得菩提时，以无量无边智慧方便，令诸有情皆得无尽所受用物，莫令众生有所乏少。

第四大愿：愿我来世得菩提时，若诸有情行邪道者，悉令安住菩提道中。若行声闻独觉乘者，皆以大乘而安立之。

第五大愿：愿我来世得菩提时，若有无量无边有情，于我法中修行梵行，一切皆令得不缺戒，具三聚戒。设有毁犯，闻我名已，还得清净，不堕恶趣。

第六大愿：愿我来世得菩提时，若诸有情其身下劣，诸根不具，丑陋顽愚，盲聋喑哑，挛躄背偻，白癞癫狂，种种病苦，闻我名已，一切皆得端正黠慧，

诸根完具，无诸疾苦。

第七大愿：愿我来世得菩提时，若诸有情众病逼切，无救无归，无医无药，无亲无家，贫穷多苦，我之名号，一经其耳，众病悉除，身心安乐，家属资具，悉皆丰足，乃至证得无上菩提。

第八大愿：愿我来世得菩提时，若有女人为女百恶之所逼恼，极生厌离，愿舍女身，闻我名已，一切皆得转女成男，具丈夫相，乃至证得无上菩提。

第九大愿：愿我来世得菩提时，令诸有情出魔罥，解脱一切外道缠缚，若堕种种恶见稠林，皆当引摄置于正见，渐令修习诸菩萨行，速证无上正等菩提。

第十大愿：愿我来世得菩提时，若诸有情王法所录，绳缚鞭挞，系闭牢狱，或当刑戮，及余无量灾难凌辱，悲愁煎迫，身心受苦，若闻我名，以我福德威神力故，皆得解脱一切忧苦。

第十一大愿：愿我来世得菩提时，若诸有情饥渴所恼，为求食故，造诸恶业，得闻我名，专念受持，我当先以上妙饮食，饱足其身，后以法味，毕竟安乐而建立之。

第十二大愿：愿我来世得菩提时，若诸有情贫无衣服，蚊虻寒热，昼夜逼恼，若闻我名，专念受持，如其所好，即得种种上妙衣服，亦得一切宝庄严具，华鬘涂香，鼓乐众伎，随心所玩，皆令满足。

曼殊室利，是为彼世尊药师琉璃光如来，应正等觉，行菩萨道时所发十二微妙上愿。

复次曼殊室利：彼世尊药师琉璃光如来行菩萨道时，所发大愿，及彼佛土功德庄严，我若一劫，若一劫余，说不能尽。然彼佛土，一向清净，无有女人，亦无恶趣，及苦音声。琉璃为地，金绳界道。城阙宫阁，轩窗罗网，皆七宝成。亦如西方极乐世界，功德庄严，等无差别。于其国中有二菩萨摩诃萨，一名日光遍照，二名月光遍照。

是彼无量无数菩萨众之上首，次补佛处，悉能持彼世尊药师琉璃光如来正法宝藏。是故曼殊室利，诸有信心善男子、善女人等，应当愿生彼佛世界。

尔时，世尊复告曼殊室利童子言：曼殊室利，有诸众生，不识善恶。唯怀贪吝，不知布施，及施果报。愚痴无智，阙于信根，多聚财宝，勤加守护，见乞者来，其心不喜。设不获已而行施时，如割身肉，深生痛惜。复有无量悭贪有情，积集资财，于其自身尚不受用，何况能与父母妻子奴婢作使？及来乞者，彼诸有情，从此命终，生饿鬼界，或傍生趣。

由昔人间曾得暂闻药师琉璃光如来名故，今在恶趣，暂得忆念彼如来名，即于念时，从彼处没，还生人中，得宿命念，畏恶趣苦，不乐欲乐，好行惠施，赞叹施者。一切所有，悉无贪惜。渐次尚能以头目手足、血肉身分施来求者，况余财物？

复次曼殊室利，若诸有情虽于如来受诸学处，而破尸罗，有虽不破尸罗，而破轨则。有于尸罗轨则，虽得不坏，然毁正见。有虽不毁正见，而弃多闻。于佛所说契经深义，不能解了。有虽多闻，而增上慢。由增上慢，覆蔽心故，自是非他，嫌谤正法，为魔伴党。

如是愚人，自行邪见，复令无量俱胝有情堕大险坑。此诸有情，应于地狱傍生鬼趣，流转无穷。若得闻此药师琉璃光如来名号，便舍恶行，修诸善法，不堕恶趣。

设有不能舍诸恶行，修行善法，堕恶趣者，以彼如来本愿威力，令其现前暂闻名号。从彼命终，还生人趣。得正见精进，善调意乐。便能舍家，趣于非家。如来法中，受持学处。无有毁犯，正见多闻。解甚深义，离增上慢。不谤正法，不为魔伴。渐次修行诸菩萨行，速得圆满。

复次曼殊室利，若诸有情悭贪嫉妒，自赞毁他，当堕三恶趣中。无量千岁，受诸剧苦。受剧苦已，从彼命终。来生人间，作牛马驼驴。恒被鞭挞，饥渴逼恼。又常负重，随路而行。或得为人，生居下贱。作人奴婢，受他驱役。恒不自在。

若昔人中，曾闻世尊药师琉璃光如来名号，由此善因，今复忆念，至心归依。以佛神力，众苦解脱。诸根聪利，智慧多闻。恒求胜法，常遇善友。永断魔胃，破无明壳，竭烦恼河，解脱一切生老病死忧愁苦恼。

复次曼殊室利，若诸有情好喜乖离，更相斗讼，恼乱自他，以身语意，造作增长种种恶业。展转常为不饶益事，互相谋害。告召山林树冢等神，杀诸众生，取其血肉。祭祀药叉罗刹婆等，书怨人名，作其形像，以恶咒术而咒诅之。厌魅蛊道，咒起尸鬼。令断彼命，及坏其身。是诸有情，若得闻此药师琉璃光如来名号，彼诸恶事，悉不能害。一切展转皆起慈心，利益安乐，无损恼意。及嫌恨心，各各欢悦。于自所受，生于喜足。不相侵凌，互为饶益。

复次曼殊室利：若有四众，苾刍、苾刍尼，邬波索迦、邬波斯迦，及余净信善男子、善女人等，有能受持八分斋戒，或经一年，或复三月。受持学处，以此善根。愿生西方极乐世界，无量寿佛所。听闻正法而未定者，若闻世尊药师琉璃光如来名号，临命终时，有八大菩萨，其名曰文殊师利菩萨、观世音菩萨、得大势菩萨、无尽意菩萨、宝坛华菩萨、药王菩萨、药上菩萨、弥勒菩萨。是八大菩萨，乘空而来，示其道路。即于彼界种种杂色众宝华中，自然化生。或有因此生于天上，虽生天上，而本善根亦未穷尽。不复更生诸余恶趣，天上寿尽，还生人间。或为轮王，统摄四洲，威德自在。安立无量百千有情，于十善道。或生刹帝利、婆罗门、居士、大家，多饶财宝，仓库盈溢。形相端正，眷属具足。聪明智慧，勇健威猛，如大力士。若是女人，得闻世尊药师琉璃光如来名号，至心受持，于后不复更受女身。

复次曼殊师利：彼药师琉璃光如来得菩提时，由本愿力，观诸有情，遇众病苦，瘦瘤干消，黄热等病，或被厌魅、蛊毒所中，或复短命，或时横死，欲令是等病苦消除，所求愿满。时彼世尊入三摩地，名曰除灭一切众生苦恼。既入定已，于肉髻中出大光明，光中演说大陀罗尼曰：

南无薄伽伐帝，鞞杀社，窭噜，薜琉璃，钵：喇婆，喝啰阇也，怛他揭多耶，阿啰诃帝，三藐三勃陀耶怛姪他，唵，鞞杀逝，鞞杀逝，鞞杀社，三没揭帝，莎诃。

尔时，光中说此咒已，大地震动，放大光明，一切众生，病苦皆除，受安隐乐。

曼殊师利，若见男子女人，有病苦者，应当一心为彼病人，常清净澡漱，或食或药，或无虫水，咒一百八遍，与彼服食，所有病苦，悉皆消灭。若有所求，至心念诵，皆得如是，无病延年。命终之后，生彼世界，得不退转，乃至菩提。是故文殊师利，若有男子、女人于彼药师琉璃光如来，至心殷重，恭敬供养者，常持此咒，勿令废忘。

复次曼殊师利，若有净信男子、女人，得闻药师琉璃光如来，应正等觉，所有名号，闻已诵持。晨嚼齿木，澡漱清净，以诸香花，烧香涂香，作众伎乐，供养形象。

于此经典，若自书，若教人书，一心受持，听闻其义。于彼法师应修供养，

一切所有资身之具，悉皆施与，勿令乏少。如是便蒙诸佛护念，所求愿满，乃至菩提。

尔时，曼殊师利童子白佛言：世尊，我当誓于像法转时，以种种方便，令诸净信善男子、善女人等，得闻世尊药师琉璃光如来名号，乃至睡中，亦以佛名觉悟其耳。

世尊，若于此经受持读诵，或复为他演说开示，若自书，若教人书，恭敬尊重，以种种华香、涂香、末香、烧香、华鬘璎珞、幡盖伎乐，而为供养。以五色彩，作囊盛之，洒扫净处，敷设高座，而用安处。尔时，四大天王与其眷属，及余无量百千天众，皆诣其所，供养守护。

世尊，若此经宝流行之处，有能受持，以彼世尊药师琉璃光如来本愿功德，及闻名号，当知是处，无复横死，亦复不为诸恶鬼神夺其精气。设已夺者，还得如故，身心安乐。

佛告曼殊师利：如是如是，如汝所说，曼殊师利，若有净信善男子、善女人等，欲供养彼世尊药师琉璃光如来者，应先造立彼佛形象，敷清净座，而安处之。散种种花，烧种种香，以种种幢幡，庄严其处。七日七夜，受八分斋戒，食清净食，澡浴香洁，著清净衣，应生无垢浊心，无怒害心。于一切有情，起利益、安乐、慈悲、喜舍、平等之心，鼓乐歌赞，右绕佛像。

复应念彼如来本愿功德，读诵此经，思维其义，演说开示，随所乐求，一切皆遂。求长寿得长寿，求富饶得富饶，求官位得官位，求男女得男女。

若复有人，忽得恶梦，见诸恶相，或怪鸟来集，或于住处百怪出现。此人若以众妙资具，恭敬供养彼世尊药师琉璃光如来者，恶梦恶相，诸不吉祥，皆悉隐没，不能为患。

或有水火，刀毒悬险恶象，狮子、虎狼、熊罴、毒蛇、恶蝎、蜈蚣、蚰蜒、蚊虻等怖，若能至心忆念彼佛，恭敬供养，一切怖畏皆得解脱。

若他国侵扰，盗贼反乱，忆念恭敬彼如来者，亦得解脱。

复次，曼殊师利，若有净信善男子、善女人等，乃至尽形不事余天，唯当一心归佛法僧，受持禁戒，若五戒、十戒、菩萨四百戒、比丘二百五十戒、比丘尼五百戒，于所受中，或有毁犯，怖堕恶趣，若能专念彼佛名号，恭敬供养者，必定不受三恶趣生。

或有女人，临当产时，受于极苦，若能至心称名礼赞，恭敬供养彼如来者，众苦皆除，所生之子身分具足，形色端正，见者欢喜，利根聪明，安稳少病，无有非人夺其精气。

尔时，世尊告阿难言：如我称扬彼世尊药师琉璃光如来所有功德，此是诸佛甚深行处，难可解了，汝为信不？

阿难白言：大德世尊，我于如来所说契经，不生疑惑。所以者何？一切如来，身语意业，无不清净。世尊，此日月轮可令堕落，妙高山王可使倾动，诸佛所言，无有异也。

世尊，有诸众生，信根不具，闻说诸佛甚深行处，作是思惟：云何但念药师琉璃光如来一佛名号，便获尔所功德胜利，由此不信，返生诽谤，彼于长夜，失大利乐，堕诸恶趣，流转无穷。佛告阿难：是诸有情，若闻世尊药师琉璃光如来名号，至心受持，不生疑惑，堕恶趣者无有是处。

阿难，此是诸佛甚深所行，难可信解，汝今能受，当知皆是如来威力。阿难，一切声闻、独觉，及未登地诸菩萨等，皆悉不能如实信解，唯除一生所系菩萨。

阿难，人身难得，于三宝中信敬尊重，亦难可得。闻世尊药师琉璃光如来名号，复难于是。

阿难，彼药师琉璃光如来，无量菩萨行，无量善巧方便，无量广大愿，我若一劫，若一劫余，而广说者，劫可速尽，彼佛行愿善巧方便，无有尽也。

尔时，众中有一菩萨摩诃萨，名曰救脱，即从座起，偏袒右肩，右膝著地，曲躬合掌，而白佛言：大德世尊，像法转时，有诸众生，为种种患之所困厄，长病羸瘦，不能饮食，喉唇干燥，见诸方暗，死相现前，父母亲属，朋友知识，涕泣围绕。然彼自身，卧于本处，见阎魔使，引其神识，至于阎魔法王之前。然诸有情，有俱生神，随其所作，若罪若福，皆具书之，尽持授与阎魔法王。尔时，彼王推问其人，计算所作，随其罪福而处断之。时彼病人亲属知识，若能为彼皈依世尊药师琉璃光如来，请诸众僧，转读此经，燃七层之灯，悬五色续命神幡。或有是处，彼识得还，如在梦中，明了自见。或经七日，或二十一日，或三十五日，或四十九日，彼识还时，如从梦觉，皆自忆知善不善业，所得果报。

由自证见业果报故，乃至命难，亦不造作诸恶之业。是故净信善男子、善女人等，皆应受持药师琉璃光如来名号，随力所能，恭敬供养。

尔时，阿难问救脱菩萨曰：善男子应云何恭敬供养，彼世尊药师琉璃光如来？续命旛灯，复云何造？

救脱菩萨言：大德，若有病人，欲脱病苦，当为其人，七日七夜受持八分斋戒。应以饮食及余资具，随力所办，供养比丘僧。昼夜六时，礼拜行道。供养彼世尊药师琉璃光如来，读诵此经四十九遍，燃四十九灯，造彼如来形象七躯，一一像前，各置七灯，一一灯量，大如车轮，乃至四十九日，光明不绝。造五色彩旛长四十九拃手。应放杂类众生至四十九。可得过度危厄之难，不为诸横恶鬼所持。

复次，阿难，若刹帝利、灌顶王等，灾难起时，所谓人众疾疫难，他国侵逼难，自界叛逆难，星宿变怪难，日月薄蚀难，非时风雨难，过时不雨难。

彼刹帝利、灌顶王等，尔时应于一切有情，起慈悲心，赦诸系闭。依前所说供养之法，供养彼世尊药师琉璃光如来。由此善根及彼如来本愿力故，令其国界，即得安隐，风雨顺时，谷稼成熟，一切有情，无病欢乐。于其国中，无有暴恶药叉等神，恼有情者，一切恶相，皆即隐没。而刹帝利、灌顶王等，寿命色力，无病自在，皆得增益。

阿难，若帝后妃主、储君王子、大臣辅相、中宫彩女、百官黎庶，为病所苦，及余厄难，亦应造立五色神旛，燃灯续明，放诸生命，散杂色花，烧众名香，病得除愈，众难解脱。

尔时，阿难问救脱菩萨言：善男子，云何已尽之命，而可增益？

救脱菩萨言：大德，汝岂不闻如来说有九横死耶？是故劝造续命旛灯，修诸福德，以修福故，尽其寿命，不经苦患。

阿难问言：九横云何？

救脱菩萨言：若诸有情，得病虽轻，然无医药及看病者，设复遇医，授以非药，实不应死，而便横死。又信世间邪魔外道妖孽之师，妄说祸福，便生恐动，心不自正，卜问觅祸，杀种种众生，解奏神明，呼诸魍魉，请乞福佑，欲冀延年，终不能得。愚痴迷惑，信邪倒见，遂令横死，入于地狱，无有出期，是名初横。二者横，被王法之所诛戮。三者，畋猎嬉戏，耽淫嗜酒，放逸无度，横为非人，夺其精气。四者横，为火焚。五者横，为水溺。六者横，为种种野兽所噉。七者横，堕山崖。八者横，为毒药、厌祷咒诅、起尸鬼等之所中害。九者，饥渴

所困，不得饮食，而便横死。

是为如来略说横死有此九种。其余复有无量诸横，难可具说。

复次，阿难，彼阎魔王主领世间名籍之记，若诸有情，不孝五逆，破辱三宝，坏君臣法，毁于性戒。阎魔法王随罪轻重，考而罚之。是故我今劝诸有情，燃灯造幡，放生修福，令度苦厄，不遭众难。

尔时，众中有十二药叉大将，俱在会座。所谓宫毗罗大将、伐折罗大将、迷企罗大将、安底罗大将、额你罗大将、珊底罗大将、因达罗大将、波夷罗大将、摩虎罗大将、真达罗大将、招杜罗大将、毗羯罗大将。

此十二药叉大将，一一各有七千药叉以为眷属，同时举声白佛言：世尊，我等今者蒙佛威力，得闻世尊药师琉璃光如来名号，不复更有恶趣之怖。我等相率，皆同一心，乃至尽形，归佛法僧，誓当荷负一切有情，为作义利，饶益安乐。随于何等村城国邑，空闲林中，若有流布此经，或复受持药师琉璃光如来名号，恭敬供养者，我等眷属，卫护是人，皆使解脱一切苦难。诸有愿求，悉令满足。或有疾厄求度脱者，亦应读诵此经，以五色缕，结我名字，得如愿已，然后解结。

尔时，世尊赞诸药叉大将言：善哉！善哉！大药叉将，汝等念报世尊药师琉璃光如来恩德者，常应如是利益安乐一切有情。

尔时，阿难白佛言：世尊，当何名此法门，我等云何奉持？

佛告阿难：此法门名说药师琉璃光如来本愿功德。亦名说十二神将，饶益有情，结愿神咒。亦名拔除一切业障，应如是持。

时薄伽梵说是语已，诸菩萨摩诃萨，及大声闻、国王大臣、婆罗门、居士、天龙、药叉、健达缚、阿素洛、揭路荼、紧捺洛、莫呼洛伽、人非人等，一切大众，闻佛所说，皆大欢喜，信受奉行尊药师琉璃光如来本愿功德经。

消万病咒：唵，室哩哆，室哩哆，军吒利莎，缚诃。

护身神咒：唵，嚩唎啰，阿尼钵啰尼，邑哆耶，莎诃。

却温神咒：唵乌伦尼乌伦尼吽癹吒。

十二药叉大将，助佛宣扬。五色彩缕结其名。随愿悉圆成，冤业冰清，福寿永康宁。

南谟薄伽伐帝，鞞杀社窭噜，薛琉璃、钵喇婆喝、啰阇也，怛陀揭多耶，

阿啰喝帝，三藐三勃陀耶。怛侄他唵，鞞杀逝，鞞杀逝，鞞杀社，三没揭帝，娑诃！

解结解结解冤结，解了多生冤和业。洗心涤虑发虔诚，今对佛前求解结。药师佛！药师佛！消灾延寿药师佛。

愿消三障诸烦恼，愿得智慧真明了。普愿灾障悉消除，世世常行菩萨道。

西直门里敕赠一品诰命一人周门叶氏　德胜门里安尚仁、刘氏　雄县赵村王都

岂皇清康熙叁拾年岁次辛未仲秋

碑刻说明

清刻。此碑立于云居寺内，螭首龟趺。白石质，首身一体。通高330厘米。拓片碑身高210厘米，宽98厘米。碑额高40厘米，宽35厘米。阴额高42厘米，宽32厘米。阳额篆书，竖款4行，每行4字，共16字："皇图巩固，帝道遐昌。佛日增辉，法轮常转。"阴额与阳额同，篆书："皇图巩固，帝道遐昌，佛日增辉，法轮常转。"左下雕有龙牌。

碑文正书，自碑阳起至碑阴续，镌完《药师琉璃光如来本愿功德经》全文。文末依次为：消万病咒、护身神咒、却温神咒，咒后为：赞、药师真言、解冤咒、回向偈。

碑文考释

《药师琉璃光如来本愿功德经》简称《药师经》。共有三个译本：一、《药师琉璃光如来本愿功德经》一卷，唐三藏法师玄奘译。二、《佛说药师如来本愿经》一卷，隋天竺三藏达摩笈多译。三、《药师琉璃光七佛本愿功德经》二卷，唐三藏沙门义净译。叙述佛陀因曼殊室利的启请，而为在毗舍离国乐音树下的大比丘、大菩萨、国王、大臣等，盛陈东方净琉璃世界药师如来的功德，并详述药师如来因地所发的十二大愿。此经碑为《药师琉璃光如来本愿功德经》一卷，唐三藏法师玄奘译。

〇三一　佛说阿弥陀经

如是我闻，一时，佛在舍卫国，祇树给孤独园，与大比丘僧千二百五十人俱。皆是大阿罗汉，众所知识、长老舍利弗、摩诃目犍连、摩诃迦叶、摩诃迦旃延、摩诃俱絺罗、离婆多、周利槃陀伽、难陀、阿难陀、罗睺罗、乔梵波提、宾头卢颇罗堕、迦留陀夷、摩诃劫宾那、薄拘罗、阿㝹楼驮、如是等诸大弟子，并诸菩萨摩诃萨、文殊师利法王子、阿逸多菩萨、乾陀诃提菩萨、常精进菩萨，与如是等诸大菩萨，及释提桓因等，无量诸天大众俱。

尔时，佛告长老舍利弗：从是西方，过十万亿佛土，有世界名曰极乐，其土有佛，号阿弥陀，今现在说法。

舍利弗！彼土何故名为极乐？其国众生，无有众苦，但受诸乐，故名极乐。又舍利弗！极乐国土，七重栏楯，七重罗网，七重行树，皆是四宝周匝围绕，是故彼国名为极乐。

又舍利弗！极乐国土，有七宝池，八功德水充满其中。池底纯以金沙布地。四边阶道，金、银、琉璃、玻璨合成。上有楼阁，亦以金、银、琉璃、玻璨、砗磲、赤珠、玛瑙而严饰之。池中莲华，大如车轮，青色青光，黄色黄光，赤色赤光，白色白光，微妙香洁。

舍利弗！极乐国土，成就如是功德庄严。又舍利弗！彼佛国土，常作天乐，黄金为地，昼夜六时，雨天曼陀罗华。其土众生，常以清旦，各以衣裓，盛众妙华，供养他方十万亿佛。即以食时，还到本国，饭食经行。

舍利弗！极乐国土，成就如是功德庄严。复次，舍利弗！彼国常有种种奇妙杂色之鸟：白鹤、孔雀、鹦鹉、舍利、迦陵频伽、共命之鸟。是诸众鸟，昼夜六时，出和雅音，其音演畅五根、五力、七菩提分、八圣道分，如是等法。其土众生，闻是音已，皆悉念佛、念法、念僧。

舍利弗！汝勿谓此鸟，实是罪报所生。所以者何？彼佛国土，无三恶道。舍利弗！其佛国土，尚无恶道之名，何况有实？是诸众鸟，皆是阿弥陀佛欲令法音宣流，变化所作。

舍利弗！彼佛国土，微风吹动，诸宝行树，及宝罗网，出微妙音，譬如百千种乐，同时俱作。闻是音者，自然皆生念佛、念法、念僧之心。

舍利弗！其佛国土，成就如是功德庄严。

舍利弗！于汝意云何，彼佛何故号阿弥陀？舍利弗！彼佛光明无量，照十方国，无所障碍，是故号为阿弥陀。又舍利弗！彼佛寿命，及其人民，无量无边阿僧祇劫，故名阿弥陀。

舍利弗！阿弥陀佛，成佛以来，于今十劫。又舍利弗！彼佛有无量无边声闻弟子，皆阿罗汉，非是算数之所能知。诸菩萨众，亦复如是。

舍利弗！彼佛国土，成就如是功德庄严。又舍利弗！极乐国土，众生生者，皆是阿鞞跋致。其中多有一生补处，其数甚多，非是算数所能知之，但可以无量无边阿僧祇说。

舍利弗！众生闻者，应当发愿，愿生彼国。所以者何？得与如是诸上善人俱会一处。舍利弗！不可以少善根、福德、因缘，得生彼国。舍利弗！若有善男子、善女人，闻说阿弥陀佛，执持名号，若一日，若二日，若三日，若四日，若五日，若六日，若七日，一心不乱。专持号以称名，故诸罪消灭，即是多善根、福德、因缘。其人临命终时，阿弥陀佛与诸圣众，现在其前。是人终时，心不颠倒，即得往生阿弥陀佛极乐国土。舍利弗！我见是利，故说此言。若有众生，闻是说者，应当发愿，生彼国土。

舍利弗！如我今者，赞叹阿弥陀佛不可思议功德之利。

东方亦有阿閦鞞佛、须弥相佛、大须弥佛、须弥光佛、妙音佛，如是等恒河沙数诸佛，各于其国，出广长舌相，遍复三千大千世界，说诚实言：汝等众生，当信是称赞不可思议功德，一切诸佛所护念经。

舍利弗！南方世界有日月灯佛、名闻光佛、大焰肩佛、须弥灯佛、无量精进佛，如是等恒河沙数诸佛，各于其国，出广长舌相，遍复三千大千世界，说诚实言：汝等众生，当信是称赞不可思议功德，一切诸佛所护念经。

舍利弗！西方世界有无量寿佛、无量相佛、无量幢佛、大光佛、大明佛、宝相佛、净光佛，如是等恒河沙数诸佛，各于其国，出广长舌相，遍复三千大千世界，说诚实言：汝等众生，当信是称赞不可思议功德，一切诸佛所护念经。

舍利弗！北方世界有焰肩佛、最胜音佛、难沮佛、日生佛、网明佛，如是等恒河沙数诸佛，各于其国，出广长舌相，遍复三千大千世界，说诚实言：汝等众生，当信是称赞不可思议功德，一切诸佛所护念经。

舍利弗！下方世界有师子佛、名闻佛、名光佛、达摩佛、法幢佛、持法佛，如是等恒河沙数诸佛，各于其国，出广长舌相，遍复三千大千世界，说诚实言：汝等众生，当信是称赞不可思议功德，一切诸佛所护念经。

舍利弗！上方世界有梵音佛、宿王佛、香上佛、香光佛、大焰肩佛、杂色宝华严身佛、娑罗树王佛、宝华德佛、见一切义佛、如须弥山佛，如是等恒河沙数诸佛，各于其国，出广长舌相，遍复三千大千世界，说诚实言：汝等众生，当信是称赞不可思议功德，一切诸佛所护念经。

舍利弗！于汝意云何，何故名为一切诸佛所护念经？舍利弗！若有善男子、善女人，闻是经受持者，及闻诸佛名者，是诸善男子、善女人，皆为一切诸佛之所护念，皆得不退转于阿耨多罗三藐三菩提。是故舍利弗！汝等皆当信受我语，及诸佛所说。

舍利弗！若有人已发愿、今发愿、当发愿，欲生阿弥陀佛国者，是诸人等，皆得不退转于阿耨多罗三藐三菩提。于彼国土，若已生，若今生，若当生。是故舍利弗！诸善男子、善女人，若有信者，应当发愿，生彼国土。

舍利弗！如我今者，称赞诸佛不可思议功德，彼诸佛等，亦称赞我不可思议功德。而作是言，释迦牟尼佛，能为甚难希有之事。能于娑婆国土，五浊恶世，劫浊、见浊、烦恼浊、众生浊、命浊中，得阿耨多罗三藐三菩提。为诸众生，说是一切世间难信之法。舍利弗！当知我于五浊恶世，行此难事，得阿耨多罗三藐三菩提，为一切世间说此难信之法，是为甚难。

佛说此经已，舍利弗及诸比丘，一切世间、天人、阿修罗等，闻佛所说，欢喜信受，作礼而去。佛说阿弥陀经。

碑刻说明

清刻。在云居寺北塔院东侧。为康熙三十年（1691）刻。白石质，方首抹角，首身一体。碑高231厘米。拓片碑身高120厘米，宽74厘米。碑雕有云中追鹿图、海马江崖。

碑文考释

《佛说阿弥陀经》，大乘佛教经典之一，为净土宗所尊崇，被列为净土三经

之一。姚秦三藏法师鸠摩罗什译。此经为佛经中极少数非由佛陀弟子提问,而由佛陀不问自说的经典。此经于前半段宣说西方极乐世界种种的庄严以及阿弥陀佛佛号的由来与意义,其后阐明劝导众生诵念阿弥陀佛之名号以往生西方极乐世界,最后十方诸佛亦劝导其土众生相信阿弥陀佛及其极乐世界之事迹作结。

〇三二　妙法莲花经观世音菩萨普门品

尔时,无尽意菩萨即从座起,偏袒右肩,合掌向佛而作是言:世尊,观世音菩萨以何因缘名观世音?

佛告无尽意菩萨:善男子,若有无量百千万亿众生,受诸苦恼,闻是观世音菩萨,一心称名,观世音菩萨,即时观其音声,皆得解脱。若有持是观世音菩萨名者,设入大火,火不能烧,由是菩萨威神力故。若为大水所漂,称其名号,即得浅处。若有百千万亿众生,为求金、银、琉璃、砗磲、玛瑙、珊瑚、琥珀、珍珠等宝,入于大海,假使黑风吹其船舫,漂堕罗刹鬼国,其中若有乃至一人,称观世音菩萨名者,是诸人等,皆得解脱罗刹之难。以是因缘,名观世音。

若复有人,临当被害,称观世音菩萨名者,彼所执刀杖,寻段段坏,而得解脱。若三千大千国土,满中夜叉、罗刹,欲来恼人,闻其称观世音菩萨名者,是诸恶鬼,尚不能以恶眼视之,况复加害。设复有人,若有罪、若无罪,杻械枷锁,检系其身,称观世音菩萨名者,皆悉断坏,即得解脱。

若三千大千国土,满中怨贼,有一商主,将诸商人,赍持重宝,经过险路,其中一人,作是唱言:诸善男子,勿得恐怖,汝等应当一心称观世音菩萨名号,是菩萨能以无畏施于众生,汝等若称名者,于此怨贼,当得解脱。众商人闻,具发声言:南无观世音菩萨。称其名故,即得解脱。无尽意!观世音菩萨摩诃萨,威神之力,巍巍如是。

若有众生多于淫欲,常念恭敬观世音菩萨,便得离欲。若多嗔恚,常念恭敬观世音菩萨,便得离嗔。若多愚痴,常念恭敬观世音菩萨,便得离痴。无尽意!观世音菩萨有如是等大威神力,多所饶益,是故众生常应心念。若有女人,设欲求男,礼拜供养观世音菩萨,便生福德智慧之男。设欲求女,便生端正有相之女，宿植德本，众人爱敬。无尽意！观世音菩萨有如是力。若有众生恭敬礼拜观世音菩萨，福不唐捐。是故众生皆应受持观世音菩萨名号。

无尽意！若有人受持六十二亿恒河沙菩萨名字，复尽形供养饮食、衣服、卧具、医药，于汝意云何？是善男子、善女人，功德多不？

无尽意言：甚多！世尊。

佛言：若复有人受持观世音菩萨名号，乃至一时礼拜供养，是二人福，正等无异，于百千万亿劫，不可穷尽。无尽意！受持观世音菩萨名号，得如是无量无边福德之利。

无尽意菩萨白佛言：世尊，观世音菩萨云何游此娑婆世界？云何而为众生说法？方便之力，其事云何？

佛告无尽意菩萨：善男子，若有国土众生，应以佛身得度者，观世音菩萨即现佛身而为说法。应以辟支佛身得度者，即现辟支佛身而为说法。应以声闻身得度者，即现声闻身而为说法。应以梵王身得度者，即现梵王身而为说法。应以帝释身得度者，即现帝释身而为说法。应以自在天身得度者，即现自在天身而为说法。应以大自在天身得度者，即现大自在天身而为说法。应以天大将军身得度者，即现天大将军身而为说法。应以毗沙门身得度者，即现毗沙门身而为说法。应以小王身得度者，即现小王身而为说法。应以长者身得度者，即现长者身而为说法。应以居士身得度者，即现居士身而为说法。应以宰官身得度者，即现宰官身而为说法。应以婆罗门身得度者，即现婆罗门身而为说法。应以比丘、比丘尼、优婆塞、优婆夷身得度者，即现比丘、比丘尼、优婆塞、优婆夷身而为说法。应以长者、居士、宰官、婆罗门妇女身得度者，即现妇女身而为说法。应以童男、童女身得度者，即现童男、童女身而为说法。应以天龙、夜叉、乾闼婆、阿修罗、迦楼罗、紧那罗、摩睺罗伽、人、非人等身得度者，即皆现之而为说法。应以执金刚神得度者，即现执金刚神而为说法。无尽意！是观世音菩萨成就如是功德，以种种形游诸国土，度脱众生，是故汝等，应当一心供养观世音菩萨。是观世音菩萨摩诃萨，于怖畏急难之中，能施无畏。是故，此娑婆世界皆号之为施无畏者。

无尽意菩萨白佛言：世尊，我今当供养观世音菩萨。即解颈众宝珠璎珞，价值百千两金，而以与之。而作是言：仁者受此法施珍宝璎珞。

时观世音菩萨不肯受之。无尽意复白观世音菩萨言：仁者，悯我等故，受此璎珞。

尔时，佛告观世音菩萨：当悯此无尽意菩萨及四众、天龙、夜叉、乾闼婆、阿修罗、迦楼罗、紧那罗、摩睺罗伽、人、非人等故，受是璎珞。

即时，观世音菩萨悯诸四众，及于天龙、人、非人等，受其璎珞，分作二分，一分奉释迦牟尼佛，一分奉多宝佛塔。

无尽意！观世音菩萨有如是自在神力，游于娑婆世界。

尔时，无尽意菩萨以偈问曰：

世尊妙相具，我今重问彼。佛子何因缘，名为观世音？

具足妙相尊，偈答无尽意。汝听观音行，善应诸方所。

弘誓深如海，历劫不思议。侍多千亿佛，发大清净愿。

我为汝略说，闻名及见身。心念不空过，能灭诸有苦。

假使兴害意，推落大火坑。念彼观音力，火坑变成池。

或漂流巨海，龙鱼诸鬼难。念彼观音力，波浪不能没。

或在须弥峰，为人所推堕。念彼观音力，如日虚空住。

或被恶人逐，堕落金刚山。念彼观音力，不能损一毛。

或值怨贼绕，各执刀加害。念彼观音力，咸即起慈心。

或遭王难苦，临刑欲寿终。念彼观音力，刀寻段段坏。

或囚禁枷锁，手足被杻械。念彼观音力，释然得解脱。

咒诅诸毒药，所欲害身者。念彼观音力，还著于本人。

或遇恶罗刹，毒龙诸鬼等。念彼观音力，时悉不敢害。

若恶兽围绕，利牙爪可怖。念彼观音力，疾走无边方。

蚖蛇及蝮蝎，气毒烟火然。念彼观音力，寻声自回去。

云雷鼓掣电，降雹澍大雨。念彼观音力，应时得消散。

众生被困厄，无量苦逼身。观音妙智力，能救世间苦。

具足神通力，广修智方便。十方诸国土，无刹不现身。

种种诸恶趣，地狱鬼畜生。生老病死苦，以渐悉令灭。

真观清净观，广大智慧观。悲观及慈观，常愿常瞻仰。

无垢清净光，慧日破诸暗。能伏灾风火，普明照世间。

悲体戒雷震，慈意妙大云。澍甘露法雨，灭除烦恼焰。

争讼经官处，怖畏军阵中。念彼观音力，众怨悉退散。

妙音观世音，梵音海潮音。胜彼世间音，是故须常念。

念念勿生疑，观世音净圣。于苦恼死厄，能为作依怙。

具一切功德，慈眼视众生。福聚海无量，是故应顶礼。

尔时持地菩萨即从座起，前白佛言：世尊，若有众生闻是观世音菩萨品自在之业，普门示现神通力者，当知是人功德不少。佛说是普门品时，众中八万四千众生，皆发无等等阿耨多罗三藐三菩提心。妙法莲花经观世间音菩萨普门品。

碑阴

广发弘誓大愿心，广尽阎浮世上人。有缘千里来相会，无缘对面不相逢。
南无号圆通，名自在观音如来，广弘誓愿。

大海洪波万丈深，洛伽高山上青云。诸天贤圣共围绕，逍遥自在礼观音。
南无一念心无挂碍观音如来，常居南海愿。

何人得病卧高床，不请明医点药方。志心持念观自在，自然身体得安康。
南无住娑婆幽冥界观音如来，寻声救苦愿。

五湖四海因似风，东南西北来相逢。众生多有危险难，一心称念观世音。
南无降邪魔除妖怪观音如来，能除危险愿。

火坑腾腾起黑烟，众僧里面叫僧缘。观音忙把杨柳洒，一洒火坑变成莲。
南无清净瓶垂杨柳观音如来，甘露洒心愿。

为人贪财又贪名，不晓因果不看经。弥陀不披常有念，随似观音平等心。
南无大慈悲能喜舍观音如来，常行平等愿

奈河里面苦难行，铜蛇铁狗尽来侵。观音菩萨来救苦，息灭三涂地狱门。
南无昼夜巡无损坏观音如来，誓灭三涂愿。

犯法遭刑在狱中，不连枷锁苦难行。志心称念观自在，自然枷锁解脱身。
南无望南若勤礼拜观音如来，枷锁解脱愿。

菩萨造下一只船，拴在挲婆海岸边。观音菩萨为船主，不度无缘度有缘。
南无造法船游苦海观音如来，度尽众生愿。

西方路上有金桥，幢幡宝盖绕周遭。观音菩萨来接引，接引众生上金桥。南无前幢幡后宝盖观音如来，接引西方愿。

罗伽佛国在西天，昭昭花蕊结成莲。东土有个善男子，送在西方净土天。南无无量寿佛境界观音如来，弥陀受记愿。

舍身引进去出家，修行证道似恒沙。五湖四海功成就，头带金冠入红霞。南无端严身无比赛观音如来，果修十二愿。

碑刻说明

清刻。在云居寺内。为康熙三十年（1691）刻。拓片碑身高165厘米，宽71厘米。碑额浮雕杨枝观音，左右为善财童子和龙女。

碑文考释

《观世音菩萨普门品》原是《妙法莲华经》里的一经品，由于观世音信仰传入中国日益盛行，所以经文从汉文译本内抽出来，成为便于受持读诵的单行经品本。经文的原本，在汉文译本如晋竺法护的《正法华经》、姚秦鸠摩罗什法师的《妙法莲华经》等中，此品全都是长行品。直到隋代阇那崛多和笈多补译的《添品法华经》，此品才有了重颂，这和比较晚出的梵文本和藏文译本《观世音菩萨普门品》相一致，只是梵、藏本比隋译多出七个颂。

此经碑为姚秦鸠摩罗什法师译本，碑阴镌《观音菩萨十二大愿》。

○三三　佛说五十三佛三十五佛名经

刘宋三藏法师释畺良耶舍奉诏译

尔时释迦牟尼佛告大众言：我曾往昔无数劫时，于妙光佛末法之中出家学道，闻是五十三佛名。闻已合掌心生欢喜，复教他人令得闻持。他人闻已，展转相教，乃至三千人。此三千人异口同音，称诸佛名。一心敬礼如是，敬礼诸佛因缘功德力故，即得超越无数亿劫生死之罪。而千人者华光佛为首，下至毗舍浮佛，于庄严劫得成为佛，过去千佛是也。其中千人者，拘留孙佛为首，下至楼至如来，于贤劫中次第成佛。后千人者，日光佛为首，下至须弥相佛，于星宿劫中当得成佛。

佛告宝积，十方现在诸佛善德如来等，亦曾得闻是五十三佛名，故于十方面各皆成佛。

若有众生欲得除灭四重禁罪，欲得忏悔五逆十恶，欲得除灭无根谤法极重之罪，当勤礼敬五十三佛名号，南无皈依金刚上师、皈依佛、皈依法、皈依僧。我今发心，不为自求人天福报，声闻缘觉，乃至权乘诸位菩萨，唯依最上乘，发菩提心，愿与法界众生，一时同得阿耨多罗三藐三菩提。

南无皈依十方尽虚空界一切诸佛、南无皈依十方尽虚空界一切尊法、南无皈依十方尽虚空界一切贤圣僧。南无如来、应供、正遍知、明行足、善逝、世间解、无上士、调御丈夫、天人师、佛、世尊。南无普光佛、南无普明佛、南无普净佛、南无多摩罗跋栴檀香佛、南无栴檀光佛、南无摩尼幢佛、南无欢喜藏摩尼宝积佛、南无一切世间乐见上大精进佛、南无摩尼幢灯光佛、南无慧炬照佛、南无海德光明佛、南无金刚牢强普散金光佛、南无大强精进勇猛佛、南无大悲光佛、南无慈力王佛、南无慈藏佛、南无栴檀窟庄严胜佛、南无贤善首佛、南无善意佛、南无广庄严王佛、南无金华光佛、南无宝盖照空自在力王佛、南无虚空宝华光佛、南无琉璃庄严王佛、南无普现色身光佛、南无不动智光佛、南无降伏众魔王佛、南无才光明佛、南无智慧胜佛、南无弥勒仙光佛、南无善寂月音妙尊智王佛、南无世净光佛、南无龙种上尊王佛、南无日月光佛、南无日月珠光佛、南无慧幢胜王佛、南无狮子吼自在力王佛、南无妙音胜佛、南无常光幢佛、南无观世灯佛、南无慧威灯王佛、南无法胜王佛、南无须弥光佛、南无须摩那华光佛、南无优昙钵罗华殊胜王佛、南无大慧力王佛、南无阿閦毗欢喜光佛、南无无量音声王佛、南无才光佛、南无金海光佛、南无山海慧自在通王佛、南无大通光佛、南无一切法常满王佛、南无释迦牟尼佛、南无金刚不坏佛、南无宝光佛、南无龙尊王佛、南无精进军佛、南无精进喜佛、南无宝火佛、南无宝月光佛、南无现无愚佛、南无宝月佛、南无无垢佛、南无离垢佛、南无勇施佛、南无清净佛、南无清净施佛、南无留那佛、南无水天佛、南无坚德佛、南无栴檀功德佛、南无无量掬光佛、南无光德佛、南无无忧德佛、南无那罗延佛、南无功德华佛、南无莲华光游戏神通佛、南无财功德佛、南无德念佛、南无善名称功德佛、南无红焰帝幢王佛、南无善游步功德佛、南无斗战胜佛、南无善游步佛、南无周匝庄严功德佛、南无宝华游步佛、南无宝莲华善住娑罗树王佛、南无法界藏身阿弥陀佛。

礼佛作观偈咒云：能礼所礼性空寂，感应道交难思议。我此道场如帝珠，十方诸佛影现中。我身影现诸佛前，诸佛佛字或菩萨罗汉等随改。头面接足归命礼。唵嚩资啰日。

凡礼佛者每日或一次，或行持勿间，世世不落恶趣，生生不失人身。

京西涿州房山县云居寺立碑

碑刻说明

清刻。在云居寺北塔院东侧，南数第一。为康熙三十年（1691）刻。白石质，方首抹角，首身一体。碑高231厘米。拓片碑身高120厘米，宽74厘米。碑座雕有云中追鹿图、海马江崖。

〇三四　佛说般若波罗蜜多心经

观自在菩萨，行深般若波罗蜜多时，照见五蕴皆空，度一切苦厄。舍利子色不异空，空不异色，色即是空，空即是色，受想行识，亦复如是。舍利子是诸法空相，不生不灭，不垢不净，不增不减。是故空中无色，无受想行识，无眼耳鼻舌身意，无色声香味触法。无眼界，乃至无意识界。无无明，亦无无明尽，乃至无老死，亦无老死尽。无苦集灭道，无智亦无得。以无所得故，菩提萨埵，依般若波罗蜜多故，心无罣碍，无罣碍，故无有恐怖，远离颠倒梦想，究竟涅槃。三世诸佛，依般若波罗蜜多故，得阿耨多罗三藐三菩提。故知般若波罗蜜多，是大神咒，是大明咒，是无上咒，是无等等咒。能除一切苦，真实不虚。故说般若波罗蜜多咒，即说咒曰：揭谛揭谛，般啰揭谛，般啰僧揭谛，菩提萨婆诃。

天阿苏罗药叉等，来听法者应至心。拥护佛法使长存，各各勤行世尊教。诸有听徒来至此，或在地上或居空。常于人世起慈心，日夜自身依法住。愿诸世界常安隐，无边福智益群生。所有罪业并消除，远离众苦归圆寂。恒用戒香涂莹体，常持定服以资身。菩提妙花遍庄严，随所住处常安乐。

愿以此功德，普及于一切，我等与众生皆共成佛道。佛说般若波罗蜜多心经。习孝德源刻

碑刻说明

清刻。在云居寺，已失，据拓本录文。

碑文考释

此《佛说般若波罗蜜多心经》碑版本特殊，一般《心经》以"揭谛揭谛，般啰揭谛，般啰僧揭谛，菩提萨婆诃"作结，再以"佛说般若波罗蜜多心经"结束。而此经文"揭谛揭谛，般啰揭谛，般啰僧揭谛，菩提萨婆诃"后还有两段文字：

一段为"天阿苏罗药叉等，来听法者应至心。拥护佛法使长存，各各勤行世尊教。诸有听徒来至此，或在地上或居空。常于人世起慈心，日夜自身依法住。愿诸世界常安隐，无边福智益群生。所有罪业并消除，远离众苦归圆寂。恒用戒香涂莹体，常持定服以资身。菩提妙花遍庄严，随所住处常安乐"，出自大唐三藏法师义净奉制译《佛说无常经》。

另一段为"愿以此功德，普及于一切，我等与众生皆共成佛道"，出自后秦龟兹国三藏法师鸠摩罗什奉诏译《妙法莲华经·卷第三·化城喻品第七》。

塔铭塔记

云居寺有唐代石塔10塔。其中寺内5座，分别是景云二年（711）塔、太极元年（712）塔、开元十年（722）塔、开元十五年（727）塔，还有一座不知名残塔；石经山上5座，山有五峰，号五台，东、南、西、北、中，各一座。东台塔由刘玄望等建于开元九年（721），南台塔由安禄山建于天宝六载（747），中台塔由王晋建于天宝十二载（753），西台、北台塔不详，今存仅东台塔和南台残塔。东台塔俗称金仙公主塔。安禄山原建南台塔遗失，现存南塔疑从西台移置于此。

尚有辽塔3座，分别是主山顶塔，寺内的南塔和北塔。清塔3座，在北塔院。

本卷收录塔铭塔记15件：其中唐代10件、辽代3件、金代2件，其中收录碑文2篇、塔记5篇、塔铭6篇、塔题1则、题诗6首。

○三五　石浮图铭并序

此浮屠者，唐中兴七年岁次辛亥夏四月八日，宣义郎守幽州都督府法曹参军上轻车都尉贝州王璬，上为圣唐皇帝，下为法界苍生，次逮七叶先亡，俯暨见存眷属之所建也。

究夫溺川思拯，必凭楫之功。火宅怀离，载俟牛车之力。矧乎迦维圣济，非视听所谟。记心贤劫，乃慈悲之理。璬以顽蔽，摈事边隅。左右斐成，聿加非咎。誓意输归，妙造竦心。缘谓凡□□□□临彼岸矣，岂非丈夫潜施雄□密哀□□□灵焉能戾，是故乃咸舍衣命构□□□□石此山川岩祇献宝树，基西界则独苑增□□□□瞰涿城，黄陂万顷却临云峤，翠崿千重信□□□，殊都乃升龙之别业者也。庶夫瀛桑百变，雍芥屡盈。在我此功，与天亡极。铭曰：

倏哉杰圣，□德有行。□我婴枉，惠予殷仁。得免时瘵，实赖慈勤。盖求□石，运此名斤。爵离崛起，凤跱天辰。诸劫有□，而兹不□。

景云二年岁次辛亥夏四月八日建　上骑都尉宁思道书　上柱国丁处约镌文　贾泰山

碑刻说明

唐刻。镌于景云二年（711）塔壁。此塔为云居寺现在年代最早的唐塔，唐幽州都督府法曹参军上轻车都尉王璬所造。方形七级密檐，残一级，高约4米。塔名刻于塔身一侧，塔内浮雕一佛二菩萨。现立于云居寺北塔院之北塔西北角。

塔铭考释

铭文记载：此塔为"宣义郎守幽州都督府法曹参军上轻车都尉贝州王璬，上为圣唐皇帝，下为法界苍生，次逮七叶先亡，俯暨见存眷属之所建也"。

据此，造塔人王璥为贝州人。贝州，唐代设置，隶河北道，治清河县。天宝元年（742）罢州为清河郡，至德二年（757）复名贝州。唐代贝州，为今河北清河县。王璥官职为宣义郎守幽州都督府法曹参军上轻车都尉。宣义郎，为文官，从七品下。幽州都督府法曹参军，幽州都督府法官。《新唐书·百官志》："法曹，司法参军事，掌鞫狱丽法，督盗贼，知赃贿没入。"丽法，施行法律。可见法曹参军是军中执掌军法和监察的官员。上轻车都尉，勋官，从四品上。勋官，是授给有功者以一定官称，有品级而无职掌。用现在的话说，就是享受从四品上的待遇。书文者宁思道，官上骑都尉，勋官，正五品上。镌文丁处约，官职是上柱国，勋官，正二品。

○三六　大唐易州石亭府左果毅都尉蓟县田义起石浮图颂

详夫释氏大慈，能仁广运。一挥惠剑，则结岳峰摧。暂驾宝舡，则流海波息。若乃丰牛步坦，香象登津，福祉夙昭，解行先备。非功德修净，其有与于此乎！浮图主石亭府果毅田公者，孝乎惟孝，忠为令德。秉武腰文，游仁践义。富润石室，货积铜山。保性里闬，荣足知止。尊崇法门，福求无上。奉为七代先亡，见存太夫人，合家大小，敬造石浮图七级，释迦像、二菩萨、神王等一铺。尔其索宝幽谷，获琰崇岩。异济北之神期，匪河西之马瑞。欻焉拼回，不日而成。状雀离之从天，犹多宝之涌地。虹檐雾举，宝铎风吟。膵容如在，神仪俨若。炅朝日以舒鉴，烁幽霄以放光。伏愿冥资，先沾七代，爰以昭祐，庆及见存。与惠日而长悬，同定水无竭。赞叹功德而述颂云：

惟佛与佛，法所皆空。能仁富智，广度多功。有清信士，产积丰崇。檀波罗密，琬琰雕奢。轮高擢露，铎回吟风。睟穆如在，与天地终。福沾一切，于何不隆！

和州历阳丞王利贞文

太极元年四月八日建

弟燕州大云寺僧智崇　妹明度寺尼护念

弟义冲陪戎副尉上柱国

弟义隆昭武校尉上柱国雍州兴国府右果毅都尉 合家供养

碑刻说明

唐刻。镌于太极元年（712）塔身西壁。方形七级密檐，残一级，塔铭"奉为七代先亡，见存太夫人，合家大小，敬造石浮图七级"可证。高约4米。现立于云居寺北塔院之北塔东南角。

塔铭考释

唐易州石亭府左果毅都尉蓟县田义起造，和州历阳丞王利贞撰文，供养人"弟燕州大云寺僧智崇、妹明度寺尼护念、弟义冲陪戎副尉上柱国、弟义隆昭武校尉上柱国雍州兴国府右果毅都尉"。

易州，治所在今河北易县，《旧唐书·地理志二》：唐武德四年（621）设置易州，领易县、涞水、永乐、遂城、遒县5县。州域大致南到满城，北到涞水，东到徐水，西到易县。石亭府，为军府，拒马河南岸的涞水界有石亭镇，或为唐石亭府故地。

唐代地方施行军府制，府兵由领地抽丁，农忙耕种，农闲训练。府兵自备的弓矢衣粮，不由国家供给。府兵征行时，除重兵器与战马由国家供给外，其他服、被、资、物、弓箭、鞍辔、器仗，均由府兵个人自备。

军府的军事长官为折冲都尉，副职二人，分别为左果毅都尉、右果毅都尉。果毅都尉的品级：上府从五品下，中府正六品下，下府从六品下。田起义为石亭府左果毅都尉，则是石亭府的军事副官之一，石亭府应是中或下府，品级高不过正六品下，低不过从六品下。田起义为蓟县人，今天为天津蓟县。

田起义所造佛塔的供养人，是他的弟弟、妹妹，其中一僧一尼，弟弟僧智崇出家大云寺，妹妹护念，则在明度寺，两座寺院都在燕州。燕州，唐初置，寄治幽州城内，今北京市区西南。开元二十五年（737）徙幽州北桃谷山，今昌平区东境桃峪口附近。天宝元年（742）改为归德郡。乾元元年（758）复称燕州。建中二年（781）废入幽都县。从时间上看，太极元年（712），燕州寄治于幽州城内。那么，智崇所在的燕州大云寺、其妹护念出家的明度寺，就在幽州城内。

田义冲，官陪戎副尉，上柱国。陪戎副尉，武散官，从九品下。散官是唐

代表示官员等级的称号，无实际职务。上柱国，勋官，正二品。

田义隆，任昭武校尉上柱国雍州兴国府右果毅都尉。雍州兴国府，在今陕西西安市。田义隆实职是雍州兴国府右果毅都尉，雍州兴国府在天子脚下，应属于上府，府兵副长官右果毅都尉，品级为从五品下。昭武校尉，为武散官，正六品上。上柱国，勋官，享正二品。在田氏三兄弟中，田义隆官位品级最高。

此塔撰文人王利贞，为和州历阳县丞。唐代县级官员设置和品级如下：京县令，正五品上；畿县令，正六品上；上县令，从六品上；中县令，正七品上；中下县令，从七品上；下县令，从七品下。佐官有县丞、县尉等，京县增设录事2人。县丞为正八品。王利贞的和州历阳县丞，为正八品。

和州历阳县，即今安徽省巢湖市和县，地处皖东，在长三角地区的边缘。王利贞的任职地和田氏兄弟一南一北，相隔千里，无论官场还是私谊似都没有交集。田起义造塔，邀及身为历阳县丞的王利贞撰文，似不合情理，唯一的解释是，王利贞自历阳县丞致仕归里，知文擅书，为本地贤达。这样说来，王利贞不排除是云居寺附近人。而云居寺附近唐代可考的村子为白带村，即今东至广禄庄，西至张坊村北至白带山一带。唐代白带村王氏，号太原王氏，范阳世家。

○三七　大唐易州新安府折冲李公石浮图之铭

夫至道潜运，不言而化成。大象孕灵，不宰之功遂。斯则神元妙颐，虽日用而莫知，况耳目不该，岂视听之能识？由是，给园多士并赴缁林，方丈比丘咸归奈菀。有想非想，住法非常乐之宗。色空即空，生灭岂菩提之果？于是清信士易州新安府折冲都尉李文安，游心正觉，妙达苦空。知劳生之有涯，设津梁于彼岸。乃于范阳县西云居寺，为亡妻河东郡君薛氏敬造石浮图一所。旁求琬琰，荆岫为之献琛。远召良工，班输以之呈巧。盘螭隐伏，与云绛而相交。灵凤将翔，共阳乌而接翼。飞空七级，状多宝之移来。腾虚四迥，疑众仙之涌出。兼以山含万象，地韫灵奇。莲沼澄光，似猴池之浴日。松枝引籁，若祗树之吟风。众妙难名，约敷厥美。冀同拂石，万劫兹山。铭曰：

丽哉弘璧，出矣昆山。磨砻不日，神仪婉然。亭亭净域，峩峩祇园。光浮十界，色照三天。众妙功德，莫惟斯重。镂凤傍矫，雕龙上耸。买地有菓，福田无种。利益潜通，存没皆奉。

开元十年四月八日建

易州前遂城县书助教梁高望书

碑刻说明

唐刻。镌于开元十年（722）塔东壁。此塔方形七级密檐，残一级，高约4米。现立于云居寺北塔院之北塔东北角。开元十年（722）四月八日，唐易州新安府折冲都尉李文安为亡妻河东郡薛氏造，易州前遂城县书助教梁高望书。

塔铭考释

李文安，官居易州新安府折冲都尉。折冲都尉为军府长官，上府正四品上，中府从四品下，下府正五品下，每冬率兵操练，按规定轮番宿卫京师，有事征发全府，则率兵出发。新安府，地点不详，应不出今河北保定地区。此府应在中府和下府之间，李文安品级应是从四品下或正五品下。

书颂者梁高望，为易州前遂城县书助教。遂城县，治所在今河北徐水县。书助教，又称书学助教，唐代学官。唐代官学中重视书法人才培养，书学的设立，开始于晋，但当时还不是以书学来称呼。隋初置书学博士、书学助教，唐因之，尽管武德一度废止，但很快恢复。《新唐书·志第三十八·百官三·国子监·书学》："武德初，废书学，贞观二年复置，显庆三年又废，以博士以下隶秘书省，龙朔二年复。"

唐代国子监有六学，书学居六学之一。《旧唐书·志第二十四·职官三·国子监》："一国子学、二太学、三四门、四律学、五书学、六算学。"

梁高望曾做过遂城县学的书学助教，说明唐朝官学的学官为博士、助教。各州县亦如此。正史中未见县级官学设书学的记载，铭文"遂城县书助教梁高望书"的落款，补了正史之缺。唐代学官品级最低为从九品下，这也是唐代官制最低的品级，梁高望的县书助教如果在官序，应为从九品下。梁高望成为房山云居寺唐代石刻中鲜见留下名字的书家。

〇三八　大唐云居寺石浮图之铭并叙

太原王大悦撰

叙曰：法所务善，示仪生念。物莫坚石，留形则多。伊童什之增砂，彼丰家之严宝。不孟不季，非泰非约。建兹浮图于此门右者郑氏，字玄泰，今范阳人也。崇中宜，利用广，盖所以兼仰正法，惠浃多生，俾臧与嘉，不溃惟永。乃竭产充贾，罄工剞奇，璞散良效，形都信美。素玛鲜色，皓琼级之峨峨。黄金明辉，烂宝层之擢擢。东旭衔珠而更净，南风动铃而不喧。神仪护门而雄雄威如，圣象端室以穆穆顒若。庶几乎！上帝万寿，先人百福。夫蠡之类，凡生之传，莫不覃兹利有如是，木皆烬灭，土亦尘散，惟石之永，瞻其有恒，系法之坚，念兹无替。铭曰：

高塔峨峨，示延遐瞩。多生壤壤，动善群触。其一

兹设兹利，无碍无疆。其福丰衍，其资广长。其二

彼石惟坚，我性亦定。永永不灭，视以知正。其三

开元十五年岁次单阏仲春八日建

碑刻说明

唐刻。镌于开元十五年（727）塔壁。方形七级密檐，高约4米。现立于云居寺北塔院之北塔西南角。

开元十五年（727）塔，现立于云居寺北塔院北塔之西南角。塔铭称："建兹浮图于此门右者郑氏，字玄泰，今范阳人也"，由此知建塔者为郑玄泰，塔原建在云居寺山门右侧，后移至现在的位置。

《大唐云居寺石浮图之铭并叙》尾之空白处，有民国时期题记一则："中华民国八年五月天津罗浚沼、历城茅镇岱、通县李锜，同游云居寺。"

塔铭考释

开元十五年（727）塔，现立于云居寺北塔院北塔之西南角。塔铭称"建兹浮图于此门右者郑氏，字玄泰，今范阳人也"，由此知建塔者为郑玄泰。塔原建在云居寺山门右侧，后移至现在的位置。

今房山区长沟镇有北郑村，为唐代古村，唐属涿州范阳县弘化乡，造塔者郑玄泰应为长沟镇北郑村郑氏先民，该村即由郑氏得名。早于唐高宗时，郑氏便于长沟镇北郑村建塔。民国十七年（1928）《房山县志·卷三古迹·北郑塔》："县西南四十里北郑村西，高六丈四尺，围如之，创于高宗麟德二年，系郑服因父母疾痊造以还愿者。"麟德二年，即公元665年。如果笔者推论无误，此开元十五年（727）塔应为现存的房山本土人建造的唐塔之一。

撰文者王大悦属籍太原，但应为本地白带村人，即今南、北白岱。太原为郡望，非指里居。

〇三九　云居石经山顶石浮图铭并叙

慧化沙门释玄英词

夫立身行道者，扬名于后世。树善崇德者，拔苦于将来。盖所谓异轸同归，殊途合迹。至若周惠博利，广□薄□，修梵福而出尘劳，拯幽灵而祛□业，其唯释教欤！此浮图者，清信佛弟子刘玄望，弟定辽、弟文立，侄男陪戎尉志贞，侄男志敏，并出家妹法喜、法澄，奉为先亡，兼及法界。所经始也，玄望等悲风树之难停，痛□□之易灭。每怀其鞠育，仰□荣之□酬。陟彼高岗，思父母之劳瘁。以为福因业盛，感心则福臻。行为善戒，成功则行著。□割金帛，励同缘，就此山前聿修嘉地尔。其丹壑青豀，蓄雷雨而□虹霓。□峦秀岊，插云䎸而擎素月。于是审□□，揆方圆，树□□之宝□，□九仞之□塔。徒观其天，近裁规□□□伐□□□琢雕□□玉。磅礴岌岌，怳如空□飞来。郁崛亭亭，又若□□□出。火珠□晶，不夜而星流。粉壁□辉，无云而雪落。然后模列圣，邈真仪，丹青饰以相鲜，金碧笼而轶耀。庶愿妙缘遐被，高胜永存。滇壑变而有期，□气□而无泯。铭曰：

有至人兮生西方，□众魔而坐道场。□尊天兮越北□，□群旨兮泯空色。神用兮剋周，□迹兮弥留。法体冈于圆寂，□□播于阎浮。有孝子兮荷怀，念先君兮怀冈极。舍五分之珍财、壮□坚之妙力。□竭诚以昭应，仗浮图而匡翊。度荷往而福资，速超升于净域。

大唐开元玖年肆月捌日比丘尼法喜、法澄及昆季合家眷属等共建

助都检校人僧惠明供养

都检校山顶石经浮图功德上座僧惠暹　共修造人僧惠空

云居寺主僧道俾　都维那僧惠□　律师僧玄法

助垒基张玄□　垒浮图大匠张□荣　次匠程□仁　次匠张惠文　资阳敬忠　□师子　王□□

幽州府史王智臣、耿归卿、耿四知，祇□□□□括地出□□□

大唐定州经主刘腾云　经主李金仁　经主刘起远　经主侯伸范

碑刻说明

唐刻。镌于金仙公主塔西壁。塔为笋状四面小古塔，通高3.67米，下部由四块汉白玉石板竖砌成方形龛状塔身。七龛门浮雕拔券，门两侧各浮雕金刚力士一尊。上部为七重密檐，宝珠刹。

塔铭考释

石经山有五峰，号五台，此塔在石经山东台，为九级四角密檐唐塔，俗称金仙公主塔。唐金仙公主开元十八年（730）奏请玄宗赐云居寺新旧译经四千卷，并庄园田产。十年后的开元二十八年（740），于此塔铭文记事。而此塔早在开元九年（721）便由比丘尼法喜、法登建成，可见此塔并非为金仙公主而建，更非金仙公主所建。此塔最早的铭文也非记载金仙公主相关事迹的那则，而是记载法喜、法登当年建塔之发愿文及建塔经过的铭文，世称《云居石经山顶石浮图铭并叙》。大唐开元九年（721）四月八日，镌塔右壁。比开元十八年（730）金仙公主奏请赐经事早9年，比记载此事的铭文镌于塔身早19年。故述于此，以正视听。

塔名记载：此塔为大唐开元九年（721）四月八日"清信佛弟子刘玄望，弟定辽、弟文立，侄男陪戎尉志贞，姪男志敏，并出家妹法喜、法澄，奉为先亡，兼及法界"而造。

按照云居寺唐塔建造惯例，外地造塔者均在铭文中注明籍属，而此塔造塔者刘玄望，弟刘定辽、刘文立，其侄陪戎尉刘志贞、姪刘志敏，出家妹法喜、

法澄，并未注明籍属里居，似是本地人。

刘玄望侄，官职陪戎尉，应是陪戎校尉的简称，品级从九品上。

都检校，是主持刻经人。当年主持云居寺刻经的上座惠暹，也参与造塔，成为造塔的功德主，而寺内僧人惠空，亦是共修造人。惠暹的助手，助都检校人云居寺僧惠明乃是此塔的供养人。

而后来继惠暹主持刻经的玄法，在开元九年（721）造塔时，还仅仅是"律师"的身份。

慧化寺，在张坊镇北白岱村，明清之际的碑文称"大唐古刹"。此塔出现慧化寺之名，可见慧化寺至少在开元九年（721）已经存在，其创建年代不晚于唐中期。此碑还留下当年慧化寺僧玄英名字，而《云居石经山顶石浮图铭并叙》正是出自他的口述，因未书于纸上，故未言"玄英撰"，而称"玄英词"。

文尾属有"大唐定州经主刘腾云、经主李金仁、经主刘起远、经主侯伸范"，定州，今河北省定州市。经主，应是施刻石经的人。疑为后来附镌于塔铭之后。

○四○　山顶石浮图后记

大唐开元十八年，金仙长公主为奏圣上赐大唐新旧译经四千余卷，充幽府范阳县为石经本。又奏范阳县东南五十里上垈村赵襄子淀中麦田庄并果园一所，及环山林麓，东接房南岭，南逼他山，西止白带山口，北限大山分水界，并永充供给山门所用。又委禅师玄法，岁岁通转一切经，上延宝历，永福慈王；下引怀生，同攀觉树。粤开元廿八年庚辰岁朱明八日，前莫州吏部常选王守泰记山顶石浮屠后。

送经京崇福寺沙门智昇

检校送经临坛大德沙门秀璋

都检校禅师沙门玄法

同前系

独树村磨碑寺：东至到　南至河　西至河　北至他山

四至分明　永泰无穷

碑刻说明

唐刻。镌于金仙公主塔后壁。《山顶石浮图后记》亦称《金仙公主塔铭》，镌于开元二十八年（740）四月八日，为此塔的第二则塔铭。此塔为刘玄望、法喜等建于19年前，本与金仙公主无干，开元十八年（730），此塔见证了金仙公主奏请玄宗赐云居寺新旧译经四千卷，并庄园田产之经过。开元二十八年（740），云居寺僧借此塔，铭文记事，以至后世僧俗误称此塔为金仙公主塔。

塔铭考释

"开元廿八年庚辰岁朱明八日"，即开元二十八年四月初八日。

"朱明"，代指农历四月。《尸子》卷上："春为青阳，夏为朱明，秋为白藏，冬为玄英。"朱明，本是夏季的别称，自农历四月为夏季，故古人亦以"朱明"代指农历四月。

从开元十八年（730）至开元二十八年（740）左右，正是惠暹和玄法主持刻经时期，为房山石经的全盛时期。惠暹和玄法的刻经事业，得到了唐玄宗和玄宗第八妹金仙长公主的大力支持。经金仙长公主奏请，玄宗御赐新旧译经四千余卷，作为刻经底本，命长安崇福寺沙门——著名的《开元释教录》著者智升负责运送，又御赐大片田园山场作为刻经经费。《山顶石浮图后记》记载下这一史实。

"又奏范阳县东南五十里上垈村赵襄子淀中麦田庄并果园一所"，上垈村，今属河北保定高碑店市肖官营乡。经金仙公主奏请，玄宗所赐"赵襄子淀中麦田庄并果园一所"实则在今高碑店肖官营乡的上垈村。

玄宗赐云居寺"环山林麓，东接房南岭，南逼他山，西至白带山口，北限大山分水界，并永充供给山门所用"，勾勒出自开元十八年（730），云居寺地界的大至范围。

"东接房南岭"，房南岭指今下庄村东山，这是云居寺东界；

"南逼他山"，他山应是云居寺南、下庄村南一线之山岭，这是云居寺南界；

"西至白带山口"，白带山是东至云居寺主山，西至大峪沟，南至北白岱村、蔡庄村北，北至水头村北界之大山。白带山口，是蔡庄村、云居寺滑雪场和防化团驻地之间的山口，这是云居寺西界；

"北至大山分水岭",是石经山北面的水头村北山,这座大山的分水岭,是云居寺北界。这一范围内的水头村、村岔村、下庄村原本都是云居寺所属地界。

可见,唐开元十八年(730)始,整个白带山谷都是云居寺的领地,远比现在的云居寺地面要大得多。

铭文云"独树村磨碑寺",今磨碑寺在岩上村,此记说明,岩上村原为独树村的一部分,后世才分立成村。

铭文记载下磨碑寺的四至:

"东至到","到",应该是"道",即磨碑寺东界在寺东一条南北向的路西;"南至河,西至河",此河即发源于水头流经云居寺前的南泉水河,此河南下而东,流经石经山前南转,流经今岩上村西的前石门村中,再南汇入玉塘水东下,流经磨碑寺前的岩上村南、独树村南。

可见,磨碑寺西界,在今磨碑寺西后石门村中的南泉水河西岸;南界在磨碑寺以南,岩上、独树二村南的南泉水河段北界。

"北至他山",磨碑寺北为蝎子山,那么其北界至蝎子山分水岭。包括今岩上村、独树村及后石门村的一部分,都为磨碑寺地界。

〇四一　题云居上寺诗序

范阳县丞吉逾

辛酉岁秋八月,仆与节度都巡使王潜、墨客轩辕伟、仆犹子骝骏、播、潜息益,同跻攀于此,勒四韵于后。

诗

到此花宫里,观身火宅中。有为皆是幻,何事不成空。晚籁鸣寒谷,秋山响暮钟。欲归林下路,新月上前峰。

元和四年四月八日 范惟清、吕□□

同前 轩辕伟

不着登山屐,扪萝也上跻。石梁分鸟道,苔径过云霓。梵宇千花里,秋声万籁齐。周游兴未尽,钟磬度前溪。

同前　驹骖上

石室最高逢，跻攀到此中。白云连晚翠，清磬度秋风。未悟无生理，宁知有想空。且归山下寺，更欲问支公。

同前　播上

石路多奇路，幽严凿宝经。暮烟千壑里，新月一山明。宿鸟知清梵，樵人惯独行。为随欢奉后，岂敢学逃名。

同前　节度都巡使太常卿上柱国王潜

万木千峰空鸟喧，潺潺溪水下长川。人来石室藏经处，一径归时带暮烟。

同前　男益上

支公禅诵处，绝顶共登攀。日色千峰里，钟声万壑间。暮猿吟砌近，沙鸟傍溪闲。一径堪藜杖，行行独下山。

碑刻说明

唐刻。距开元二十八年（740）41年后，德宗建中二年（781）八月，范阳县丞吉逾与节度都巡使王潜、墨客轩辕伟等前来石经山游玩，攀上石经山，抵达山顶的上寺，诸即兴赋诗，刻在《金仙公主塔铭》之下，题为《题云居上寺诗并序》。此题一反古石刻右起竖式之常态，为左起竖式。首左尾右。

塔铭考释

诗序"辛酉岁秋八月"，当是唐德宗建中二年（781）。

在第一首诗与第二诗之间隙有"元和四年四月八日范惟清、吕□□"一行字。四月八日为初夏，而前诗云："晚籁鸣寒谷，秋山响暮钟。"分明为秋令，故"元和四年四月八日范惟清、吕□□"之题，与前诗无关，并非前诗时间落款。那么，当是吉逾、节度都巡使王潜、墨客轩辕伟等朝山诗题刻之后一段时间，后来朝山者的题记。元和四年（809）为己丑年，上推28年为"辛酉"年，恰好是唐德宗建中二年（781）。幸而有元和四年（809）范惟清、吕某某二人的朝山题记，不然仅凭"辛酉"干支，后人很难准确得知朝山诗题刻的年代。

《金石萃编》按："诗题次行原有'范阳县丞吉逾'六字，诗序'辛酉岁'云云。当是唐德宗建中二年。石刻于此诗后出'元和四年四月八是范□□'一行，疑此为刻石年月，而'范□□'疑本是'范某刻'字样，当是刻工题名。"这种推测显然是错误的。元和四年（809）完整题刻为"元和四年四月八日范惟清、吕□□"，分明是"范惟清"，而不是"范某刻"。其二，若是先于建中二年（781）作朝山诗，后于元和四年（809）镌于塔上，落款时间应该题于全部诗作之后，而无中间题款之理。再有，诗序已经注明时间"辛酉岁秋八月"，更无在题诗中再署时间之理。

唐代范阳县，治今河北省涿州市，云居寺一带唐属范阳县境，由诗序可知，唐德宗建中二年（781）秋八月，范阳县丞吉逾与好友幽州节度都巡使王潜、墨客轩辕伟，侄子吉驹骎、吉播，王潜之子王益六人同朝范阳县辖区的石经山，攀上峰顶，时已日暮，自吉逾以下各赋诗一首，不久镌于金仙公主塔后壁《山顶石浮图后记》下面。元和四年（809）四月八日，范惟清与吕某某相结朝山，在六人的朝山诗之间，镌下"元和四年四月八日范惟清、吕□□"的朝山题刻。

诸诗《全唐诗》未载，但不失佳作："万木千峰空鸟喧，潺潺溪水下长川。人来石室藏经处，一径归时带暮烟。"节度都巡使王潜的这首绝句，描绘出1200年前石经山山麓森林繁茂、清溪如带、鸟语泉喧的秀丽景色，写出了东峰石室的高绝，刻经圣地云居寺的静谧离尘。完全可以和全唐诗中的佳作媲美。

○四二　安禄山石浮图铭

皇帝供养、皇后供养，御史大夫安禄山供养。

感石浮图

树福金岩顶，妆严琢石成。真容绘美素，图镂万年荣。

感石浮图

琉珉雕莹美，图真琢玉成。神功呈百福，含聚日光明。轮宝□霄壮，珠璎镂石晶。咸□严父志，竟力为先灵。

碑刻说明

唐刻。此铭镌于石经山南台石浮图上。铭文位置在塔门上方。右侧，右起

为皇帝供养、皇后供养,御史大夫安禄山供养,两行字。其后为《感石浮图》诗:"树福金岩顶,妆严琢石成。真容绘美素,图镂万年荣。"左侧为《感石浮图》诗:"琉珉雕莹美,图真琢玉成。神功呈百福,含聚日光明。轮宝□霄壮,珠璎镂石晶。咸□严父志,竟力为先灵。"

塔铭考释

旧称为安禄山题名,本人以为误矣。从皇帝供养、皇后供养,御史大夫安禄山供养铭文看,此塔为安禄山亲建,目的乃是为唐玄宗、杨贵妃祈福和自己祈福。塔铭题安禄山官职为御史大夫,查《旧唐书·安禄山传》和《通鉴》,安禄山在天宝六载(747)正月二十四日,以平卢范阳节度使兼御史大夫。那么,此塔应建于是年。安禄山加封御史大夫后,为在大唐朝野彰显唐玄宗、杨贵妃对自己的宠幸,并以此讨好皇帝和皇后,特在石经山顶建石浮图祈福。安禄山留下的铭文与《感石浮图》诗应该是在此塔落成时镌刻上去的。而以安禄山铭文为主,以《感石浮图》诗为辅。

又,旧著录文时,皆将安禄山铭文置于《感石浮图》诗后,乃至颠倒错乱。

○四三　王晋等造佛菩萨并中台石浮图记

千亿化身释迦牟尼佛、大慈大悲迦叶菩萨摩诃萨、大慈大悲无尽意菩萨萨摩诃萨,亡过祖讳□供养、亡远祖母陇西李氏供养。

石经中台浮图铭

石经者,昔琬公之□□□□□之上灵□□□□公□□□□经明道□□□□□□□□□台者。吾师□□□□□□四台浮图,凌霄之□□□□□,惟中台崭岩宛然,未有真状。公讳晋,太原人也。挂冠辞代,孝□□精诚,树福于金岩。恐先空虚,乃浩乃□□□于菩提之□□人以粟□资,造九级浮图起于中台也。夫米粟者,曾祖父□□□□之出也。依资者,亡妻之□也。□□图,相好端严。□□□□□□□□诸信士等□诚□□□□□真容,□□法□于迷津,汩法雨于火宅,□□□□□□□。思议既毕,□□□□□□□□,以传不朽。

□□□□□□□而上□□□□□□□九□□六道。

　天宝十二载十月廿五日建

　□王□□□□弟子□□□娘供养

　圆满空明卢舍比佛浮图主王晋供养

　□□菩萨夫□□大娘□□供养

碑刻说明

唐刻。此石原在石经山中台，为天宝十二载（753）王晋所建。毁失多年，铭文见于《八琼室金石补正》卷五十八和《匋斋藏石记》卷二十五补。

塔铭考释

此塔铭乃极为重要的地方文化文献。其一，据此可考证石经山五台之五唐塔的年代下限。文载"四台浮图，凌霄之□□□□□，惟中台崭岩宛然，未有真状"。由此可知，石经山东西南北四台之唐塔在王晋建中台浮图时，已经存在。而中台浮图建于天宝十二载（753），那么，其余四台之唐塔则在天宝十二载（753）之前均已落成。这一线索，解决了石经山五台唐塔的大致年代问题，对研究唐代云居寺史非常重要。其二，此铭文连同《王普等造佛菩萨像并感怨文》《王普等造佛菩萨像并李时用德政记》，为研究世居房山的乐安孙氏提供了全新的史料，把乐安孙氏世居房山的史料时间提前了31年。此前关于乐安孙氏的史料有二：一为《唐故幽州副将乐安郡孙府君夫人太原王氏合祔墓铭并序》，一为《唐幽州内衙副将中散大夫试殿中监乐安郡孙府君神道碑并序》。经考证前者墓主孙英，唐时的里居在今房山区韩村河镇的韩村河村，范阳县的弘化乡白带村为其别业。后者墓主为孙士林，乃孙英之子，居白带村别业，死后葬于别业之地。

《王普等造佛菩萨像并感怨文》记载：其妻二品孙乐安孙氏，"量必天合，器与代殊。惟德是修，惟明是贵。……慈亲春秋三十有九，以天宝十一年大渐弥留之，征方勿药，薨于别业"。乐安，乃以郡望称之，在唐代可考的乐安孙氏，当指韩村河孙氏一支。韩村河孙氏，在白带村有别业，孙氏薨于别业。那么，王晋之妻孙氏，当出自韩村河孙门。孙氏薨于别业，那么，王晋在白带村附近亦有别业。孙英夫人恰是太原王氏，与王晋同郡同氏，这不似是巧合，孙、王两族当是世宦姻好之家。孙氏39岁早逝，31年后，孙英62岁寿终于韩村河。依二人的年龄推断，王晋之妻孙氏长孙英8岁，当为孙英之姊，而孙英之妻应为王晋姊妹。王晋之太原属籍，亦当是郡望，其家或也在韩村河，与孙门为邻。

〇四四　石经山南台唐塔题名

乾宁五年岁次戊午四月庚子朔八日丁未

惠化寺僧缘遇同学僧钦朗莫州器丈官张彦世镌记

宝光寺僧敬缘四人同游此山记

张庆义、李行思、赵行周，张望兴、妻清净真

碑刻说明

唐刻。此塔为石经山南台唐塔游山题记。此题记无题，题为添加。

塔铭考释

石经山有五峰，号五台，每台原有唐塔一座，南台塔为五台五唐塔之一，高九级，通体石构，四面体。今仅存下层塔身。题记在塔门右上方。据题名内容而断，此题记应为三次所题：第一次为惠化寺僧缘遇、僧钦朗、莫州器丈官张彦世三人同游石经山，达峰顶，在南台留此题名。第二次，当是宝光寺僧敬缘四人同游此山，题记其侧。这两则题记字迹堪称工整。第三次为张庆义、李行思、赵行周，张望兴、妻清净真朝山题名，字迹潦草，时间较晚。

南台原塔为安禄山造，镌有安禄山发愿文。此塔并非原塔，南台西接西台，疑是西台残塔为寺僧移置于此。

乾宁，唐昭宗年号。乾宁五年，即公元898年。

惠化寺，或为慧化寺，在今北白带村。

莫州，唐景云中置，本鄚州，旋改莫州。治今河北任丘北鄚州镇。

器丈官，新旧唐书均无载，应该是职衔较低的下级武官。

宝光寺，在幽州城南，今已无存。

宋史有宝光寺的记载：太平兴国四年（979）五月，北宋灭北汉后乘战胜的余威，企图一举夺取幽云地区。五月二十日，宋军从太原分路东进，翻越太行山，二十九日抵镇州（河北正定），进入河北平原。六月初七，赵光义调发京东、河北诸州的武器装备和粮秣运往前线。

六月十三日，宋太宗赵光义自镇州出发，十九日次金台屯，募民百人为向导，二十日至东易州（时宋、辽各置一易州，西属宋，东属辽）之西，过拒马河入辽境。辽易州刺史刘宇、涿州判官刘厚德相继献易州、涿州投降宋军。宋军推进很快。六月二十三日，赵光义大军至幽州城南，驻跸宝光寺。六月二十六日，赵光义由城南宝光寺至城北，亲督众将进兵。

○四五　大辽涿州云居寺供塔灯邑记

行鲜撰

昔我释迦氏出世也，声教被于大千之界。垂方便门，饶益众生，天上天下，世出世间，罔不受赐。灭度之后，迨今二千余载，惟窣堵波以寘舍利，俾见闻之种，能殖梵福，永出迷津，遄臻觉岸，其大抵也。自炎汉而下，迄于我朝，城邑繁富之地，山林爽垲之所，勘不建于塔庙，兴于佛像，欲令居人率奉常享，实古今之大务也。涿州云居寺，乃神州之巨刹也，佛事严饰，僧徒骈罗，轮焉奂焉，郁为道场，爰降圣迹，兴于是处。昔有高僧，从西土来之于此地，遂开左臂，取出舍利二粒，乃释迦如来之顶骨也。传授数人，椟而藏之，积有年矣。厥后有百法上人，得而秘之，外无知者。临游之日，方付与众，接响传声，达于四方，遂使远近瞻礼，高低仰慕，如辐辏毂，不可胜数。其间灵异，曷可殚言！是时，有寺僧文密与众谋议，化钱三万余缗建塔一坐，奢砖以成。中设睟容，下葬舍利。上下六檐高低二百余尺，以为礼供之所。是以灯邑嵩文用等与众誓志，每岁上元各撰己财，广设灯烛，环于塔上，三夜不息。从昔至今，殆无阙焉。而后有供塔邑僧义咸等，于佛诞之辰，炉香盘食以供其所，花果并陈，螺梵交响，若缁若素，无不响应，郁郁纷纷，若斯之盛也。然而为善虽异，于治亦同，盖从人之所欲，固无定矣。噫！末法之代，去圣逾远，沙门则道眼昏昧，檀越则信心寡薄，往往陷于饕餮之者众矣。苟非舍利因缘，暨我曹循循善诱之力，其孰能与于此乎？所愿邑众等承是胜缘，俾资遐福，世世生生，恒跻圣处。今具录姓名于碑阴，传之无穷，永垂不朽，以俟来哲见而迁矣。

维乾统十年岁次庚寅九月丙朔七日壬申辛时建　阳溪山沙门圆融书　石匠吴志温刻

前提点三学律主精持大德赐紫沙门释法遵、首座持念沙门思贤、提点供塔邑讲经沙门义咸、见讲花严经沙门儆鉴、寺主持念沙门行纯、尚座讲经沙门行初、都维那讲经沙门行严、典座持念沙门去结、殿主持念沙门善谈

碑刻说明

辽刻。在云居寺，已失。据《房山石经题记汇编》录文。碑额"云居寺供塔灯邑记"。

碑刻考释

云居寺有南北二塔，北塔具体建造年代失考。此碑记载，北塔为寺僧文密化钱三万余缗而建。文密为重熙间寺僧，那么北塔当建于重熙年间（1032—1055）。

碑称，很早以前，有位高僧，从西土来之到云居寺，剖开左臂，取出舍利二粒，为释迦如来之顶骨。这两粒舍利传了几代人，一向在舍利函中珍藏，多年以后传到百法上人手中，他秘而不宣，没人知道。直到百法上人要离开云居寺云游，这才拿出来给人看，消息传开，远近瞻礼，不可胜数，其间灵异，不可尽言。于是，寺僧文密与众僧商议，化钱三万余缗建砖塔一座，六层密檐，高66米余，塔内供奉释迦牟尼像神，下葬舍利。此即云居寺北塔。由此碑记载可知，北塔原为六级密檐砖塔，现在的北塔是经后世重修改造过的。

辽乾统年间（1101—1110），高文用等人发起成立的云居寺供塔灯邑，每年上元节邑众按定例捐资，在北塔上下广设灯烛，三夜不息。"从昔至今，殆无缺焉。"可见到乾统十年（1110），供塔灯邑的上元节北塔燃灯已盛行多年。

有人怀疑此碑是否属于白带山云居寺，因涿州城内也有云居寺，质疑为涿州城内云居寺之碑。这是对白带山云居寺和房山地方文化的历史缺乏认识

造成的。

首先，造塔者文密为白带山云居寺僧。据金正隆五年（1160）七月李构《云居寺重修舍利塔碑》，道宗重熙年间，文密与郡守侍中刘六符、寺僧可信、藏俊、智通大规模的云居寺建设，屡年兴工，直至辽大安八年（1092）。而白带山云居寺北塔就建于此间。

其次书碑者圆融为阳溪山沙门。阳溪山在周口店镇西黄院的金山岭西，山有阳溪寺。属本地僧人书碑。

○四六　大辽燕京范阳县白带山石经云居寺释迦佛舍利塔记

案诸传记并起寺碑，原其此寺始自北齐，迄至隋代，有幽州智泉寺沙门智苑，精炼炼有学，终有琐骨，此寺见有塔焉，发心磨莹贞石，镌造大藏，经以备法灭。相继至大辽天庆七年，已镌造了经近三百帙，秘于东峰满八石岩。此塔前相云一步，在地宫，有石经碑四千五百条。

原其舍利于东峰石岩名花严堂，苑法师秘此堂石柱内，后因修饰得获琉璃瓶，内有舍利三百余粒，昼夜放光一月余。有当寺前易州管内都纲功德塔主沙门绍坦，发心建砖塔一十三檐，举高六十余尺，及施己净钱，特命良工，造银塔一座，高一尺五寸，金释迦卧如来，银钵、盂子、匙、箸，金净瓶，内有舍利，在石匣中。其余供具，鍮钻、香炉、铜军持瓶、净瓶、铃、杵、护魔鏟、锣、盂子、火炉、汤瓶、烛台、素镜两面，当寺戒比丘常不灭五百余众，庄园典库，供瞻有余。

时天庆七年岁丁酉四月己未朔十五日癸酉丙时葬　寺主讲论沙门善灯　尚座讲经沙门志温　都和讲经沙门智宁　首座志珂　前涿州管内都纲沙门道渊　东峰山主沙门志范　法摠

碑阴
燕京右街管内僧录通慧圆照大师赐紫沙门善定
讲经沙门善锐

造塔功德经　尔时世尊说是偈言

诸法因缘生　我说是因缘　因缘尽固灭　我作如是说

建塔匠作头李德辛　男祐圣　砖匠张从善　画师刘彦忠

碑刻说明

辽刻。在云居寺南塔下，为南塔创建碑。碑额正书"石经寺释迦佛舍利塔记"。

碑文考释

据此碑，南塔原名"云居寺释迦佛舍利塔"，落成于辽天庆七年（1117）四月八日，为云居寺僧、前易州管内都纲功德塔主沙门绍坦，发心建。塔高二十余米，为十三级密檐砖塔，塔下葬有释迦佛舍利，舍利是隋静琬法师秘藏于石经山雷音洞石柱内的，后来雷音洞修缮，在石柱内发现琉璃瓶一只，瓶内有舍利300余粒，昼夜放光一月有余，故绍坦建塔以奉安。依碑文记塔：装藏有银塔一座，高一尺五寸；金释迦卧如来；银钵、盂子、匙、箸、金净瓶，舍利就安于金净瓶内，金净瓶置于舍利石函中，其余供具有鍮钻、香炉、铜军持瓶、净瓶、铃、杵、护魔锹、锣、盂子、火炉、汤瓶、烛台、素镜两面。

"此塔前相去一步，在地宫，有石经碑四千五百条。"碑文记载了云居寺内藏经地穴的位置。

○四七　云居寺释迦佛舍利塔石函记

大辽燕京涿州范阳县白带山云居寺，北石匣内有银净瓶一个，内有释迦佛舍利八粒，颗如粟，白如雪鍮；香炉一个，黄香八两，檀香四两。永为供养，益四生，俱登觉道。时天庆七年三月一日戌时葬，比丘志兴、比丘法聪、比丘善锐。

碑刻说明

辽刻。为云居寺南塔佛舍利石函铭文。铭文无题，题为添加。

铭文考释

此石函原葬于舍利塔塔基，20世纪40年代寺院建筑及南塔毁于兵燹，多年来残垣断壁，一片废墟，南塔遗址已是一个土丘，杂草丛生。1957年夏，周叔迦会同北京大学考古系阎文儒教授到云居寺遗址进行南塔藏经地穴的发掘工作。8月6日塔基方台全部暴露。塔台十分完整，北面有3个经幢座，周围雕刻佛、菩萨、飞天、花草等。塔基中心有一砖砌地穴，中置石函，即云居寺释迦佛舍利塔石函。石函长32厘米，宽32厘米，高24厘米，面刻云居寺释迦佛舍利塔石函记。

铭文记载：函里有银净瓶一个，内有释迦佛舍利8粒，小米一样大小，白色，应为骨舍利。《大辽燕京范阳县白带山石经云居寺释迦佛舍利塔记》只说在雷音洞发现隋时静琬秘藏释迦佛舍利三百余粒，并未记载绍埋造塔后，奉安舍利的数量。依此铭文所记为8粒。此外函内还藏有香炉1个，黄香8两，檀香4两。释迦佛舍利函，及函内佛舍利等物，当是天庆七年（1117）三月一日南塔奠基时所奉安。函中所载奉藏器物，与《大辽燕京范阳县白带山石经云居寺释迦佛舍利塔记》记载有异，且少得多，个中缘由无从知晓。

打开舍利石函，函内装藏的物品与铭文记载有异，实际装藏物品如下：

鎏金佛像1尊，菩萨圆铜牌和观音像铜牌各1个，透花铜香炉1个，银净瓶1个，乾元重宝、庆历重宝、熙宁重宝、元丰通宝等铜钱数十枚。从这些钱币可以看出当时在辽代管辖的幽州范阳县，宋代的货币也有流通使用。其中鎏金佛像、银净瓶，《大辽燕京范阳县白带山石经云居寺释迦佛舍利塔记》有载，但质地有异，佛像非金，而是鎏金，净瓶亦非金，而是银质。

函中舍利已不知去向。其他如塔记、铭文记载的物品，如银塔、银钵、盂子、匙、箸、鍮钻、铜军持瓶、铃、杵、护魔锹、锣、盂子、火炉、汤瓶、烛台、素镜两面、黄香八两，檀香四两均未见出土。辽人记载有误，还是后世遗失，不得而知。

因为发现了文物，所以临时停工，立即通知乡长，请派民兵到工地站岗看

守,并通知房山县文化部门派人来现场处理。不久,文物部门来人将石函取走。这些重要文物现陈列于北京法源寺中国佛教图书文物馆展室内。

〇四八　石经山云居寺故提点法师灵塔

藏唯识门人赵仲先谨草

法师姓严氏,世居范阳,先贤人也。父讳师颢,母边氏,生四男,师最幼矣,自童雉间不留髻发,天赋渊靖,性乐空门。父母察而异之,遂许出家于石经山云居寺,礼禅师坦上人为师,训法名义谦。年十五,遇熙宗皇统恩登戒品下,后随方,德习妙悟,深旨本寺,屡霈法雨,敷法三祀,德者亡归。看华严经百部,寸阴不辍。中年以来参禅入道,遇柏山宝老禅,教双通大众,请为提举寺事,靡不推重。大定二十年,有兹院大众本里坛信以施状,请匡摄荒蓝,师至日改律为禅,馨巾锡衣盂,兼化随心施者,重修廊宇,别建僧庵,西序东厨,焕然顶新。皆参道力,特诱华严。经邑门徒,众仅数千。供给斋粮,未曾有阙。香厨饮膳丰余,安居二九载矣。法师高超凡圣,平昔无分文蓄贮。岐阳开化寺,长乡城义井院、李河灵岩寺,皆请为提控宗主。

呜呼!浮世非坚,忽示微疾。承安五年三月二十七日,呼门人等,全不句思辞世,颂曰:古言一物中,今举一幡可临行。分付诸人,且道唤个什么,俱门人等哀痛无已。螺钹伞缯,黑白二众,勿知其数。荼毗后,收师灵骨,伐它山之石,命工造塔,绪师行状,十分之一,俾仲先纪事书石,仲先诺,乃孤陋寡闻,以文见嘱,于何敢辞?铭曰:

谦公法师,范水先贤。出家云居,戒品周圆。升霓挥尘,度日生缘。诣斯古刹,更律为禅。别兴庵舍,廊舍重鲜。斋粮丰厚,门徒数千。如影如幻,世态非坚。右胁而卒,卧蜕如蝉。清风朗月,七十三年。即相离福,非言可宣。

金泰和元年二月二十三日,门人道成等建

出嗣□禅沙门具列如后:道琳、道成、道璞、道玢、道琦、道瑀、道初、道真、道珣、道玉、道琛、道玘、道坚、道蟾、圆信、尼道真、尼道应,长发三人道琮、道珽道暎,俗侄严志、侄女降姐,本里坛信等王八郎、严赟、严玲、

李赟、王彦初、句百忠、道秀、李仁初、赵守忠、李阿张、李阿孙，长乡城坛信马浩、陈大郎、赵秀才、张忠信、赵伯钧、王四郎，李河崔三郎、刘院使。

碑刻说明

金刻。在云居寺内，民国时期已经遗失。

1975年下半年，北京图书馆接受苏州叶诚祜先生捐赠入藏的一批拓片中，《谦公法师灵塔铭》是一件较为珍贵的拓本。谦公法师灵塔建成于金泰和元年（1201）二月二十三日，该塔直至清朝末年尚存于房山区云居寺，江阴缪荃孙在光绪十一年（1885）修成的《顺天府志》中说它仍存。所谓谦公塔，其是为一座六角墓幢，1956年全面清理房山云居寺石刻时，该墓幢已不知下落。《谦公法师灵塔铭》拓本共六纸，均高75厘米，宽23里米，赵仲先撰文并书丹，首面篆书题"谦公法师灵塔"，下刊《准提佛母真言》《生天真言》，均为梵文。铭文正书，记载谦公生平事迹。

幢文考释

义谦，世居范阳（今河北涿州市），俗姓颜，金太宗天会六年（1128）生。父亲颜师颥，母亲边氏。兄弟四个，义谦最小，自幼不留髻发，性乐空门，父母看在眼里，许他出家石经山云居寺，礼禅师坦上人为师。坦上人，应为自辽入金的云居寺僧人绍坦。绍坦于辽天庆七年（1117）建"云居寺释迦佛舍利塔记"，自天庆七年（1117）至义谦出生的天会六年（1128），历时11年，至义谦云居寺出家，不过十几年，从时间上说，不成问题。义谦15岁那年，即金皇统二年（1142）遇恩受戒，中年时，"下后随方，德习妙悟，深旨本寺，屡霏法雨，敷法三祀，德者亡归"，在云居寺已经是很有影响的僧人。后来他前往柏山（在今山东省枣庄市薛城区西），受宝老禅之请，在柏山寺任提举寺事。金世宗大定二十年（1180），义谦法师继任云居寺住持，云居寺改律为禅，这是云居寺史上的一个重要事件。金世宗子、章宗伯父完颜永中施刻《增一阿含经》《杂阿含经》就是在义谦住持云居寺之际。义谦并对云居寺进行了修复建设，"重建廊宇，别建僧庵，西序东厨，焕然顶新"。辽应历年间结千人邑，这时的云居寺"经邑门徒，众仅数千。供给斋粮，未曾有阙，香厨饮膳丰余"，不亚于应历时。当时，长乡城（今河北涿州市义和庄乡长安城村）义井院、李河（今房山区琉璃河镇）灵岩寺以及岐阳（今陕西岐山县东北岐阳村）开化寺皆请云居寺主义谦为提控宗主，由此可见云居寺的影响之大。章宗承安五年（1200）卒于云居寺住持任上。义谦于金天会年间入云居寺出家，历太宗、熙宗、海陵、世宗、章宗五世，他去世后的15年，即贞祐三年（1215），蒙古大军攻破中都（今北京），云居寺所在的幽州地区沦为蒙古人统治。因此义谦是金代云居寺历史的一位见证人，他在云居寺的僧侣生涯很能说明金代云居寺的状况。

云居寺初为禅宗，唐玄宗时期律宗介入，唐末禅、律杂处，辽代为律宗，金初历太祖、太宗、熙宗、海陵四世至世宗践位一段时间，一向为律宗，义谦改律为禅，是云居寺佛教史上重要事件。塔铭的记载，为研究云居寺佛教宗派，及北京地佛教史的宗派变迁提供了确凿史证。

○四九　广公禅师塔记

若人欲了知，三世一切佛。应观法界性，一切唯心造。

师讳善广，字则闻也，大兴府武清县苏氏之子。生而有异性，恬白八七，少语寡为，举止沉厚，龆稚之间不与群童喜戏，志愿脱俗。自落发以来，禀具奉持极甚麽。甫既长，天资翼真，不善巧言，殊冗诌曲。通后习念，得经业通利。于明昌元年，比试受具大戒，自此之后大众见师发言有异，佛事炳焕，遂乃推举□□□□□力耕种田，□□□□，赐衣裘以度□□□□□□□□下□□承安五年十□□化由如空□□□□□□□□之行□如由□何泰和元年十月二十二日微疾殁逝，寿四十八，僧腊十二，□□之外，□□□□乡□□之□□□□□□□□□□□□□□□□□□□□且将□□□□□□□□□□是日□□□□，风悲泉咽，其徒俗夫等法火化于寺前山阳。泰和二年十月二十二日葬于院□之西峰之下，门人惠谈等言师生平本末，求予为文，仆自思不才，推让不已，采师之遗德，聊以强为之记，以刻贞石，用传不朽云尔。

泰和二年十月二十二日　门人惠谈等建　门人惠演　当寺法属监寺沙门即琳同立

碑刻说明

金刻。此塔现立于北塔院东廊。刊立于金泰和二年（1202）。高约300厘米。汉白玉石质，八角直棱形幢身，分上下两层，中层浮雕八尊佛像。八面施刻，正书，竖刻正文23行，满行20字，泐蚀严重，中间部分磨灭殆尽。额题"广公禅师塔记"六字楷书，额下竖刻"若人欲了知，三世一切佛，应观法界性，一切惟心造"四行佛偈语。尾题"门人惠谈等建　门人惠演　当寺法属监寺沙门即琳同立"。

幢文考释

据塔记：善广，大兴府武清县（今天津市武清区）人，俗姓苏，年少出家，金海陵王贞元元年（1153）生，明昌元年（1190）受具戒，为寺众推举为本寺住持。泰和元年（1201）十月二十二日示寂，寿四十八，僧腊十二。泰和二年（1202）十月二十二日葬于本院西峰之下。

造像题记

　　云居寺是著名的佛教圣地，先民出于信仰的需要，施经、造塔、造佛像成为一种习俗，或为亡过父母，或为现世亲人，抑或为君王国家祝福。先民造像时，往往把造像者或亡过人的事迹，造像的缘由、愿望，造塔者姓名、供养人姓名镌于造像旁，这就是造像题记。

　　本卷收录造像题刻5件：唐代4件、明代1件，其中收录造像题5则。

○五○　庞怀佰造像记

维大唐咸亨五年五月八日，庞怀佰邑人等上为皇帝陛下、师僧、父母及亡过七世，见存眷属等，敬造阿弥陁像一躯。普及法界苍生，俱登正觉。

都维那飞骑尉庞怀佰，妻侯、息德国、德相、德立、名立、玄表。

像主武骑尉赵君，妻陈；息师举，妻阳；息善通，妻高。

像主云骑尉刘□□，母高，妻王，息僧感、僧明。弟净德，妻阳；相仁，妻马；相德，妻张。

像主萧荣贵，妻齐，息文义、文哲、文楷、文志，孙仁□。

像主刘天讬，妻王。王相石，妻卫。

像主骑都尉赵□，妻刘。彦□，妻□。

像主骑都尉彦□，妻□，息仁。

像主史君锦，妻马，息骁骑尉安国、妻田。

像主时天念，妻甄，息虬、封、□。

像主刘□，妻□，母王，弟阿奴、阿应。

像主到赵承祠，母郭，妻高。

像主李师廓，妻张，息舅生、玄名、玄褒。

像主庞怀素，妻张，息义、重。

像主李奴子。□□，妻靳，息经义、经方。

像主赵老生，妻乐。

像主武骑尉阳君立，妻樊。息仁弘，妻许。

造此像近年

上洛村刘相，妻□，息龙、凤、亮。仁可武，妻刘。

像主武骑尉□□□□。

碑刻说明

唐刻。在云居寺,藏于石经山第八洞。今据吴伯宛旧藏拓本抄录。拓片通高25厘米,宽208厘米,四面刻字。原无题,题为添加。

《东方学报》京都第五册副刊120页,初载此文。北京图书馆金石组、中国佛教图书文物馆石经组编《房山石经题记汇编》(书目文献出版社,1987年8月北京第1版第1次刷)据此录入该书。录文多有疏漏,今据拓本抄录,以正之。

题记考释

飞骑尉庞怀佰,从六品。《新唐书·志第三十六·百官一》:"飞骑尉,视从六品。"

武骑尉赵君、武骑尉阳君立,从七品。《新唐书·志第三十六·百官一》:"武骑尉,视从七品。"

骑尉刘□□,正七品。《新唐书·志第三十六·百官一》:"云骑尉,视正七品。"

骑都尉赵□、骑都尉彦□,从五品。《新唐书·志第三十六·百官一》:"骑都尉,视从五品。"

可见,造像者庞怀佰等为中下级武官。

"上洛村",即今北尚乐、南尚乐。此题记证实,今北尚乐、南尚乐,在唐高宗已经有此村,为千年古村。

〇五一　云居寺观音像残记

永金言

若官发于

通,虚以实归。遂

修敬。问知来趣,便以经归。

处若不见圣,何以喻凡?践彼莓

观音像于寺中。法会如林,洪炉将

神人致铜畲在庑下，明发而视，悉

散法雨以洒容尘，操慧刀而

曰：夫速朽者身不可久精

缟者盈门。是月辛巳

瞻仰。范阳令乐安

自近代

言

碑刻说明

唐刻。唐观音像题记，原石在云居寺，已佚。现据拓本抄录，拓片高51厘米，宽54厘米。隶书。因残损严重，故据每行残存文字而录，不记缺文。

题记考释

从残文看，当年是为奉安观音像于云居寺而题此记的，文曰"法会如林"，隐约可见当年之盛况。

○五二　感怨文

导师菩萨　晋先亡妻二品孙乐安孙氏供养

余慈亲二品孙乐安孙氏，量必天合，器与代殊。惟德是修，惟明是贵。不以荣华为乐，不以豪贵为雄。澄心如不贰之门，求真习道。慈亲春秋卅有九，以天宝十二载夏六日庚寅，大渐弥留，征方勿药，薨于别业，神容俨然。不知何贤人，变易生死也。父痛慈亲先亡，有恨未亡，遂舍雄豪，发菩提志，稽首以信微妙法，清净躁心，造九级浮图安中台也。嗟乎闵予不佑，慈训早违。乾景外临，阴仪内缺。英二妹幼小，花萼偏遗。虽活明时，毁灭无异。父以英弟妹偏露，惊遑匪宁，遂婚继亲北平县君弘农杨氏。性敦柔洁，膺锡中和。花萼痛闻，号天擗踊。刻铭微志，以布腹心。

张令忠，妻谢，息敬仙、敬宾、敬晖同供养。

六姨玉田荣氏，男女等供养。

七姨玉田荣氏，男女等供养。

虚空藏菩萨，晋女春娘、女莺娘为亡母供养。

碑刻说明

唐刻。在云居寺。此石久失，据拓本录文。拓片高76厘米，宽44厘米。

题记考释

其文见《八琼室金石补正》卷五十八和《匋斋藏石记》卷二十五，题为《王普等造佛菩萨像并感怨文》，原拓无"王普等造佛菩萨像并"字，故据原拓更正。文前原有"□过父讳固供□□□母玉田荣□□养"。参据《王晋等造佛菩萨并中台石浮图记》，有"亡过祖讳□供养 亡过祖母陇西李氏供养"，可知，第一"□"当为"亡"，"供"后"□"当为"养"。"母"前"□□"，当为"亡过"，"荣"后"□□"当为"氏供"。补缺后为"当来下生弥勒尊佛大慈大悲无量力菩萨摩诃萨、大慈大悲地藏菩萨摩诃萨，亡过父讳固供养、亡过母玉田荣氏供养"。原拓中未有此文，不知其文来自何处，故依原拓。

《八琼室金石补正》卷五十八和《匋斋藏石记》卷二十五，将"天宝十二"误为"以天宝十一年大渐弥留之，征方勿药，薨于别业，神容俨然"，今据原拓更正为"以天宝十二载夏六日庚寅，大渐弥留，征方勿药，薨于别业，神容俨然"。其他误处，均依原拓更改。

此《感怨文》未属时，王晋率子女，在石经山两造佛菩萨像、一造中台九级浮图，留下《感怨文》《王晋等造佛菩萨并李时用德政碑记》《王晋等造佛菩萨并中台石浮图记》。王晋在石经山做三宗功德的起因，乃是因天宝十二载（753）王晋夫人孙氏病逝，此事记载于《感怨文》。此文不仅提到造佛菩萨事，还提到在石经山中台造浮图事，而《王晋等造佛菩萨并中台石浮图记》即是王晋在中台造石浮图铭文。这篇铭文记载此浮图为天宝十二载十月廿五日建。那么，王晋造佛菩萨像也当是同一年，由此推断，《感怨文》《王晋等造佛菩萨并李时用德政碑记》年代，皆应是天宝十二载（753）。

王晋夫人孙氏，天宝十二载（753），39岁去世，应出生于玄宗开元二年

（714）。

〇五三　王晋等造佛菩萨并李时用德政碑记

大救护菩萨，晋长子英、次子萱、次子薰为母供养。

朝散大夫守归德郡守兼诸军事耆国公上柱国李公，讳时用。武可济代，文以匡人。刑示蒲□，驯鸡政令。寮庶畏爱，何贤如之？英与公贤愚之道或万有一通，而贵贱之阶，宛天将地。公德浸淮海，禄重丘山。但窃慕人优时济代之风，潜窥为政，未尝见公临人有一狱，不慎有一讼，不审有一屈。可谓德政也。公为国安人，雅风训俗，至于词人才子渴泳。公雄文硕德，洪儒□□公高□，至于遐迩洋洋乎盈耳也。□□□之□□瞻应分澄，宝剑之光□□□□□□□□君人之惠。□□电□□□不揆庸征敢□□□□□于石，以示将来。

善护菩萨，晋弟□、弟光、妹五娘供养。

碑刻说明

唐刻。在云居寺。造像已失，据拓本录文。拓片高68厘米，宽45厘米。此文见《八琼室金石补正》卷五十八和《匋斋藏石记》卷二十五。如前考，此记年代应为天宝十二载（753）。

题记考释

据《八琼室金石补正》卷五十八《王晋等造佛菩萨并李时用德政碑记》载文如下：

西方极乐世界阿弥陁佛、大慈大悲观世音菩萨摩诃萨、大慈大悲大势至菩萨摩诃萨，亡过曾讳信□供养、亡过曾母彭城刘氏供养。

救护菩萨，晋长子英、次子董、次子萱为母供养。

善护菩萨，晋弟光、妹五娘供养。

朝散大夫守归德郡兼诸军事耆国公上柱国李公，讳时用。武可济代，文以匡人。刑示蒲□，驯鸡政令。寮庶畏爱，何贤如之？与公贤愚之道或万有一通，而贵贱之阶，宛天将地。公德浸淮海，禄重丘山。但窃慕人忧时济代之风，潜窥为政，未尝见公临人有一狱，不慎有一讼，不审有一屈。可谓德政也。公为国安人，雅风训俗，至于词人才子渴泳公雄文硕德。洪儒□□公高□，至于邅迩洋洋乎盈耳也。□□□之□□瞻应分澄，宝剑之光奸□□□□□□君子之惠□□电□□□□不揆庸征敢□□□□□□，以示将来。

与原拓对照，讹误颇多，今据原拓正之。

○五四　张普旺造弥勒像碣

盖闻六度万行，以施为先。功惠林中，造像第一。功德经云："优填王白佛言：'造佛形相及菩萨像，当得何福？'佛告王言：'此人生生世世，不堕恶道，天上人间，受福快乐。'"如经所明，岂虚言耶？今者，保定府新城县韩堵社善人张普旺，发心在于小西天石经寺佛殿四柱金诸佛一千五十四尊，后造石弥勒佛一尊，运本寺供养。亦助造铜佛一尊，今已完备，建立石碣，故留于后矣。

成化九年岁次癸巳仲夏吉日立　石匠陆衡　任全

本寺住持和尚嗔嗒嗦哩　僧人唵喃嗒　束塔啰得纳　净玉

造佛功德善人张普旺　室人麻氏妙秀　二男张达　张增

善士李守真书

碑刻说明

明刻。碣石嵌于雷音洞外墙壁上，圆首，首身四周雕花纹。高67厘米，宽55厘米。

题记考释

造像碣记载，明成化九年（1473）五月，新城县韩堵社（今属河北保定高碑店市）张普旺，在"小西天石经寺佛殿"造弥勒佛一尊，同时施造铜佛一尊。

翌年，此人又首议，将石经山倒地的《宋小儿金刚经》石复立归安。

张普旺明成化九年（1473）五月所造弥勒像，尚存于雷音洞中。弥勒佛头部残缺,现佛头为今人补雕。弥勒佛须弥座,上表面和侧面均有铭文,依顺序,上表面为先,侧面为后。前后衔接,形成完成的铭文,现附录于后:

容成县、四庄村善人张普全、惠山、文得、马普亮、徐普敬、高普大、江普裕、刘普通、何普宣、张斌、吴普清、同室人妙荣、马普原、吴普顺、杨普名、王文达、刘福山、王妙喜、梅普山、刘普宙、正室人和氏、刘妙金、刘福镒、赵普清、王福能、袁福海、郄妙金、和普祥、妙得、马福增、惠山、妙贤、福全、赵得学、冉吉祥、妙善、李妙善、于普海。易县□□村冉妙善、妙保、卢福敬妙喜、妙能、妙言、孙福祥妙福、卢福广、张福旺、孙福让、孙福一、孙福进、王福泽、孙福兴、孙福让、惠喜、妙金、国福原、侯宗仁、陈道兴。七里庄徐福、李信、李钦、李福清廉氏、谷福成、妙香、赵文、赵瑧、赵敬、王林、李原、郎氏、崔敬、张旺、吴得、普宽、□名、杨方、大人、张全。本山长老:净宝、净玉、净香、净太、得玉、得奄、真玉、戒明、宋达、妙保、果刚、□林。成化十三年岁次丁酉孟春吉日,石匠成敏、成遂、王有、杨得清,刊造王宽、得真、王普资、张普奉、李普有、孙普果。

朝山题刻

云居寺自隋、唐至明、清、民国，1300余年，朝山进香、朝山法会、朝山访经，留下无数先民的足迹。一些朝山者，镌名于石经经板上。北京图书馆金石组、中国佛教图书馆石经组编《房山石经题记汇编》中，记载朝山题名的题刻数不胜数，地域涵盖今京津冀地区，云居寺附近的有良乡县、涿州范阳县、涞水县、新城县，其他如昌平县、潞县、归义县、固安县、文安县、容城县、永清县、清苑县、安平县等。有些朝山者，或题于山崖，或立碑记之，或借碑塔题之。

本卷收录朝山题刻13件：唐代4件、辽代1件、明代5件、清代1件、民国2件，其中收录朝山题13则。

○五五　焦玄岩等题名

开元廿一年十月日，焦玄岩、向惠琛、王愁，礼拜佛。

碑刻说明

唐刻。此为摩崖题记，在石经山崖壁上。拓片高21厘米，宽30厘米。无题，题为添加。

题记考释

开元廿一年，即公元733年

焦姓、王姓是今南白岱村姓氏。南白岱、北白岱，唐代名白带村，属范阳县弘化乡，焦玄岩、王愁应是南白岱先民。

○五六　归义县魏惟俨等题名碑

李氏，朱公佐妻。四县巡检副将定远将军试左卫将军张君爽、韩公□、王全度、吴全政。

魏惟俨　咸通六年巡礼

归义县通阳又俺妻李氏、男左使。俺公楚，卢荣建、妻苗氏、男师简讳

张发信，弟发遏、母刘氏、嫂武氏、新妇郝氏、二男

薛全□，妻郭氏、男行官。元素、张士政、祖君亮、卢士□

李氏、刘自进，颜文弁、张自润，陈宗拒母，张真如、陈宗□

刘士恒，刘进昌、弟进儒、弟进用。归义县千秋乡刘□

朱忠宪、刘文幹。陶惟顺，兄惟正、新妇高氏、男自

常侍下随踪押衙贾公佐，男文恭、母王氏、新妇

张太弘、庚副、张士平。亲事兵马使史英建，妻赵氏、男全立全

田妙德、苏十三、田日南、田加义、胡万兴、田建丰、梁士雄

李存礼，妻孟氏。佟建迭、高公遇、高君操、张弘寂、王建宗

傅朝用、李君爽、裴君约。王士澄，妻陈氏、男弘亮、弘昌、新妇

郭进通、蔡行缜、王重和。李潭清，母梁氏

曹莲花、智□、崔保藏。乐孝昌，男君用、妻樊氏。王通

碑阴

赵公□高五娘、□七娘齐二娘男公□宝□清男京五骆士澄□□亮张从瞻冯□宁福信□□妻男氏□□□□□立行赵士伦公

刘君□李建武、□太简母宝氏张重男刘宗璘翟文温刘程遂兄□□金发孙通吉……孟□邢建初弟建武、妹十四娘、卢元□牛……□方母张氏卢自友母成弟自拣勾良汶王仲弘□□改安……上父□、张成元母耿氏妻丰氏孙忠顺妻成氏张敬言母王氏卢□……文男良晟宋千用徐师素三良弁□□德□张建通父少……威武将军吕师贞男全安亲事兵马使□公建韩仲温韩上云女弟……群晟百人将刘君遒赵建弘史文昌妻女郦氏梁道士□方反张庭方孙季初王文简父王君亮张志弘……归义县王建安男士伦弟士端母张氏嫂孙氏妻刘氏男行恭李知……归义县李建遂妻马氏男方邵元益妇金凤娘刘平儿□……父成□母李氏裴可论张弘□孙公遇阳士□妻王氏阳君……刘八娘□□胜武三娘阳娘一娘……公伦王娘男□□革从□张……刘宗弁马君……高仁佶李建武二娘男……田达伦君达王二娘□□弁张。

碑刻说明

唐刻。在石经山。为唐咸通六年（865）刻。拓片高46厘米，宽40厘米。阴高49米，宽41厘米。此石不仅留下大量信众姓名，还记载了归义县两个乡的名，即归义县通莫乡、归义县千秋乡，为研究唐归义县提供了珍贵的线索。

题记考释

归义县，治所在易县境内。唐武德五年（622）设置，贞观元年（627）省，贞观八年（634）恢复，景云二年（711）隶鄚州。大历四年（769），朱希彩在幽州范阳县设涿州，隶属幽州。

《旧唐书·志第十九·地理二·河北道》：

"涿州本幽州之范阳县，大历四年，幽州节度使朱希彩奏请于范阳县置涿州，仍割幽州之范阳、归义、固安三县以隶涿，属幽州都督。……归义，治易县地，属涿郡。北齐省入鄚县。武德五年，于县置北义州。贞观元年，与州同省。八年，复置，改属幽州。分置涿州，又来属。"

《新唐书·志第二十九·地理三·河北道》：

"涿州，上。大历四年，节度使朱希彩表析幽州之范阳、归义、固安置。县五：范阳，望。本涿，武德七年更名。归义，上。武德五年置，贞观元年省，八年复置。景云二年隶鄚州，是年，还隶幽州。"

○五七　王忠信等题名碑

王忠信、褚君义、张公倚、褚君常、褚君民、褚君良、褚君和

褚万、褚广儿、庞黄头、郑和尚、庞册儿、史寿孙、杨留儿、褚僧儿、庞顺儿

中山道院供养……东至石经园南……次东有□□□……刘三郎施菜……东至刘公□……黄公□

碑刻说明

唐刻。在石经山。拓片高 48 厘米，宽 32 厘米。

题记考释

此碑留下了云居寺附近石窝镇、张坊镇村庄唐代的住民姓名。其中中山道院供养应该是张坊镇北白带村中山寺，由此证实，唐代即有中山寺，其创建年

代不晚于唐。无题，题为添加。

〇五八　刘仁佐题名

清信士刘仁佐从咸通□年来游礼上方，至八年四月十五日又来进香供养诸佛，惟愿合家保庆。

碑刻说明

唐刻。石在石经山第四洞门外右壁。拓片高134厘米，宽26厘米。正书。无题，题为添加。

题记考释

右侧字体稍大，隶书，为明万历三年（1575）四月《黎民表题记》："万历乙亥夏四月涿州贰守维扬凌东京，同文学南海关忘拯同游，拓唐碑而去。岭南黎民表题。"

〇五九　韩绍勋题记

永兴宫都部署权知军州事韩绍勋与县郡夫人及儿女等去太平六年正月十七日因来巡礼烧香到此，睹尊容伤缺不圆，再补接讫，合家永为供养。

碑刻说明

辽刻。韩绍勋等墨书题记镌刻在金仙公主塔的前壁上。从题记看，似是修缮此塔所题。

题记考释

永兴宫，是辽太宗耶律德光的宫卫名。《辽史·卷三十一·志第一·营卫志上·宫卫》：

"辽国之法：天子践位，置宫卫，分州县，析部族，设官府，籍户口，备兵马。崩则扈从后妃宫帐，以奉陵寝。有调发，则丁壮从戎事，老弱居守。太祖曰弘义宫，应天皇后曰长宁宫，太宗曰永兴宫，世宗曰积庆宫，穆宗曰延昌宫，景宗曰彰愍宫，承天太后曰崇德宫，圣宗曰兴圣宫，兴宗曰延庆宫，道宗曰太和宫，天祚曰永昌宫。"

可见，辽代皇帝禁卫军，是以宫号命名的，每个宫号负责一个皇帝的禁卫，生卫其身，死奉其陵。所以，皇帝驾崩，这个宫号的禁卫军依然存在。

辽太宗耶律德光禁卫军的宫号名称是永兴宫，韩绍勋任永兴宫都部署。都部署，是马步军都部署的省称，为战时指挥官。权知军州事，意暂时主持地方军队和民政事务。那么，韩绍勋为永兴宫都部署，兼一州的军政长官，主持一州军政事务。

韩绍勋，幽州安次人（今河北廊坊市安次区）。辽代幽燕地区汉族四大世家之一韩德枢之孙，官至东京（辽宁辽阳）户部使。辽兴宗年间（1031—1032），大延琳叛于东京，韩绍勋被执，终不屈，遭锯解，愤骂而死。据此题记可知，韩绍勋在太平六年（1026）前后，曾任永兴宫都部署权知军州事的官职。

太平六年（1026）正月十七日，韩绍勋携带夫人和儿女，一家人来石经山上香，在东台金仙公主塔上题记记事。

韩绍勋题记一年后的太平七年（1027），其弟涿州刺史韩绍芳来云居寺考察石经，奏请圣宗皇帝恢复石经刊刻，并主持早期刻经。

○六○　永乐十四年摩崖题刻

是境天造其秘地，寻其灵，幸出神皋，益启幽探之迹，故一至焉。时霜晴天空，林壑窈窈。解鞍盘陟，神情□然。然至者合章□之英，谓真游方之外可乎？

大明永乐十四年丙申冬十一月甲□

碑刻说明

明刻。在雷音洞门楣上方岩壁上。原被白灰覆盖，1989年3月铲去白灰，偶然被发现。为明代早期题刻。

〇六一　江空普等题名

奉佛弟子江空普等

宣德元年六月九日

碑刻说明

明刻。拓片高18厘米，宽22厘米。为明代早期题刻。

〇六二　张安等题名碑

奉佛信官弟子张福海、李福明、杨普真、张安、李福明、黄福□

宣德七年八月二十四日

碑阴

奉佛众善人等胥福兴、陆善、张福臣、刘□福、姚福全、曹□贵、朱吉祥

碑刻说明

明刻。在石经山。拓片阴阳均高30厘米，阳宽15厘米，阴宽14厘米。正书。碑额正书"卫□府"。

〇六三 杜泰等石经山题刻

东越岩中留题一首

欲向西天听梵音，山人指我去登临。龙岩四壁经文古，鸟道千层树色深。台上星河平入望，空中岚雾□□岑。唐僧此地留衣钵，免与人间叹陆沉。

次写廿八翁诗一绝

石洞泠泠小洞天，飞虹百道落前川。真龙自爱云深处，与付唐僧结法缘。

皆明嘉靖岁癸卯夏六月。书旧绝，前内官监太□官杜泰、孟□、□用、姜意、王晋、张斌、谢□□。

碑刻说明

明刻。在石经山。

题记考释

嘉靖岁癸卯，嘉靖二十二年（1543）。

嘉靖三十五年（1556）《大石窝关王庙竖立石碣记》记载，嘉靖皇帝即位后，营建慈宁、慈庆宫，大高玄殿、雷霆殿、洪应殿，并营建郊庙坛宇，屡命太监到大石窝石厂督工。这其中就有内官监太监杜泰。

杜泰先后两次到大石窝石厂督工。第一次是在嘉靖二十八年（1549）到三十一年（1552），即为营建上述宫殿，任"提督山场督理工程"。第二次在嘉靖三十五年（1556）。当年三月，营建神应轩、书造局、万法宝殿、永寿宫、帝真殿，工程浩大，又命杜泰提调大石窝山场等处督理工程。

从诗刻纪年看，早在嘉靖二十二年（1543），杜泰就曾携人同游石经山，他来此地，抑或与大石窝采石相关？

〇六四 "念佛"题刻

念佛

万历十三年岁次乙酉十二月一日

碑刻说明

明刻。在石经山第一洞外。拓高 100 厘米，宽 150 厘米。

○六五　盛昱题记

大清光绪八年五月，宗室盛昱伯羲，蒙古锡钧聘之，丹徒丁立钧叔衡，永明周銮诒季贶，同游白带山，题记于此。

碑刻说明

清刻。在云居寺。

题记考释

盛昱（1850—1899），爱新觉罗氏，字伯熙，一作伯羲，一号意园。隶满洲镶白旗，肃武亲王豪格七世孙。祖敬，协办大学士。父恒恩，左副都御史。光绪二年（1876）进士，授编修、文渊阁校理、国子监祭酒。因直言进谏，不为朝中所喜，遂请病归家。盛昱家居有清誉，承学之士以得接言论风采为幸。光绪二十五年（1899）卒。著《八旗文经》《雪屐寻碑录》《郁华阁文集》等。

锡钧，字聘之。蒙古族人，隶镶白旗，光绪三年（1877）进士，授编修，官至内阁学士。

丁立钧（1854—1902），字叔衡，号恒斋，丹徒（今属江苏省镇江市丹徒区）人。光绪六年（1880）进士，官至山东知府。晚得风疾。能以左手作书画，世颇珍之。立钧 17 岁中举。因连遭父母丧，27 岁方成进士，历官翰林院庶吉士、编修、山东沂州府知府。

周銮诒（1859—1885），清藏书家。字季贶，一字惠生，号贶斋。湖南永明（今属湖南省永州市江永县）人。15 岁以贡生入京师，名噪一时。光绪三年（1877）年仅 19 岁成进士，入翰林院任编修。光绪十一年（1885）为广东乡试考官。喜好藏书，对金石和篆刻亦精通。

上述四人为翰林院同僚，于光绪八年（1882）五月，相偕同游云居寺。

〇六六　海城陈兴亚等题名

海城陈兴亚介卿，北平赵文奎华臣，辽阳马冀良等，于民国壬申七月中浣，同游西域云居寺及小西天。

碑刻说明
民国刻。在云居寺。

题记考释
壬申，为民国二十一年（1932）。当年七月中旬，陈兴亚（字介卿）与北平（今北京）赵文奎（字华臣）、辽阳人马冀良三人游云居寺及石经山。两个月后的九月初九，陈兴亚故地重游，镌记于云居寺唐塔塔壁。

〇六七　陈兴亚石经山诗刻

藏经石洞白云封，千古争浤静琬公。南岳大师发始愿，而今谁解慧思功。民国壬申七月游　书作　海城陈兴亚

碑刻说明
民国刻。2000年，云居寺管理处工作人员在小西天山壑中发现此诗碑，残石3块，拼接后高92厘米，宽69厘米，厚8厘米，此碑现存于石经山施茶亭院内。

题记考释
陈兴亚在《游西域云居寺日记》中记载："此碑原在金仙公主塔旁。一则

为表彰慧思大师发始愿刻经之意。二则是为记发见藏经目录，皆与释教有大关系。"

诗碑刊于中华民国壬申年（1932）九月，诗题《民国壬申七月游书作》。民国壬申年即民国二十一年（1932），当年七月，陈兴亚与赵文奎、马冀良同游云居寺并石经山，在石经山作此诗，感慨刻经始愿人慧思不为人知。当年九月初月，陈兴亚刊诗碑。

寺院碑刻

云居寺由慧思开山于北齐，早期为石窟寺。慧思借助白带山顶的一处天然洞窟修行传道，座下有弟子一名，法号静琬。后来慧思南游，静琬留在白带山。隋代北周，静琬仍旧在白带山驻守。山下有泉叫智泉，山顶的这座小寺便叫智泉寺。隋代佛教复兴，静琬在白带山顶始刻石经。唐贞观五年（631），静琬在白带山下大规模扩建寺院，改名云居寺，同时在独树村建磨碑寺以为刻经场所，后又建石经上寺、东峪寺、中峪寺。此后历代皆有兴废。历史上重大的修复工程有十次，分别是：唐开元十八年（730）、辽应历十四年（964）、金大定二十年（1180）、元至顺元年（1332）、明洪武二十六年（1393）、明正统九年（1444）、清康熙十一年（1672）至三十七年（1698）。20世纪30年代，云居寺毁于日本侵华之战火。1985年8月开工，首先修复天王殿，至1999年，历时15年全面恢复，山门重光。历代碑刻，记录了修复的历史，可惜多已遗失。

本卷收录寺院碑刻15件：辽代2件、元代1件、明代2件、清代10件，其中收录碑文13篇、诗2首、碑阴题1则。

○六八　重修范阳白带山云居寺碑

邑人盐铁判官朝议郎行右补阙赐绯鱼袋王正述　前乡贡进士郑熙书并篆额

东北方之美者，有若燕山。燕山之殊胜者，有若云居寺。寺之东一里有高峰，峰之上千余步有九室，室之内有经四百二十万言。梵文泉兴，岩穴鳞次。嘉木荫翳于万壑，磴道曲盘于半空。拟西方密藏之山，则鹫峰龙窟。镇东汉秘文之宅，则天禄石渠。本自静琬高僧始厥谋，历道遑迨智菀诸公成其事。原夫静琬之来也，以人物有否泰，像教有废兴。传如来心，成众生性者，莫大于经。勒灵篇儆来劫者，莫坚于石，石经之义远矣哉。藏千万法，垂五百年。曾拔宅而此经存，海飞尘而此经在。粼粼白石，宁惧始皇之焚。岌岌碧岩，不畏会昌之毁。致此云居之寺，多以石经为名。佛宇经厨，僧坊钟阁，材惟杞梓，砌则琳珉。古桧星罗，流水环绕，璇提相望，门闼洞开。其中琢玉泥金，后素作绘。般尔之心匠，僧凯之笔精，皎皎然，煌煌然。逞巧计工，焉知几万。度材揆室，何啻数千。故太行之山，兹寺为中。若以东西五台为眉目，孤亭六聘为手足，弘业盘山为股肱，则佛法大体念兹在兹矣。

风俗以四月八日共庆佛生，凡水之滨，山之下，不远百里，仅有万家。预馈供粮，号为义食。是时也，香车宝马，藻野缛川，灵木神草，艳赫芊绵。从平地至于绝颠，杂沓驾肩；自天子达于庶人，归依福田。维摩互设于香积焉，焉将戒于米山。面丹崕者，熙熙怡怡，谓耆阇于斯。俯清流者，意夺神骇，谓殑伽无碍。醵施者不以食会而由法会，巡礼者不为食来而由法来。观其感于心，外于身，所燃指续灯者，所炼顶代香者，所堕岩舍命者，所积火焚躯者，道俗之间，岁有数辈。噫！佛之下生，人即如是。

先是庚子年，寺主谦讽和尚为门徒之时，会仆自皇后台操觚之暇，被褐来游，论难数宵，以道相得，和尚与仆约曰：夫人入仕，则竭忠以事君，均赋以利国，平征以肃民。出家则庄严以奉佛，博施以待众，斋戒以律身。尽此六者，可谓仕矣，可谓僧矣！自兹以别。迨今十五年，复与和尚会于此寺，仆以职倅于瀛，掌记于武定，廉察于奉圣，陟在宪台，迁在谏署，佐兹邦计有日矣。和尚则历纲维典寺事，见风雨之坏者，及兵火之残者，补正绍隆，迭有次序。以坛物毕萃于十方，故建库堂一座，五间六架。以庖人可供于四众，故建厨房一座，五间五架。以我佛方转于法轮，故建转轮佛殿一座，五间六架。以待宾不可以无位，次建暖厅一座，五间五架。又化助前燕主侍中兰陵公，建讲堂一座，五间七架。次化助公主，建碑楼一座，五间六架，并诸腰座。次建饭廊，二十三间四架，次又建东库，四间五架，次建梵网经廊房，八间四架，次盖后门屋一座。余有舍短从长，加朱施粉，周而复始，不可殚论。於戏！小人入仕之风不足畏也，和尚出家之理亦以至矣。乙丑岁，天顺皇帝御宇之十五载，丞相秦王统燕之四年。泰阶平，格择明。八风草偃，四海镜清。魑魅魍魉，即其鬼以不神。凤凰麒麟，亦背伪以归真。一金之施，期功德以绝伦。一介之士，欲风声之不泯。和尚庆此得时，恳求作记。

仆以静琬漂木涌泉之异，在唐临冥报记。诸公举俦刊助之因，在太原智邈碑。燕国土风之状，在室尚父昉文。更或润词，终成诞说。今之所纪，但以谦讽等同德经营，协力唱和，结一千人之社，合一千人之心，春不妨耕，秋不废获。立其信，导其教。无贫富后先，无贵贱老少。施有定例，纳有常期。贮于库司，补兹寺缺。维那之最者，有若前涿牧天水公珣，当举六条，甚敬三宝。次则三傅陇西缘，虽披法服，亦笃佛乘，说无缘为有缘，化晋果为善果。和尚则生生世世，应报宿缘。施者则子子孙孙，共酬前愿。故寺不坏于平地，经不坠于东峰。古者庐岳莲花，尚存芳躅。近者，恒山铁塔，亦录前身。夫如是，有客稽首灵岩，载为铭曰：

佛灭法住兮阎浮堪哀，凿空刊石兮静琬有才。仙衣拂兮尽不尽，劫火焚兮灰不灰。山河未坏兮几人见，乾坤相轧兮知谁开。龙神护兮有道则见，天人归兮求福不回。经五百年，千仞上夫何有于岁月。

和尚曰：善哉，善哉！敬佩斯语，敢告将来。

碑刻说明

辽刻。在云居寺北塔院西侧。文23行，行64字。《全辽文》见载。碑额篆书"重修云居寺一千人邑会之碑"。文后面刻有统和二十三年（1005）智光撰《重镌云居寺碑记》。

碑文考释

述记人王正，"邑人盐铁判官朝议郎行左补阙赐绯鱼袋"。

邑人，指本县人，辽时云居寺属涿州范阳县，可见王正为涿州范阳县人。

统和二十三年（1005）智光撰《重镌云居寺碑记》："皇朝应历十四载，寺主蕊荔谦讽，完葺一寺，结邑千人，请右补阙琅琊王公正作碑。"此处"琅琊"为郡望，而非王正籍属。

琅琊：山东东南部的古地名，在今山东省青岛市琅琊台西北。此地诞生了琅琊诸葛氏、琅琊王氏、琅琊颜氏三大家族。王正为琅琊王氏后裔。

盐铁判官：辽代五京制，分别为上京、中京、东京、西京、南京。各京设支度司，盐铁判官为支度司属官，从六品。

朝议郎：文散官名。隋文帝开皇六年（586）置，为八郎之首（余七郎为通议、朝请、朝散、给事、承奉、儒林、文林），秩正六品上，炀帝时罢。唐为文官第十四阶，正六品上。宋废。辽因唐制，抑或正六品上。

行左补阙：辽代在南面官的门下省和中书省分别设左谏院和右谏院。设谏议大夫、补阙等官。左补阙任职左谏院。

赐绯鱼袋：从唐朝开始，三品以上紫袍，佩金鱼袋；五品以上绯袍，佩银鱼袋；六品以下绿袍，无鱼袋。辽因之。

从王正的职分和官服看，王正述文时，其官职应不低于五品。

书碑并篆额者郑熙属为"乡贡进士"，郑熙亦是范阳县本地人。今房山区长沟镇北郑村为范阳县郑氏世居地，早在唐高宗麟德二年（665），北郑村郑服因父母疾瘥还愿在村中造塔一座，高六丈四尺，围如之。唐玄宗开元十五年（727）郑玄泰于云居寺山门之右再造七级石浮图。郑熙抑或为北郑村人氏。

庚子年，为辽太宗会同三年（940），相去15年为甲寅年即辽穆宗应历四年（954）。

据碑文考之，辽太宗会同三年（940）王正与谦讽和尚在云居寺结识，并一住数宵，纵论彼此志向。一去15年，王正早已由一介布衣成为地位显赫的官员，谦讽也由一个普通僧人成为云居寺住持，是年谦讽大规模重建云居寺竣工，二人再度于云居寺重逢。时至应历十五年（965），王正应谦讽之邀，为重修云居寺撰写碑记，这就是《重修范阳白带山云居寺碑》。

该碑为云居寺佛教史上的重要碑刻，反映了进入辽代后，云居寺由衰而盛的历程。

唐末五代战乱，致云居寺院殿宇荒废，石经镌造事业陷于停顿。辽会同三年（938），辽人入据幽州后，云居寺划入辽人版图。由于辽统治者的提倡和支持，云居寺开始转机，并再度兴盛起来。

辽王正《重修范阳白带山云居寺碑》曾记述辽应历年间云居寺佛诞法会的盛况：

风俗以四月八日共庆佛生，凡水之滨，山之下，不远百里，仅有万家，预馈供粮，号为义食。是时也，香车宝马，藻野缛川……从平地至于绝颠，杂沓驾肩；自天子达于庶人，归依福田……醵施者不以食会而由法会，巡礼者不以食会而由法会。观其感于心，外于身，所燃指续灯者，所炼顶代香者，所堕岩舍命者，所积火焚躯者，道俗之间，岁有数辈。

佛诞法会从一个侧面反映了当时云居寺的兴盛。

在这一背景下，寺院住持僧谦讽和尚于应历四年（954）对云居寺进行了大规模修复建设，应历十四年（964）竣工。共修建大小庙宇70余间。建库堂1座，5间6架；厨房1座，5间5架；转轮佛殿1座，5间6架；暖厅1座，5间5架；讲堂1座，5间7架；碑楼1座，5间6架；次建饭廊，23间4架；次建东库，4间5架；次建梵网经廊房，8间4架；次建后屋1座。不仅唐末五代以来，"风雨之坏者及兵火之残者"得以修复，而且扩大了云居寺规模。这次云居寺建设工程，是云居寺自唐末五代以来由衰而盛的一个重要转折。

同年，在谦讽和尚与辽官员朝议郎行右补阙王正合力倡导下，云居寺广联僧俗，结千人邑会。千人邑乃是中国古代为寺院募捐的社会宗教组织，据王正《重修范阳白带山云居寺碑》记载，当年云居寺的千人邑"春不妨耕，秋不废获。立其信，导其教，无贫富先后，无贵贱老少，施有定例，纳有常期，贮于库司，补兹寺缺。"千人邑的出现，反映了辽代云居寺复兴的广泛的社会基础。

谦讽等人结千人邑的目的，是为了"寺不坏于平地，经不坠于东峰"，也就是为了修寺护经，而五代以来中断了的石经刻造事业，尚无力恢复。

○六九　重镌云居寺碑记

燕京左街悯忠寺抄主无碍大师笔受　弟子沙门智光撰文　陇西李延照刊字

中邱庭境侨萨罗国西南三百余里至黑崒山寺，引正王为龙猛菩萨，凿疏山石，建立伽蓝，以释迦佛所宣教法，及诸菩萨所演述论，鸠集部别，藏在其中，期之永固，待室慈氏。东方震旦，燕城西南十余缮那至云居寺。按范阳图经：智泉寺僧静琬见白带山有石室，遂发心书十二部经，刊石为碑。次唐临冥报记：隋大业中，沙门智菀造石经，藏以备法灭。炀帝幸涿郡，内史侍郎萧瑀，皇后弟也，以事白后，后施绢千匹及余钱物，瑀永施绢五百匹，朝臣闻之，争共舍施。故菀得遂其功。

皇朝应历十四载，寺主苾蒭谦讽，完葺一寺，结邑千人，请右补阙琅琊王公正作碑。其文称最，或传于竹帛，或记于肺腑，成诵在口者亦众矣。顷因兵火，遂致伤缺。补阙子诸行宫都署判官都官员外郎赐紫金鱼袋教，念先人遗迹，出俸钱再修。王公与寺主无碍大师为心昭神宣，教以释智光乃考之执友资也，故命述重刊勒之事。时睿德神略应运启化承开皇太后，至德广孝昭圣皇帝御极之二十三年。

统和乙巳岁八月丁丑朔十一日丁亥记

碑刻说明

辽刻。在云居寺北塔院西侧。《重修范阳白带山云居寺碑》《重镌云居寺碑记》共勒一碑。碑额篆书"重修云居寺一千人邑会之碑"。

碑文考释

天顺皇帝御宇之十五载，即穆宗应历十五年，岁次乙丑（965）。时丞相秦王已统燕四年，此统燕京之丞相秦王为高勋，《辽史》卷八五有传。

至德广孝昭圣皇帝，圣宗耶律隆绪的尊号。"至德广孝昭圣皇帝之二十三年"，即统和二十三年（1005）。

统和乙巳岁，统和二十三年（1005）。

碑文称，应历十四年（964），云居寺住持谦讽和尚，全面修复云居寺，结邑千人，请右补阙王正书写碑记事。翌年，此碑建成，立于云居寺。"顷因兵火，遂致伤缺"。考宋辽史，云居寺所在的幽州地区，波及云居寺最近的一次战事，是"高梁河之役"。北宋太平兴国四年（979）五月平北汉后，未经休整和准备，即转兵攻辽，企图乘其不备，一举夺取幽州。辽景宗耶律贤得知幽州被困，急令精骑增援。辽军反击，宋军三面受敌，顿时大乱，全线溃退，死者万余人，宋太宗乘驴车逃走。辽军追至涿州（河北涿州市）乃止。这次兵燹，令此碑残毁，足见战祸之甚。

统和二十三年（1005），王正已经过世，其子诸行宫都署判官都官员外郎赐紫金鱼袋王教，"念先人遗迹，出俸钱再修"。这就是我们今天看到的《重修范阳白带山云居寺碑》，又称《千人邑会之碑》。当年，碑文镌就，王教的好友燕京左街悯忠寺沙门无碍大师笔受弟子沙门智光撰文，记载重镌此碑的原委附在《重修范阳白带山云居寺碑》之左，此即《重镌云居寺碑记》。

○七○　大都房山县小西天石经山云居禅寺藏经记

嗣临济宗英悟正印大禅师京大竹林寺住持传法沙门雪硐法祯撰并书

集贤大学士荣禄大夫陈颢篆额

佛氏之道大而用博，然以思议莫及，无德而名，不有系表之契，则恍惚杳冥，无得而窥焉。圣人悯物之迷，而欲以寤之也，设像垂教，以启迪诱引之，使之因指识月，寻波讨源，以融合乎用之博道，此三藏教乘之所由作也。皇元之有天下，列圣相承，崇重佛法，琅函玉轴，列刻争辉。仁宗御宇，尤笃深信，万机之暇，躬亲讨论。镂印经像，创建招提，皆设官以董之。今银青崇禄大夫中书平章政事太禧宗禋等院使明理董阿，时为密迩亲信大臣，特承顾问，凡所以弘护佛氏、兴隆三宝者，公盖有力焉。延祐二年春，御建佛会于涿郡。公旨奉赍香，往为代礼。因闻房山白带之东山有石经，厥绩甚懋，而长老归源云公适任住持，公故临观焉，徘徊顾眺，爱其山水奇秀，寺宇靖深，可为皇家祈福之所。而藏教缺然，僧徒无以转读。归以是奏，得经律论一大藏藏于寺。厥后，公辅相累朝，大节益著，四海蒙德泽者盖亦有年。当天历初，公实预大策，以佐命元勋入中书领今职。其丰功盛烈，铭之鼎彝，大书国史，足以荣耀万世。而眷眷佛门，为之金汤，以护法为己任，吾曹久知其所自矣。而当山石刻未树，昧其藏教之所从来。今住持长老行泽，号藏山，前以公疏，劝请主京之竹林。竹林，亡金旧刹也。既积弊废，公尝为奏，得田五十顷以施，选名僧居焉。泽住持凡四年，补苴罅漏，修饰寺塔，起废之功甚夥。及退席而来是山，亦公之荫。念无以旌厚德，具石乞文于余，余以山泽之曜，为学孤陋，乌足以膺来命。弟惟山野开法之初，公实奏御，抑与藏山为法昆仲，而义不得辞，乃谓之曰：昔吾世尊舍金轮位，亦修苦行，迨成心觉，而梵王请转法轮。当时太国王臣咸闻玉音，而誓愿拥护。及金河顾命，遂以佛法而付嘱焉。若曰：吾之灭后，非国王大臣威力，则吾法不立。今以时考之，若合符契。宁不知其所以然乎！且夫皇图巩固，万亿斯年，佛日之明，亦必与俱。而此一大藏教，转于未来，实无有尽。法既无尽，则吾仁皇之盛德与公之福寿庸有既乎？汝当告诸比丘，精进行道，常转法轮，以无负公之意云耳。若夫寺之创建前后，与石经镌刻始末，则见于寺之诸碑，兹略不书。

至元二年岁次丙子六月一日建

宣授进义校尉出蜡提举司正提举张彬助缘监造　石匠提领蔡□

功德主银青荣禄大夫中书平章政事太禧宗禋院使都典制神御殿事侍卫亲军都指挥使缮工司卿领太史院事匠作院使领回汉人二司天监事明里董阿

本寺愿首知事首座显果　提点显祖　□□宗主显道　监寺显福　副寺显昌　典座净海

碑刻说明

元刻。原在云居寺南引杖河东岸，1976年移至云居寺北塔院西廊。青石质，螭首龟趺。碑首高336厘米。

碑文考释

碑文载，仁宗延祐二年（1315）春，仁宗皇帝在涿郡（今河北涿州市）御建佛会，明里董阿，奉仁宗圣旨，前往涿州，代仁宗进香礼佛。他听说房山白带东山有石经，便前往观看，到了白带山云居寺，徘徊顾眺，爱其山水奇秀，寺宇靖深，可为皇家祈福之所。只可惜寺中没有大藏经。回朝后，明里董阿向仁宗奏明，仁宗赐云居寺经律论一大藏。当年云居寺住持为"归源云公"。

考元史：

明里董阿，仁宗时为翰林学士，英宗至治元年（1321）任匠作院使，泰定帝致和元年（1328）初为河南行省，当年八月，擢为参知政事。后历天顺帝、文宗、明宗、宁宗，先后任大司农、中书平章政事、江浙行省平章政事。顺帝继位，为中书平章政事，与速速并领储庆司事。至元六年（1340）九月，以某不轨伏诛。仁宗延祐二年（1315），明里董阿来云居寺并奏赐大藏经时，职分为翰林学士。

时过21年，元顺帝至元二年（1336），云公早已仙逝，明里董阿由翰林学士，成为银青荣禄大夫中书平章政事，并有许多其他职衔，成为朝中重臣。云居寺住持行泽和尚伐石立碑，记载仁宗延祐二年（1315）明里董阿之功德。

碑中还记载了行泽的事迹。

行泽，号藏山。此僧与明里董阿有很深的渊源。早年明里董阿奏请顺帝，荐行泽做了大都竹林寺住持，在明里董阿的支持下重修竹林寺。明里董阿又奏请顺帝，赐田五十顷，选名僧居寺。行泽住持竹林寺四年。退席后来云居寺，做了白带山云居寺住持，也是明里董阿相助。此僧感念明里董阿恩德，为其树碑于云居寺，记述其奏赐大藏经功德。碑文的撰者和书者法帧，是元代著名高僧，元顺帝封他英悟正印大禅师，行泽自竹林寺退席由他继席住持。

《补续高僧传·卷一法帧传》：

"法帧，字蒙隐，雪涧其号也。蒋氏，其先曹之定陶人，家世阀阅。宋靖康间，高曾避金兵，徙淮西寿春，因家焉。父德胜，将兵取襄阳有功，封济阴侯。母鲁夫人，严而贤。师生岐嶷，龆龀习诗赋声律，日记数千言，然气羸疾瘵，每病则濒死，术者以为非寿者相，父母舍之出家。事退庵无公大讲师落发，十七入讲肆，通经论大旨，开官讲于建邺，声华夺席。寻入京师，告单庆寿，太尉驸马沈王日请入府说法。延祐丙辰，被旨即庆寿开堂，移易州之兴国。逾年，两奉诏，翻译菩提行释论二十七卷。西夏僧慧澄译语，师笔受缀文，一言三详，删治一出于师，所司供给。仍指授画工，于大内宝云殿，绘高僧像八十八龛，师作八十八传，金书其上。初皇庆之开举场也，蒙古色目习三场举业，渐染朱熹之说，谓佛语为诞妄。诏翰林虎承旨妙三藏与师三人，以张天觉护法论译为国语以化之。英宗即位，将以大藏经治铜为板，而文多舛误，征选天下名僧六十员雠校，师与湛堂西谷三人为总督。重勘诸师所较，仍新为目录，旌赏特加。泰定至顺之交，教门有大故，师必预议秉笔。后至元丙子，被两宫诏旨，主南城大竹林。至正戊子，诏重译菩提行颂文，陛见于大口行宫，上以汉语呼师号而面谕焉。是年，俗儒王溥、张琅陈言僧道之弊数十条，省部从其说，将行移文檄，师为驳邪论以辟之，其议遂寝。又江西儒学官涂以义上数千言，其大旨欲尽毁天下寺观，僧道归俗，财产没官。师为公牍，回省部，折其邪说。乃止。甲午，迁潭柘之龙泉。

"师开堂出世四十余年，膺累朝眷顾，凡皇家大会演法师为巨擘，王公有识大人皆望尘加敬，名声振寰宇。碑志文言，殆遍海内。性明敏，经书过目成诵。其于性相教义、禅学密乘，与夫孔老百氏、经子史集，无不该览。发为文章致雅健，要为不蹈袭前人，蔚然自出机杼，成一家学。胸襟倜傥无芥蒂，爱自莅事，虽赏罚公行。未尝藏怒宿怨，性不猜贰，遇人一言之快，则倾倒肝腑。闻后进之善，欣欣然似出诸己。见不善，亦必苦口规训。五读华严大疏，两阅大藏，年逾从心，而自强不息，禅诵益勤。

"其主潭柘也，力起颓废，丛林为之一新。施己衣资钞一万三千五百余贯，十方檀施钞四千四百余贯。因缘相资，故致有成。且为之储积年粮，安集云水，一诚感格。五年中七现祥光，师不之恤，唯以传佛心宗、唱高和寡为甚恨。师为文不存稿，多散失而未刊，进士葛天麟，撰师行勒之石。未详所终。"

按法帧传，"后至元丙子，被两宫诏旨，主南城大竹林"。他继主竹林寺，正是他撰书《大都房山县小西天石经山云居禅寺藏经记》的顺帝至元二年（1336）。"甲午，迁潭柘之龙泉。"至正十四年（1354），法帧离开竹林寺，任潭柘寺住持，他在竹林寺整整驻锡18年。

法帧博学能文，"碑志文言，殆遍海内。……发为文章致雅健，要为不蹈袭前人，蔚然自出机杼，成一家学"。可惜"文不存稿，多散失而未刊"。法帧存世的文章鲜见，《大都房山县小西天石经山云居禅寺藏经记》愈显珍贵。

〇七一　石经寺施茶碑记

钦天监司天台官涿郡人王泽民撰

涿州房山县西数里有石经寺，俗称小西天，始自北齐。至隋大业中，沙门静琬，睹灵迹华丽，因发愿用石板镌经十二部，藏于石窟，以避水火不失故也。前后左右，嵯峨雄峙，乃邑之胜概也。时万历癸巳夏五月，僧达观大师，见山顶石殿内，佛前漫石一方，较傍稍低，欲起垫平之。既起，下有穴，穴有石匣，上书隋大业年号。启匣视之，内有金匣，匣有金瓶，盛佛舍利三颗，众拜视之。观曰："此佛灵宝也，不可隐之。"因进于上。上既见，遂献于慈圣皇太后，圣母供于宫。至八月内，圣母复用玉函，遣官送回本寺，仍葬于殿内。由是远近瞻仰者，摩肩接踵，较前犹胜焉。山半平处有佛殿一座，每跋者至兹，莫不憩息。有善人李君并西峪僧众，个捐己资，于殿之两傍，建立茶房六间，会金备果，于正月接登者，计岁六载。于是，会首李君等请予为词，固辞弗获，以记其兹，于殿之始末。若夫佛教崇兴与夫寺之修创者，具载西峪之碑，予不费遗云。

涿郡人王任用

岢万历丙申岁春二月吉日立石

碑刻说明

明刻。在石经山施茶亭院内。碑首高60厘米，宽86厘米，厚16厘米。碑身高124厘米，宽80厘米，厚14厘米。碑座宽105厘米，厚58厘米。方首圆角，雕饰祥云。碑额篆书"万古流芳"。阴额篆书"石经寺施茶馆"。

碑文考释

万历丙申岁，为万历二十四年（1596）。

"涿州房山县西数里有石经寺，俗称小西天，始自北齐。"该碑记载云居寺

始建于北齐。

此文述及达观大师发现佛雷音洞佛舍利，送到官中，慈圣太后供养后，奉归本山归安的史实，可与明《复涿州石经山琬公塔院记》《涿州石经山雷音窟舍利记》相互印证，亦为云居寺明代珍贵碑刻。文中记述发现雷音洞佛舍利为万历癸巳，即万历二十一年（1593）乃误，实则在万历壬辰，万历二十年（1592）。

施茶亭的前身，为唐乾符（874—879）年间僧人藏贲所建义饭亭，后世改为三间佛殿。文称：佛舍利归安后，"远近瞻仰者，摩肩接踵，较前犹胜焉"。于是善人李君，与西峪寺僧众，各捐己资，在佛殿两旁，增建茶房六间。此为施茶亭施茶肇始，由碑阴题额可知，当时为石经寺的施茶馆，并无施茶亭之名。

据碑文所述，李君并西峪寺僧众施钱，在半山的三间佛殿旁增建茶房，应在万历二十年（1592）佛舍利自皇宫归安后，这一年可视为明代施茶亭创立时间。

碑文云：李君等"会金备果，于正月接登者，计岁六载"。到万历二十四年（1596）为时六载，那么施茶亭创建年代应为万历十九年（1591）。碑文前面分明记载，建茶房在万历二十年（1592）佛舍利归安后，这种前后矛盾的记载令人费解。或是因为作记者记述混乱所致。如果李君等"会金备果，于正月接登者，计岁六载"属实，则是李君等自万历十九年（1591）"会金备果，于正月接登者"于前，万历二十年（1592）建茶房于后。

〇七二　小西天施茶亭新建石记

粤自我朝圣天子神威起武，创立疆宇，贵有天下，富有四海焉。大凡名山洞府，何省无之？或者名实不相顾耳。兹房山县西南约五十里有山，名曰小西天，以石藏名焉。上有七洞，下有一穴，自隋静琬尊者创刻四大部石藏贮焉。雷音殿内石佛座下金匣内藏佛舍利三颗，至今显然。是山也，谓之小西天，有其名矣。因之有舍利石藏，有其实矣。名实兼全，所称名山，岂不美哉且盛也欤！因是四方四众，遐迩皆闻。每岁新正，并肩接踵。进香游礼，相继不绝。奈山遥旷野，并无土居人氏，亦无止渴憩息之所。有本境石门村善人高万库等虑及于此，由是纠合各乡众善五十余人，会积钱粮，每岁在于施茶亭内施茶结缘，奉候往来进香善众。一则吃茶解渴，二则少歇暂存。或上或下，各得所宜，不至困急。蚤虑会中后昆，有不发善心，绝此善念者，立石于亭内，勒名于上，俾后人睹斯，相继施茶不绝，此善心可谓诚矣至矣。故此立石，用垂不朽。是为记。又重修茶房陆间。

旹天启三年岁次癸亥腊八佛成道日立石

碑刻说明

此碑立于石经山施茶亭院内，明天启三年（1623）立。碑首高60厘米，宽85厘米，厚16厘米。碑身高124厘米，宽80厘米，厚15厘米。方座方首。碑额正书双勾题"万古流方"，阴额正书"施茶芳茗"。

碑文考释

通过文中记述可知，明天启时，已有施茶亭之名。明时，每年正月，远近信众并肩接踵，来山进香游礼，相继不绝。石经山路途遥远，又在旷野，沿途绝少居民，中途没有休息解渴的地方。因此，石门村善人高万库等人，联络各乡众善五十余人，组成善会，捐积钱粮，每年在施茶亭内施茶结缘，奉候往来进香善众。一则吃茶解渴，二则少歇体力。善众还重修了明万历增建的六间茶房。这是施茶亭的第一次重修。

此碑是研究明代石经山佛教活动，及石经山施茶亭沿革的重要碑刻。

碑阴

顺天府涿州房山县独树里各村善人施芳名

钦差督理三山催运石料兼管道路内官监太监王向、于□□。

香头高万库。

田自忠、高尚臣、庄自宣、□其思、张进文、李仓、王金寿、白宝恺、邢□忠、高进同、邢自春、黄世臣、□世□、□□□。

周悦、张自荣、朱宁、明亮、真学、张立金、□□□、陈仲支、陈仲荣、陈仲科、陈仲火、高进忠、李守正、□□□。

管事

张守支、毛进忠、高万金、艾平、张世宝、冯世银、邢光登、邢光明、王进贵、邢光科、高万良、高自杰、曹世杰、曹世亮。

邢自成、马仓、冯朝相、高天亮、高天福、朱大人、韩龙、尚自荣、胡世岳、郑宝山、郑宝玉、石大江、王进忠、□虎、崔□□。

王进科、隗科、性福、性心、何进孝、高进朝、李进官、李得道、闫廷世、王秦、庄彦□、郑世佐、刘景安、戚学□、王万□、真太。

李宗仁、□□□、张明□、陈大州、高自官、陈大□、崔世秀、李□□、李世良、高世□、王甫□、苏尚义、邢自立、邢光亮。

高明□氏、高□□□氏、高□□赵氏、高自友。

刻字刘□亮、李自豹、苏虎。

碑文考释

碑阴记载顺天府涿州房山区独树里各村高万库以下95位施茶善人的名字，根据姓氏分析，有高庄村高姓、前石门村邢姓、岩上村张姓、广润庄冯姓等等。

施茶善举还有内官监王姓、于姓两位太监参与，其职衔为"钦差督理三山催运石料兼管道路"，由此可知，这两位太监是负责督运汉白玉石料，兼管运石道路修缮的。这说明，直到明末的天启三年（1623）明代皇家大石窝采石仍在进行。

○七三　重修范阳白带山云居寺碑记

大护法功德主撰

房山县治之西南，有山曰愁题，以草名也，曰香树，以树名也，曰石经，以经名也。或曰山麓之半，时有白云往还其间，故寺曰云居。又曰：上人开世，代有其人，差有似乎双林入水者，亦称小西天。嗟乎！吾固知凡名之久而弥章者，类非好事者为也，必自有其能章者在也。然谓其能章也，遂任其天而不知者，又乌知其阅千百年不浸淫，而日就于湮没也耶？然以吾知释氏教，盖幻视一切者也，胡为乎慧师、琬公穷深极思，于北齐及隋大业时，勒梵典诸经，藏之石室，至山以经名。历唐、宋迄今千百载，其间之沧桑变迁者不知凡几，而所为石经者如故，而寺亦与之垂久而弗替，夫亦始志坚而继之者赖有人耳。先是，唐开元时一修，迄元至正年有朝鲜僧募修石经华严堂而去，迨明洪武正统间复修之。至万历壬辰，有达观和尚者，睹庙貌衰、经版残蚀，拊幢号痛。是夜风雷为来，光照岩壑，而究不能振兴。我清世祖章皇帝时，老僧如全复稍稍修治之，又数十年矣。兹则颓者益颓，而残者且日就剥落，超古师愀然曰：吾竺乾家设教以幻，宁传其教者，可与幻等乎？是匪特非慧师、琬公志，将并西来之意失之矣。用是秉精诚，发弘愿，凡经台、石洞、东域、西域、梦堂、双塔、戒坛，旧者新之，朽者易之，颓而缺者葺以补之，蚀而残者疏之护之，为殿，为庑，为寮室，为门奥，一如慧师、琬公之规而拓之扩如也。经始于康熙壬子之岁，工未完而超古大师圆寂归西，复有法嗣明广师，因规矢愿，告竣于戊寅之年。落成之日，藏经石版，犹存七洞。三穴峥嵘，崧题郁葱，香树苾芬，皆若为西域山川生色者。噫！超古、明广二师，可谓能继其志者矣。使后之人复能踵而为之，则石经诸胜之久于传可知也。吾故乐而纪之。若夫此山，自古神异之迹，累朝碑志具在，无俟更述。今以重修，是又为序。

旹大清康熙三十七年岁次戊寅三月丙辰朔初三戊寅日立

碑刻说明

清刻。在云居寺毗卢殿左侧。碑首高120厘米，宽124厘米，厚50厘米。碑身高235厘米，宽118厘米，厚46厘米。

碑文考释

康熙壬子，康熙十一年（1672）。

碑文历述云居寺的历史和历代修建经过：

"慧师、琬公穷深极思，于北齐及隋大业时，勒梵典诸经，藏之石室，至山以经名。历唐、宋迄今千百载，其间之沧桑变迁者不知凡几，而所为石经者如故，而寺亦与之垂久而弗替，夫亦始志坚而继之者赖有人耳。"

唐开元时重修，元至正年有朝鲜僧募修石经华严堂，明洪武、正统间两次重修。清顺治时，老僧如全复稍稍修治，几十年过去，颓者益颓，残者日就剥落。康熙十一年（1672），溟波超古重修暴经台、石经洞、东域寺、西域寺、梦堂庵、南北双塔、戒坛。工未完而超古大师圆寂归西，法嗣弟子圆通接续工程，前后两代，历时27年，于康熙三十七年（1698）告竣。

这是清代以来，首次对云居寺进行大规模全面修复，为清代云居寺的恢复传灯奠定了必要的基础。

〇七四　重修云居古刹碑记

京师千年古刹□□□□□□西域大云居寺□□□□□□□□□□□□祖也。静琬法师宏阐宗风，一时奉为慧炬。译石勒石，凿崖以藏，迄今隆然与寺相望。寺之所从来尚矣，而犹以石经传，乃千余年来寖兴废，金碧庄严，鞠为茂草。残碑断碣，零落荒野。寺之故迹几不可问，而石经亦淹没而不彰。我朝康熙初，溟波和尚复于此开山，莲台金地焕然一新，参上乘者五百余众，千余年选佛之场盖后先辉映。为其法嗣一传而圆通，再传而了尘，弗替嗣服，鸠工庀材，筑大悲坛、藏经殿、比丘坛。灵鹫嵯峨，青鸳闶敞。视溟波法力，殆相颉颃。登宝地者犹识为古藏经处也。夫佛家之有大藏，犹吾儒之有六经，传薪传灯，俱恃以不朽。我皇颁发藏经，斯寺亦得奉贮焉。缅寺之肇建也，以刻石经而显。而寺之在熙朝也，以贮藏经而盛。佛力之大，复荷圣天子之鸿庥，则三摩初地，不诚有于万斯年，永寿无量者哉！余奉命祀陵过此，了尘以为请，遂为之记，且系以铭曰：

鹿苑初基，石经汇今。皇哉昭代，金宇重鋩。宠被香城，仁霑净土。光兹贝多，诞锡厥祜。灵兆肹蠁，圣德延法。大千三界，垂诸无穷。

大清乾隆八年岁在癸亥夏四月　多罗宁郡王弘晈记并拜书

碑刻说明

清刻。此碑立于云居寺祖师殿前，方首圆角，青石质。碑首高64厘米，宽74厘米，厚22厘米。碑身高143厘米，宽72厘米，厚20厘米。碑座高46厘米，宽104厘米，厚44厘米。碑额篆书"瞻奇仰异"。

碑文考释

文中记载清康熙朝溟波云居寺开山，重修云居寺，住僧"上乘者五百余众"的盛况。溟波一传圆通，再传了尘，了尘建大悲坛、藏经殿、比丘坛。

碑文考释

据碑文中述和落款属名，多罗宁郡王弘晈奉高宗旨祀雍正泰陵，路过云居寺，应云居寺住持了尘之请，撰此碑文并书丹。了尘，河北河间县人，姓陈氏，法名实福，号了尘。云居寺重开山第三代、传临济正宗第三十五世。

弘晈，为清宗室爱新觉罗氏，字镜斋，号东园，自号秋明主人、镜斋主人。室名春晖堂。弘晈是康熙之孙，其父怡贤亲王爱新觉罗·胤祥，为康熙第十三子。弘晈生于康熙五十二年（1713）癸巳五月二十五日辰时，为胤祥第四子。母嫡福晋兆佳氏，尚书马尔汉之女。雍正八年（1730）封为宁郡王，乾隆四年（1739），高宗责他"私相交结，往来诡秘"，"渐有尾大不掉之势"。尽管保住了王爵，但遭此打击后，心灰意冷，故而想远离政治，以养菊自娱。据说，他曾得到南方洋菊佳种。他养的菊花分神品、逸品、幽品、雅品诸种名目，达数百种之多。他还能自制精扇，名东园扇，一时士大夫争购之，以为赏鉴。乾隆二十九年（1764）甲申八月十四日丑时薨，年五十二岁，谥"良"。

弘晈父胤祥墓，在保定市涞水县以北的石亭镇东营房村西云溪水峪，与云居寺所在的大石窝镇隔拒马河相望。

○七五　云居寺大悲殿记

京城之西有寺曰大云居寺，自唐静琬禅师创始也。迄乎我朝，溟波上人复重修之。磴列千级，殿凡五层，其第六层曰大悲殿。大悲者，观世音菩萨之变相，苏子瞻所谓菩萨千手目与一手目同也。盖建自今之了尘上人。上人夙根灵慧，能通内外方，卓无碍锡，酿金爨土，因建是殿，庄严壮丽，与前殿称。我皇上颁给藏经，奉贮其间，四方瞻拜者往来不绝，京师一大名刹也。余祀陵使竣，经过其寺，经尘导余游，述其本末，乞余为记。余惟大云居寺之兴自唐以来千五百年于兹，中间世运之递迁，与夫万物之成毁，吾不得纪也。而此寺之岿然独存，岂佛之灵阴庇无量耶？抑后之来过者踵而修之，延延绵级，得以不废耶？昌黎有言："莫为之前，虽美弗彰；莫为之后，虽盛弗传。"静琬创于前，溟波修于后，今了尘又建是殿焉，则后此之相继而兴者，吾文恶知其所终极耶！且夫佛固以慈悲为心者也，静琬、溟波又以佛之心为心者也。菩萨具大悲大愿力，能以一身化千万亿身，以度众生，了尘又广菩萨之心为心，固以静琬、溟波之志为志也。余既喜斯寺之久传，而又嘉了尘之善继也。于是乎书。

大清乾隆八年十月上吉日　多罗慎郡王允禧撰并书

碑刻说明

清刻。在大悲殿。此碑刊立于清乾隆八年（1743），方首圆角，青石质。碑身高44厘米，宽30厘米，厚20厘米。碑座高86厘米，宽110厘米，厚50厘米。因此碑已残，现大部分残碑保存在大悲殿北侧角屋内。碑座及残碑部分立于大悲殿院内。

碑文考释

允禧，为清宗室爱新觉罗氏，原名胤禧，因避雍正帝讳改胤为允。字谦斋，号紫琼，亦作紫嚑，别号紫琼崖道人、春浮居士等。清代画家、书法家、诗人。康熙皇帝第三十一子，康熙五十年（1711）正月十一日出生，雍正八年（1730）二月封贝子，五月进贝勒。雍正十三年（1735）进慎郡王。

允禧自幼便淡泊名利，无心政治，专心于笔墨丹青，擅长山水、花卉，"笔致超逸，画风清淡"，山水得力倪瓒，时人评为"本朝宗藩第一"。亦能诗，乾隆帝列其诗"国朝诗别裁之首，以代钱谦益者"。集有《花间堂诗钞》《紫琼崖诗钞》等。

乾隆八年（1743）十月，允禧奉旨前往易县谒泰陵，路过云居寺，云居寺住持了尘和尚领着他游览云居古刹，寺中大悲殿恰好落成，应了尘请求允禧作了这篇碑记，并亲书于碑。碑中，允禧略记云居寺自静琬创建以来一千余年的兴废，赞扬了清代溟波重修寺院、了尘再建大悲殿之功德。

允禧卒于乾隆二十三年（1758）五月二十一日，终年48岁，谥靖。

了尘，河北河间县人，姓赵氏，法名实福，号了尘。圆通弟子，云居寺重开山第三代、传临济正宗第三十五世。

〇七六　云居寺瞻礼二十韵

芳春蔼郊圻，和风敷暖篝。廿里控青骢，寻径度崖崿。临蹊柳线柔，铺甸莎茵薄。畎亩农事兴，兆庶始东作。延览不觉遥，鸣珂历村落。遂莅古云居，崇麓瞻层阁。境接小西天，华严隋季凿。石洞隐嵌崎，经版藏邃壑。世尊现法身，七宝缀璎珞。具足大威神，白毫光煜爚。三乘超尘凡，九品舒莲萼。癸岁六龙来，赐额奎文博。初地今始游，拈吟纪其略。瓣香祝年康，民安消众恶。兼爱念同胞，先忧期后乐。治理即禅修，守成首俭约。万几待其来，洞达原无著。一饭亦前缘，茗椀山泉酌。小憩启征途，不住等行脚。信马陟坡陀，回首林烟漠。

嘉庆十有四年岁次己巳季春月上浣御笔

碑刻说明

清刻。清嘉庆御碑，卧碑，青石质，原在云居寺行宫院，1999年移于弥陀殿院内。僧帽式碑首，雕二龙戏珠，碑座须弥座式。碑首高54厘米，宽220厘米，厚55厘米。碑身高120厘米，宽204厘米，厚33厘米。碑座高80厘米，宽240厘米，厚55厘米。嘉庆分别于十四年（1809），十八年（1813）两次驾临云居寺，第一次留下《云居寺瞻礼二十韵》诗，立碑镌于石，诗落款："嘉庆十有四年岁次己巳季春月上浣，御笔"。下有玺宝两方，一为白文"嘉庆御笔之宝"。一为朱文"执两用中"。碑阴为《再游云居寺》。

碑文考释

嘉庆于十四年（1809）三月，嘉庆帝驾临云居寺，驻跸行宫院。自京城而来，春色融融，一派太平景象，兴致所至，作了这首《云居寺瞻礼二十韵》。

寺中迎驾的是云居寺重开山第六代住持、传临济正宗第三十八世焕公和尚。焕公，俗姓赵，法名达焕，号大乘，广平（河北省邯郸市广平县）人。嘉庆十五年（1810）示寂于云居本院。

诗中"癸岁六龙来，赐额奎文博"句，是说"癸岁"先皇高宗乾隆帝曾驾临云居寺，御赐云居寺诸殿匾额。除此，寺碑无乾隆临寺记载。考民国十七年（1928）《房山县志·卷八·艺文》，有乾隆十八年，乾隆御制云居寺诗八首，乾隆十八年（1753），为癸酉年，恰是"癸岁"。

由此可证，嘉庆诗中"癸岁六龙来，赐额奎文博"，是追忆乾隆十八年（1753），乾隆帝驾临云居寺御赐诸殿匾额事。乾隆当年所赐匾额均已遗失，所幸《房山游记汇编》载法国人蒲意雅《记石经山西域寺》一文，文中记载分明：

毗庐殿内匾额："慧海智珠"；两旁对联："林外钟声开素月，阶前幡影漾清辉"。

释迦殿外匾额："耆窟香林"；两旁对联："石洞别开清净地，经函别护吉祥云"。

药师殿内匾额："香云常住"。

弥陀殿外匾额："金轮正觉"；弥陀殿左文殊殿外匾额："慧海慈航"。

大悲殿外匾额："莲台净域"。

以上是"癸岁"乾隆十八年（1753）乾隆帝驾临云居寺，赐云居寺匾额和对联。自毗庐殿至大悲殿，乾隆一一赐匾，弥陀殿之左配殿，亦赐匾，共赐六匾。而毗庐、释迦二殿各赐对联一副。可谓圣眷空前。

当年，乾隆御制云居寺诗共七首，其中从动身到云居寺经历的一首，其余六首为云居寺、石经山吟咏。

云居寺廿韵 明发事清游，村烟淡霭浮。欲暄春旭丽，不冷晓风收。历历遵原陌，行行度野沟。杏含红见远，柳怯绿疑偷。近视花原未，明看枝已柔。问谁开谢墅，闻说是菟裘。（经尚书传鼐别墅）入谷溪偏隘，寻逵骑半留。村民瞻露冕，缇士漫鸣驺。恍到琉璃界，纷迎云水俦。行营刚廿里，古寺阅千秋。碑字传真观，莲经悟比丘。庄严信希有，名象许诠不。潇洒坐精舍，檐楹揭素帱。藉因休众倦，便以纵晴眸。僧进伊蒲馔，鹤弹梵贝喉。此来探胜赏，讵为访禅修。经洞犹云表，崖途有瀑流。要凭穷一览，未去更他投。曩者遥瞻企，佳哉今取酬。

佛宁擅独乐，我祇励先忧。

西域寺　群山西北走幽燕，客与岩阿住宿缘。石室有经来白马，恒河何日长青莲。龙随法雨潭中出，尘引天花座上悬。一自南能留偈后，千年空指佛灯传。

香树林　拈花微笑那传心，般涅槃成离古今。可惜阇黎多附会，未知大地是香林。

概云轩　云居已据胜，概云最佳致。疏轩纳远望，跻陟得清寄。流憩倚文榻，属咏托遐思。籁声泛金石，塔影落空翠。分付舍利光，记予乃初至。

石井　竹树葱翠间，峰腰潫玉乳。山灵泉必灵，名言传自古。抱珠守苍龙，云气时吞吐。流为功德水，香积悦法侣。何当合肤寸，遍作春郊雨。

石经洞　预虑昌黎论，先为二酉藏。义都兼半满，世已阅隋唐。扃钥真弥固，法轮岂系常。拟方杜元凯，犹觉欠周防。

声轮涛　绝峭忽宙平，牝洞依阳巘。何年耆阇窟，中网三车典。空色难为方，喧寂信皆善。大士坐如如，万劫法轮转。随意欣始遇，于斯念不浅。

○七七　再游云居寺

西域花宫曾驻鞯，重来又值暮春天。云居有境真超俗，世相未除漫问禅。兼爱止仁原一理，修儒习释总随缘。瓣香瞻礼抒虔祝，岁稔民安教化宣。

癸酉季春月御笔

碑刻说明

清刻。嘉庆十八年（1813），嘉庆帝第二次驾临云居寺，题《再游云居寺》诗一，落款："癸酉季春月御笔"，下有玺宝两方，一为白文"嘉庆御笔之宝"，一为朱文"执两用中"。

碑文考释

"西域花宫曾驻鞯"，"西域花宫"即云居寺行宫院。嘉庆十四年（1809），嘉庆帝曾驻跸云居寺，所以说"曾驻鞯"。

"重来又值暮春天"。时隔四年，嘉庆帝再临云居寺，故云"重来"。四年前是在三月，这是又是在三月，所以说"又值暮春天"。诗中阐发了这位帝王对儒道和佛法的领悟，表达了儒释教化和岁稔民安的良好愿望。

寺中迎驾的是云居寺重开山第七代住持、临济第三十九世辉公和尚。辉公，俗姓刘，法名悟辉，字福渊，山东兖州府汶上县（今山东省济宁市汶上县）人。

〇七八　西域山大云居寺重修大悲坛碑记

盖闻人天路上，作福为先。功德海中，布施第一。大云居寺者，始建于隋，历迨唐、宋、元、明至我圣清以来，代代出高僧、檀那，皆护法。旧有大悲坛，年深日已久。有皈依弟子优婆夷真善，系前任贝勒绵府之侧室，皈依于三宝，秉受菩萨戒，庄佛供斋僧，功德无有量，感化于夫主，同皈依三宝，法名为真明，喜助诸功德。真善发大心，捐赀重修建殿宇，顿然新佛像，并庄严幢幡，及供器、香、花、灯悉备，礼忏作佛事，普供养三宝，功德高如山，愿深如巨海。愿世世生生，三宝作功德。以此功德愿，回向佛菩提。佛愿如大海，普渡于群迷。我愿如水滴，愿出苦沉沦。水滴入佛海，万劫不能竭。回向此大愿，同证佛菩提。

皈依第七代上悟下辉老和尚之弟子法名真善捐赀重修

继席云居寺第八代住持明文真达刻石

时维大清道光八年五月端阳后六日

钦命僧录司印堂拈花寺住持传贤首宗三十二世体宽通申和南撰并书

碑刻说明

清刻。在大悲殿院内。方首圆角，首身一体，青石质。碑首高65厘米，宽82厘米，厚23厘米。碑身高135厘米，宽80厘米，厚21厘米。碑座高82厘米，宽107厘米，厚44厘米。碑额正书"永垂不朽"。

碑文考释

此碑记载皈依弟子真善捐资重修大悲坛事迹。碑文说真善是"第七代上悟下辉老和尚之弟子"。

碑中说真善"系前任贝勒绵府之侧室"。

道光七年（1827）八月《孝女张氏法名真善功德茔地碑记》："兹有前任贝勒讳绵律之张侧室，善根淳厚，佛地缘深，发心皈依第七代上福下渊辉公和尚为三宝弟子。"那么，真善姓张，是绵律的侧室。

绵律，为清宗室爱新觉罗氏，父一等镇国将军永璨，母妾舒穆禄氏，祖父弘瞻是雍正皇帝第六子，过继给康熙帝第十七子果亲王胤礼为嗣。绵律生于乾隆三十九年（1774）二月，乾隆五十六年（1789）七月继断给伯父果简郡王永瑹为子，袭贝勒。嘉庆十一年（1806）五月他因事被废去贝勒爵位，故称"前任贝勒"。

真善"皈依于三宝，……感化于夫主，同皈依三宝，法名为真明"，绵律受其侧室真善的影响，也皈依佛门，法号真明。绵律于道光十一年（1831）十二月病故。

从此碑看，清代宗室中，亦有人于云居寺皈依佛门，这从一个侧面反映了清代云居寺香火之盛。

〇七九　西域云居寺千佛殿碑记

夫天地者万物之父母，人为万物之灵，循生迭起，古今成焉。其间善者降之百祥，不善则降之百殃。而天地初不容心也，一言之善，其心之诚伪难知，一事之善，其心之安勉莫测。惟不假言事而昭然若揭，显然在前者，则惟以有形之物，形无形之心，而为人所共见。此西方圣人以像示教，使天下后世建立寺院，装严佛像，万古不磨也。西域寺古刹也，千佛殿居上层，年代久远，金碧录落，而诸佛菩萨衣裳珠履之饰亦多残缺。有宗室张氏者，好善有年，礼佛斋僧，已征信念，兼之有同怀，更偕绍兴董氏一同焚香，誓愿共矢。虔诚捐金鸠工，油色彩画，无不如法。至今瞻礼法像，不曰焕然改旧，而以为佛日增辉也。于是即说偈曰：

皇矣能仁，抚期应世。能觉有情，慈悲充积。居伽耶城，坐菩提树。静演三车，真如密谛。般若慈航，光明法炬。普渡众生，得大解脱。

宛平吕延烈撰并书。

宗室张氏，法名真善，施钱一千五百吊。

马门董氏，法名真如，施钱五百吊。

旹维道光九年四月谷旦　监院悟祥　监督真仁　住持真达　仝立石

碑刻说明

清刻。在千佛殿院内。方首圆角，青石质，雕有二龙戏珠，海水江崖，首身一体。碑首高65厘米，宽80厘米，厚23厘米。碑身高130厘米，宽77厘米，厚20厘米。碑座高43厘米，宽95厘米，厚44厘米。额题正书"万古流芳"。

碑文考释

据碑文记载可知，宗室张氏法名真善和绍兴马门董氏法名真如施钱对云居寺千佛殿进行了油漆彩绘，并对诸佛菩萨神像进行了彩饰修缮，时间应在道光九年（1829）春。碑中记载了两人施钱数额，张氏真善施钱一千五百吊，董氏真如施钱五百吊。

宗室张氏真善，即绵律之侧室，云居寺重开山第七代福渊俗家弟子。道光八年（1828），她曾施钱重修大悲坛。

监院悟祥，号迎喜，住持真达师叔，云居寺重开山第六代住持、传临济正宗第三十八世达焕和尚弟子。

监督真仁，号义长，住持真达师兄，云居寺重开山第七代住持、临济第三十九悟辉和尚弟子。

真达，字明文。云居寺重开山第八代住持，传临济正宗第四十世。直隶河间府景州王家沙窝（今河北省衡水市景县安陵镇王家沙窝村）人。

○八○　大清京都西直门外笑祖院反本寻源归复临济正宗碑记

钦命管理僧录司事务正堂万善殿住持传临济正宗第三十七世了信撰

顺天府学廪生员韩憺敬书

护法弟子四品宗室国仁篆额

盖闻事有终始，水远必寻夫源。理寓循环，人穷则反其本。吾宗支派，向用祖定禅师出之二十字。相沿既久，传袭至今。目下字数已完，而继世者莫知祖述。承吾宗诸大宗匠，折衷于信，因思传教修德，务须反本寻源，旧有海祖永慈禅师衍出一百一十二字，煌煌训典，前世失传，与其舍旧而图新，孰若诎今而述古？于是商诸宗派，从兹绪复真传，庶几源远而流长，支清而宗得正也。谨陈其事如左：

祖道戒定宗，方广证圆通。行超明实际，了达悟真空。

右乃传碧峰金禅师派下，祖定禅师入闽，住雪峰寺，另立一支。从祖字起二十字，并非临济正宗衍出，及至幻有传祖下，杰出天童悟磬山修二支，用起圆字，以延至今日，现值空字以下。绵世系者，众论不一，有欲用龙山祖派者，有欲另立一支者，终非至当，吾宗诸大宗匠互无衍唱，宜思木本水源，务求其实，自有正宗正派，源远流长，毋致祖牒混淆，而复归于正系。故名之曰：反本寻源：

普永智朗宏胜德，净慧缘冥正法兴。性海澄清显密印，大乘元妙会心灯。

佛恩浩化流芳远，继述长修绪嗣深。志愿弥坚参义理，规成谨守镇常新。

翼善昌荣因本立，贞祥隆盛复传增。功勋寂照光华蕴，宝镜高悬体用亲。

饶益灵文舒景秀，信持静业济时珍。邈然无迹诚诸幻，觉树开敷果自馨。

右系传临济正宗派下海舟永慈禅师衍出之一百一十二字，从"普"字起，与祖定禅师所衍之"戒"字同辈，从"戒"字到"空"字，核与海祖所衍"性海澄清"之"清"字同辈。凡我同宗诸后贤至"空"字以下，宜即从海祖永慈禅师所衍"性海澄清显密印"之"显"字起，是仍归复临济正宗正派矣。信与诸同宗再三商酌，意见皆同，爰书此以垂后世法，而非信一人之臆断，愿诸宗派诸后贤谅之。若谓门庭热闹，因而各出己见，另立支派，致涉歧途，信亦未如之何也。是为记。

同治三年岁次甲子重阳月中旬六日重刻。

法兄贵三空和，法弟松林空和、智林空臻、慧峰空智、体先空乐。

嗣法门人体耀显慧、性空显性、桁峰显林、明波显旺、利罩显彰、慧悦显智、澄空显长、脱凡显尘、大关显□、德林显布、宝庆显玉、秀明显容、景初显然、性文显柬、继善显绪、文慧显安、宝证显具、定性显悟、祥音显泰、即川显月、仁周显礼、□元显让、性海显□、普愿显兴、□然显成、性荣显法、玉彰显荣、沛安显然。

法孙雅纯密增、罗然密真、瑞林密达、慧安密和、诚敬密保、景和密春、清云密澄、福祥密庆、云亮密龙、镜如密沁、无量密宽、纯亮密修、遍辉密朗、万宝密彦、恒远密福、连旺密来、成瑞密祥、瑞峰密山、湛如密澄、宝然密安。

曾孙果照印证、纯桂印亮、道然印悟、心安印岭、天然印如、禅瑞印现、通悟印达、寿山印福等仝建立。

碑刻说明

清刻。在云居寺。青石质，螭首方座，首身一体。碑首高100厘米，宽88厘米，厚30厘米。碑身高214厘米，宽88厘米，厚30厘米。

碑文考释

此碑记载了清末北京地区临济宗史上的一件大事。碑先于道光二十二年（1842）四月原立于北京西直门外的笑祖塔院，至同治三年（1864）在云居寺重刊。

道光二十二年（1842）四月笑祖塔院原碑末，属有北京地区各大寺院临济同宗住持僧：

极乐寺了多、万善殿了信、通明寺了如、斗母阁了心、清化寺了现。

弥勒院达德、报恩寺达旺、瑞应寺达瑞、资福寺达真、法华寺达承、长椿寺达慧、广通寺达福、报国寺达莲、药王庙达觉、永泰寺达修、忠义庙达因。

宝禅寺悟瑞、广化寺悟中、铁山寺悟增、财神庙悟本。

卧佛寺真海、万寿寺真瑞、戒台寺真祥、柏林寺真祥、普济寺真兴。

大觉寺空恒、西域寺空利。

天童寺显清、观音院显道、龙泉寺显仁、妙光阁显明。

海会寺密圭。

其中西域寺，即云居寺。住持空利，为云居寺重开山第九代传临济正宗第四十一世，此僧于道光十二年（1832）至道光二十四年（1844）住持云居寺。

临济宗支派，原以祖定禅师所定"祖道戒定宗，方广证圆通。行超明实际，了达悟真空"20排命名排序。到清道光年间，20字即将用完，临济宗原本有海祖永慈禅师衍出120字，钦命管理僧录司事务正堂万善殿住持传临济正宗第三十七世了信与同宗诸大宗匠商议，决定起用海祖永慈禅师所衍120字。了信亲自撰文说明原委，并刊120字于碑，立于笑祖塔院。

碑文把海祖永慈禅师120字与祖定禅师20字比照说明：从"普"字起，与祖定禅师所衍之"戒"字同辈。从"戒"字到"空"字，核与海祖所衍"性海澄清"之"清"字同辈。

指导同宗，至"空"字以下，从海祖永慈禅师所衍"性海澄清显密印"之"显"字排起，以归复临济正宗正派。

同治三年（1864）云居寺僧众将此碑文重刊，立于云居寺。碑文与原碑无异，只是碑后省去了北京各大寺院住持，属为空利法兄、法弟、嗣法门人、法孙、曾孙等共同立碑的僧众。

立碑时，当寺住持为云居寺重开山第十一代住持、传临济正宗第四十三世增公。增公，法名密增，字雅纯，山东兖州府宁阳（今山东泰安市宁阳县）人。

〇八一　云居寺传戒碑

粤自金人入梦，白马驮经，而中国之佛法兴。嗣是而梵典播扬，流传勿替。聪明超特之士，或润色以骋其才，或静修以底于道，而穷苦病废之流，亦或混迹以养其身。昌黎原道，所以致念，于古今民数之不同，亦可慨矣。以故通都大邑之内，共建丛林。荒村僻野之区，亦多梵宇。驯至峰峦重叠处，涌现楼台。烟雨缥缈间，传来钟磬。此诚尘世之大观欤，抑默有灵威之感召也。京西大房山云居寺，肇自隋世，阅唐、宋、元、明以至我朝，千数百年矣。予曩岁，偶乘清暇，游历至此，山光树色，苍翠宜人，往复登攀，怡然自乐。访静琬法师之遗迹，如嗅经香。而又有愧梵筴未及研穷，于禅悦之味尚多隔阂也。攻读睿庙诗碑，曰兼爱，曰止仁，以一理统之，曰修儒，曰习释。以随缘治之，始恍然于释迦所谓无我相、无人相、无众生相、无寿者相之浑沦元气，上下与天地同流也。卓哉！煌煌圣训，洵洞彻本源已。兹因凤愿，理与缘俱，一食清斋，五百戒牒，岂足为宝地慈云，或共祝佛天法雨也。大和尚慈霞，以乾隆时慎邸等碑记为言，姑允所请。於戏！灵山在望，几闻狮吼之森严。王路常遵，聊比虎溪之谈笑云尔

大清光绪十六年岁在庚寅夏四月吉日　皇六子和硕恭亲王撰并书

碑刻说明

清刻。在大悲殿。已失。据溥儒《白带山志》录文。《白带山志》卷四碑碣："《云居寺传戒碑》，存，正书，光绪九年岁在庚寅夏四月吉日。皇六子和硕恭亲王撰并书。在大悲坛。"

碑文考释

皇六子和硕恭亲王为奕䜣。奕䜣，清宗室爱新觉罗氏，号乐道堂主人，清朝十二家铁帽子王之一。道光帝第六子，道光十三年（1833）出生，咸丰帝同父异母兄弟，道光帝遗诏封"恭亲王"。奕䜣于咸丰三年（1853）到咸丰五年（1855）之间担任领班军机大臣。在第二次鸦片战争中，奕䜣授命为钦差全权大臣，负责与英、法、俄谈判，并且签订了《北京条约》。咸丰十一年（1861），咸丰帝驾崩，奕䜣与两宫太后联合发动辛酉政变，成功夺取了政权，被授予议政王之衔。咸丰十一年（1861）奕䜣任领班军机大臣与领班总理衙门大臣，其间虽在同治四年（1865）遭慈禧太后猜忌被革除议政王头衔，但依旧身处权力中心。光绪十年（1884）终于因中法战争失利被罢黜，史称"甲申易枢"。光绪二十年（1894）以善后中日甲午战争失败，再度被起用。从光绪二十年（1894）任领班军机大臣与领班总理衙门大臣。光绪二十四年（1898）五月二十九日逝世，谥号为"忠"。

《白带山志·卷九·艺文》载有恭亲王碑全文，碑文简属"大悲殿记"，因而造成后世误会为两碑，其实一碑。《云居寺贞石录》其将碑文日期属为"大清乾隆八年十月上吉日"，显然是天大的错误。恭忠亲王奕䜣为道光第六子，道光十三年（1833）出生。"大清乾隆八年十月上吉日"所立碑并非恭亲王奕䜣所撰

并书，而是另有其人，为多罗慎郡王允禧撰并书，碑题为《云居寺大非殿记》。允禧为康熙帝第三十一子，雍正皇帝的异母弟。雍正为奕䜣高祖，论辈分，允禧是奕䜣的高叔祖。笔者特作说明，免误后人。

根据《白带山志》卷四的记载祥加考定，恭亲王奕䜣撰书碑实为《云居寺传戒碑》，落款时间为"大清光绪九年岁在庚寅夏四月吉日"，属名为"皇六子和硕恭亲王撰并书"。

奕䜣在碑文中自述写碑的原因："大和尚慈霞，以乾隆时慎邸等碑记为言，姑允所请。"大意是说，云居寺住持慈霞请他为云居寺撰写碑文，并说大悲殿院中，有多罗慎郡王允禧撰并书的《云居寺大非殿记》之碑在，奕䜣这才答应慈霞的请求，为其撰书《云居寺传戒碑》。恭亲王奕䜣只为云居寺撰书此一碑，因此所谓《大悲殿记》实为《云居寺传戒碑》。

慈霞，法名印照，字慈霞，俗姓王，山东济南府德州北厂（今山东省德州市德城区长庄乡北厂村）人。云居寺重开山第十二代住持，传临济正宗第四十四世，同治十年（1871）至光绪十九年（1893）住持云居寺。

奕䜣《云居寺传戒碑》从佛教传入中国，写到云居寺和千载传承，再写其祖父嘉庆帝留在云居寺的诗碑，感悟诗中的兼爱止仁，习儒习释，免不了对先祖的颂扬之词，最后写云居寺戒僧之众、佛事之盛。洋洋洒洒，收放自如，颇具文采。

〇八二　西域云居寺地藏阁碑文

直隶涿州城东乡东小茔村朝山会公立

尝闻之，灵明应运，即其所为备之因也，则慈祥化激尘凡，而乃大道弥阐，极微显不遗于□□，□使天壤间之洞悉不昧者，以隆贻亘而洋洋乎，此固真传觉世之指也。今念兹为我会系三合以承遗嘱，仅于光绪二十三年清和之月旬有一日，将贵刹之金身古佛，敕赐幽冥教主地藏大王菩萨圣像，遂建于紫竹院之左序神之思格。迨至宣统辛亥岁，信士等捐资造碑，特竖于大莲座前，以昭例年之感，宜作以为警式。而试议之，静琬开山，溟波创，默运无形，式廓增焉，当年应有。待圆通定，慈霞继，咸维攸列，受命回焉。曩日所犹存，前人之备述矣。然则此通巫峡，山之高也幽邃。南极潇湘，水之清兮淼漫。挹古柏为藩篱，衔远山为障屏。修竹长林，华岩峻岭。上下天光，一碧万顷。盖大方之迁客游人多会于此，壮观造设之情，岂得无异乎？天钟燕玉之安王，秀毓赵符之脉派，而使南瞻部洲彰其显也。

谓其显而不自显者，莫不有大治而化之。验之于丛林者，显之于其前则福地间之能垂休。风昭觉世者，亦莫不有无为之感。而成负洞天之望者，为之于其后不显其前，虽佛国而不彰。不为其后，虽圣境而不传。是斯二者，未始不相须也。然而千百载之升沉廓达，参究造物万千之气象，则因因果果不易与其而为之遇者。岂其万古屈伸之灵明非无可援？但三千世界之箴规，十二因缘之楷模，盖理势之相因，阔邈其变化而不测者固也，何其相须之殷而相遇之疏也？噫！以为无为而固非无为，以为可致而究何足致？然而理之有所固然者，未必不即为是之所必然。意其中而为有必致，何可得而欺之者也耶？不期于昔清之。是年道光己卯岁，其果蒙灵应，信士弟子刘得全、妻□氏，渠里六甲民人奉授顶礼，例年引领朝于古贤涿鹿范阳，今属房邑之西南，相去五十里，旧有大宝刹西域禅林云居寺，礼忏道场，成功叩佛，往者不追，来者不拒，只以是心致即应之而已矣。如是者亦有年，今于是而为后，我仰承四乡诸公乐善共济情殷，聊为寸尽以寄盛慨。序伏深严，华峨罕到，不书所作，致使神明之盛迹，不湮没于林泉也哉？所以志之，勒之于石。谨此之谓云。

住持和尚乐禅、监院玉天、知客隆贵、都监瑞林、监司常远、照客远闻

涿郡人李德隆撰　周泽覃书

大清宣统叁年清和月吉日　谷旦

碑刻说明

清刻。西域云居寺地藏阁碑。碑立于清宣统三年（1911），现位于毗卢殿侧。青石质。方首抹角，首身一体，雕海水江崖、流云。碑首高45厘米，宽57厘米，厚18厘米。碑身高85厘米，宽55厘米，厚15厘米。座高35厘米，宽78厘米，厚20厘米。碑额正书"咸仰丹岑"，阴额正书"永世长春"。

碑文考释

清和月，农历四月的别称。

此碑记载宣统三年春，涿州城东乡东小茔村朝山会，为云居寺地藏阁捐资立碑事。此前的光绪二十三年（1898）四月月十一日，该朝山会在寺内紫竹院之左建地藏殿，将敕赐云居寺金身古佛，即幽冥教主地藏大王菩萨圣像供奉其中。宣统三年（1911）春，朝山会捐资立碑于殿前。此碑立于当年四月，当年八月十九日，武昌起义爆发，翌年清帝逊位，民国建立。此碑见证了清王朝最后一年云居寺往事，故十分珍贵。碑文记载云居寺住持为乐禅。

乐禅，名乘和，字乐禅，籍贯不详。云居寺重开山第十四代住持，传临济正宗第四十六世。该僧是清云居寺末代住持，也是民国云居寺首任住持。

民国三十七年（1948）云居寺住持纯山《白带山志序》称："清顺治初，溟波上人以天童法脉演临济正宗……以迄于今，凡十有三代。"纯山抗战胜利后任云居寺住持，对云居寺传承不甚了解，故有此误。至纯山任住持前，整整传十四代，丰碑尚在，历历可数。按次序，纯山为第十五代住持，传临济正宗第四十七世。

《云居贞石录》载此碑，文中断句多有误处，今正之：

1. 原断："宜作以为警式，而试议之静琬开。溟波创默运无形，式廓增焉，常年应有，待圆通定，慈霞继咸，维攸列受命固焉曩日所犹存前人之备述矣。"

应为："宜作以为警式。而试议之，静琬开山，溟波创，默运无形，式廓增焉，常年应有。待圆通定，慈霞继，咸维攸列，受命固焉。曩日所犹存，前人之备述矣。"

2. 原断："然则此通巫峡，山之高也；幽邃南极，渊湘水之清兮。淼漫挹古柏为藩篱，衔远山为障屏，修竹长林，华岩峻岭。上下天光一碧万顷。"

应为："然则此通巫峡，山之高也幽邃。南极潇湘，水之清兮淼漫。挹古柏为藩篱，衔远山为障屏。修竹长林，华岩峻岭。上下天光，一碧万顷。"

3. 原断："以为无为而固非无为，以为可致而究何足致。然而理之有所，固然者未必不即为是之所。必然意其中，而为有必致，何可得而欺之者也耶！"

应为："以为无为而固非无为，以为可致而究何足致？然而理之有所固然者，未必不即为是之所必然。意其中而为有必致，何可得而欺之者也耶！"

碑阴

合会助缘人等列后：

东小茔：刘玉堂、张□、张海、刘福、张得山。东次村：徐德兰、石献兰、赵□、刘太。西韦头：王玉德、张顺。孟家庄：刘起。河西务：张清生、张清文、张清一、张瑞、张荣。邸家场：邸宝国、邸宝□、邸宝□、邸宝□。

东张村：赵文荣、李庆亨、杨立、□贵、□文、李焕、王□臻、韩天文、臧保□、臧义清、韩天德、臧保林、王廷香、平连升、曹尚志、臧宝善、□克□、□□□、王□□、□□山、宗显、臧继贤、姚贵、王利、李德福、李德升钱一吊、李桐、李祥、赵俊。北务村：王风春。

林家庄：徐海、张德、康德顺、徐才、徐玉清钱弍吊、周凤鹤钱弍吊、周泽钧、周之辂、周泽覃。刁窝村：石旺、班岐山、王凤钱一吊、孙金第、李莲、张本、刘玉山、李辉。河各庄：苏玉和钱一吊。□家庄：□□源。

二林屯：张林。塔上村：徐得山。蛮子茔：张祥、张广祥。南尧村：乔玉昆。白塔村：李永顺。东小茔：刘李氏。西茨村：田李氏、郭牛氏、张周氏、田刘氏、马汤氏、许瞿氏、李毕氏、李田氏。东茨村：石李氏、□□□。

仝村：句朱氏、郝李氏、王高氏、王王氏。刁窝：□杨氏、冯任氏、孙冯氏、郭杨氏、周张氏、高汤氏、秦汤氏、周和氏、孙张氏、赵赵氏、祁张氏。邸场：邸李氏。沙坎村：屈刘氏、李张氏。东张村：汤彭氏、王汤氏、臧李氏、臧室女、汤周氏、臧田氏、陈臧氏、□臧氏。

东张村：臧张氏、杨吴氏、韩张氏、李史氏、张彭氏、韩赵氏、张方氏、周张氏、屈谢氏、韩刘氏、臧杨氏、李任氏。南关：赵宗氏、塔赵村：赵赵氏。潘各庄：任□氏。西茨村：彭氏一吊。西韦头：王刘氏。佟村：王室女。正各庄：戴李氏。

小□□：赵刘氏。□仙务：□佟氏。刁窝村：高□氏。河西务：李王氏。沿鲁村：刘成。徐里茔：龚永祥、李玉田。佟村：孙步□、□□□。卢家场：卢树莲。

以上碑首均系五百

刻工刘克宽

碑文考释

碑阴题，留下东小莘村朝山会29村142位信众姓名，以涿州城东农村信众为主，兼有涿州其他地方的信众。按今天的行政区域划分，大致分布在今涿州城东的刁窝乡、义和庄乡、涿州开发区、清凉寺街、道桃园街道及林家屯乡、东仙坡乡、豆各庄乡等8个街道、乡。具体分布如下：

涿州市刁窝乡13村106人：东小莘（今小营村）6人，河西务6人，东张村（今东张庄）49人，北务村1人，刁窝村（今刁窝一、刁窝二、刁窝三、刁窝四）20人，蛮子营2人，南尧村1人，白塔村1人，西茨村9人，佟村7人，塔照村1人，潘各庄1人，徐里莘（徐里营一、徐里营二、徐里营三）2人。

涿州市义和庄乡2村9人：东茨村6人，西韦头（今西韦坨）3人。

涿州市开发区1村1人：沿鲁村1人。

涿州市清凉寺办事处3村4人：塔上村1人，卢家场1人，沙坎村（今大沙坎村、小沙坎村）2人。

涿州市豆各庄乡2村2人：河各庄（今东河各庄村、西河各庄村）1人，二林屯（今二林庄）1人。

涿州市东仙坡乡1村5人：邸家场5人。

涿州市林家屯乡1村9人：林家庄（今林家屯）9人。

涿州市桃园办事处1村1人：南关1人。

不清归属的2村2人：孟家庄1人，正家庄1人。

文字漫漶不清的3村3人：□家庄1人，小□□1人，□仙务1人。

直到宣统三年（1911）武昌起义前夕，涿州东小莘朝山会29村140余人助缘为云居寺地藏殿立碑，足以说明，自隋唐直至清末的1300余年间，云居寺一向是涿州西北的重要道场，支撑了涿州地区民众1000余年的佛教信仰。尽管自金大定二十九年（1189），云居寺地区从涿州割离，别属他县，但宗教纽带一向将云居寺和涿州连在一起，至元二十七年（1290），元改奉先县为房山县，属大都路涿州，云居寺所在的房山县仍为涿州属邑，明、清未变。客观地说，云居寺和三国文化一样，为涿州古老文化的重要内容，要真正读懂云居寺，就必须读懂涿州的历史。同样，要准确把握涿州的宗教文化，也必须读懂云居寺。

无论房山人,还是涿州人,都应该体认这样一个现实,行政区划把涿州和房山分开,但一脉相承的文化是分不开的。不信,你就读读云居寺。

僧人碑刻

云居寺高僧辈出，开山祖师北齐慧思，隋静琬，唐玄导、僧仪、惠暹、玄导、静流、真性、仲说、恒智、鉴直、惠增、志千、文展、宝定、弘信，辽谦讽、留公、可玄、通理、善锐、善定、惠澄、智泉、智远、闻悟、惠通，金代义谦、善广，元代归源、行泽、慧月、达牧，明代桑谒巴辣、达观真可。

清代由溟波禅师重开山，终清之世传十四代：溟波、圆通、了尘、际瑜、了正、大乘、福渊、明文、广泰、体耀、雅纯、慈霞、保泰、乐禅。乐禅是清末民国之际的住持，他是清代末代住持，也是民国首任住持。

民国时期，继乐禅之后有纯山，纯山为民国时末代住持。

本卷收录僧人碑刻4件：唐代1件、清代3件，其中收录碑文4篇、碑阴题2则。

〇八三　大唐云居寺故寺主律大德神道碑铭并序

灞江栖夷子河筹撰　前卢龙节度驱使官张景琮书并篆额

昔者金人教演西方，化流东土，神功莫测，妙用难穷。日月不能拟其明，圣贤无以究其奥。历河沙之世界，论亿劫之修行。既立三乘，又开不二。执之则纤毫有别，契之则丝发无差。共证菩提，俱登解脱。巍巍荡荡，无得而称。末代宗徒，随性而入。

大德讳真性，俗姓史氏，涿郡范阳人也。爰祖及父，晦迹夷名，嘉遁林泉，勤业皋垄。大德逸步孤立，介然而贞。性自天钟，议非师得。观色身之假立，潜趣真宗。知至道之可求，精修梵行。既端清而秉志，乃受具以依年。熏然律风，辉振前古。万行由兹浸起，六事于是齐修。坚刚迴持，清净靡杂。狂风虽振，宁摇赤箭之茎。欲浪徒翻，不著青莲之色。割烦恼之系，利蕴剌钟。断贪爱之缘，铿舍切玉。而乃听读忘倦，慈忍兼习。操持勇猛，佩服精进。非唯二百五十净戒，洞达玄关。抑以八万四千法门，游咏真际。则知鸿鹄飞翔，必造云霄之上；龙象腾跃，宁留沼沚之间？繇是四远向从，一方瞻敬。高行苦节，时为美谈。

顷者合寺耆年，至于初学，同诚壹志，请朵寺纲。大德固执执谦，抑而不许。乃曰：云山异境，禅律杂居，若非通明，何以悦众？大德曰：顾无捷连统众之术，且乏末田乞地之功。凡炼纪纲，必资德业。非安于己，不利于人。寺众愈坚其辞，志不可夺，乃唱言曰：佛刹戒严，固难条贯。考详视履，非上德而谁？师之不从，吾将安附？三请而后许之。四众欣然，合寺相贺。大德至性平等，慧用圆明。规绳既陈，高卑自序。奉精勤以敬，策堕慢以严。共乐推诚，咸称悦服。遂使施财者松门继踵，赍供者溪路相望。佛宇益崇，常住滋赡。是知道行高而归依云赴，福德具而感应响从。又以巾锡之余，床榻之外，曾于本院，别起道场，请高行数人，转藏经七遍。大德宿植精进，专至饶益。襦寒飦馁，每损节其衣盂。

拯溺持癫，宁顾蹈其水火。殊踪异行，难可思量。寒暑屡移，始终一贯。元和中，廉察使相国彭城刘公慕其高节，亟请临坛，手字迭飞，使车交织。大德以情田不产，鉴用忘机。久处山林，已遂平生之志，哪能师证，更登名利之场？徒观马胜之威仪，谁识罗侯之密行？恳写牢让，持坚不回。暨大和有九祀，方伯司徒史公之领戎也，常目重山，聆风仰德。乃曰：昔三藏传经于天竺，六祖宏化于曹溪。方知涿鹿名区，时有异人间出。佛法渐远，吾宗继明。益倾南望之诚，兼陈北巷之敬。奇香异药，上服名衣。使命往来，难可称计。以其年季秋下旬有三日，示疾归寂于本寺东院。俗年八十四，法岁六十五。猿鸟悲鸣，松筠改色。凄凉士庶，喟悼元戎。於戏！火宅方然，羊车脱辐。师之已矣，人何将依！

大德学行谙通，威德端肃。所依上足，皆是名人。难具升堂，聊书入室。曰仲说、恒智、鉴直、惠增、志千、文展、宝定等七人焉。惟增也早岁辞乡，游京就学。曾于荐福寺讲大花严经，声振洪都，艺交清级。众称开士，时谓入流。细行密用，难具详纪。直与千业擅小乘，学游多地。尽得南山之要，皆扬东塔之能。彼四人者，精通秘奥，博达多闻。虎步莲宫，鸾翔梵菀。感师之教，报师之恩。焚棺于碧岫之阳，起塔于清流之左。虽朝昏展敬，未尽所诚。更议刊乎贞珉，纪其盛德。良工方购，朴而未形。俄属先朝大兴沙汰，寺皆毁废，僧遁林岩。洎佛日重明，屡更星岁。七人之内，唯宝定存焉。其诚则深，其力不置。有说公门人前寺主僧弘信，即释门之孙也。戒律清肃，义心坚勇。悲本师之早殁，宿志未陈，与定公之相扶，再议崇立。访余以至，感而直书。冀巡礼往来，披文知行。铭曰：

圆觉真乘，多不能造。吾师正性，尽入其奥。操持净行，契叶流教。意马忘奔，心猿不踔。戒月圆满，律风清凉。白璧无点，明珠有光。利根精进，密行包藏。披暗灯炬，济难舟航。宰寺开经，施财供食。但益勤励，曾无退息。时遵其义，众悦其德。不可思议，多所饶益。法性无灭，色身有移。悲缠上足，追慕先师。既崇灵塔，又立丰碑。遗风余烈，千古长垂。

咸通八年丁亥岁十一月四月建

碑刻说明

唐刻。原在云居寺引杖河东岸，1976年冬移入寺内北塔院西廊。螭首方座。

碑高270厘米，宽100厘米，厚18厘米。座高60厘米，宽129厘米，厚57厘米。碑额篆书"唐故律大德道行之碑"。

碑文考释

此碑为晚唐时期云居寺重要石刻，碑文记载了晚唐高僧真性生平事迹，其中涉及唐武宗法难时云居寺史实，尤为珍贵。其中"禅律杂居"，反映了晚唐时期，云居寺佛教宗派为禅、律两宗并存。而称云居寺主真性为律大德，说明晚唐时期，云居寺已经由禅宗向律宗过渡。这一线索，对研究云居寺宗派演变，有重要意义。

据此碑：真性，俗姓史，涿州范阳人。晚唐时期云居寺住持。唐玄宗天宝十年（751）生，真性出身于当地一个普通的农民家庭，祖父和父亲务农为生。唐代宗大历四年（769），真性十九岁出家为僧。真性后来受具戒，成为律宗的一位高僧。云居寺合寺僧众恳请他主持云居寺，真性固辞不就，僧人们恳求说："本寺既有禅宗的僧人，又有律宗的僧人，禅律杂处，如果不是像大德您这样通明的人，如何能服众呢？"真性辞让道："本人既无统驭僧众的本领，又没有化乞田地的功劳。但凡作为主持一寺纲纪的住持，必须具备高尚的德行和业绩，因此，要我做云居寺住持，非但自己于心不安，而且对阖寺僧众不利。"僧众们同声道："佛寺中严格的清规戒律，固然难以贯彻，但是考察众僧的履历操行，非上德您做住持还能有谁呢？假如您不接任住持，我等依从谁呢？"僧众们再三请求，真性不得已而从之。真性即任住持，处事平和，但严明寺规，使寺院高卑自序，对精进勤修的僧人加以尊敬，对懒惰散漫的僧人严加鞭策。阖寺僧众都乐于与他推心置腹，异口同声称赞他，对他心悦诚服。由于他的声望，"施财者松门继踵，赍供者蹊路相望"。云居寺"佛宇益崇，常住滋赡"。真性不仅承继前贤，主持晚唐时期的石刻刊刻，还在云居寺内另起道场，请高僧转藏经七遍。幽州地方官刘济、史再荣先后多次请他出山，他都婉辞拒绝了。大和九年（835）九月二十三日，真性示寂于云居本寺东院。

真性去世不久的唐会昌三年（843），武宗废佛，云居寺横遭劫难。他的七位弟子仲说、恒智、鉴直、惠增、志千、文展、宝定原本将真性遗体焚化，在寺外的杖引溪左岸起塔葬之，打算为真性立碑，找来工匠，选好了石料，但是

未及雕刻，法难促至，寺院毁废，僧遁林岩。直到咸通八年（867），真性的七位弟子中的六位已先后去世，只有宝定一人尚存，仲说门人前寺主弘信与宝定，终将神道碑立于其墓塔前。

〇八四　范阳郡白带山云居寺溟波和尚碑记

顺天府府学生员徐士玠撰文

盖闻教立三门，鼎峙岂分乎高下。道无二辙，朝宗总会于汪洋。精一固可以模范人心，真空目足以津梁环宇。故自一苇东渡，立面壁之心传。半偈缘空，遗参禅之要旨。坛下幡经，唱诵法云之偈。空中掷钵，流传刻木之缘。用是西林香谷，舍刺史之居。南岳珠吟，选儒生之物。创祇树之新宫，随处皆为净土。广布金之大义，无往不是禅林。因而天宫演法，弘开圆顿之宗。龙树传经，广扬秘密之典。慈航普渡，不愁鬼哭山空。正令全提，能使狐惊道左。慨自入其门者，徒知呗咏之文。遵其教焉，罔觉菩提之果。于是派虽同于兰若，心已异于苾蒭。然不肖者因已多于天壤而，善良者岂无有于人间？非谓瑞岛衔花之异，神僧涌地之祥，昔所共传，今且罕观矣。

兹有白带山云居寺溟波大和尚者，传临济之正灯，历住云居而卓锡。殚毕世之勤修，功透上乘而无极。悟无生之妙谛，行超四果而靡忝。以空圆体，不堕顽空。借律坚身，究非缚律。法语流长，比江河而不涸。禅心光普，与日月而同辉。所谓一言一句，竟海墨而莫罄其精微。一偈一光，会多士而难窥其广大。宰臣稽首恐后，当宁敕赐来前。居然圣朝先觉之师，允矣今日法门之望也。今乃参已了义，归鹫岭而莫睹其仪容。印以见心，升西天而罔瞻其法像。爰有法嗣圆通嗣法炽于后乘，演四十九年之法。继玄言于来兹，剖一百八句之宗。泂元室之慧灯，为迷津之智械。更有四大班首及众知事，沐化雨而成登觉岸，藉提撕而共得呼空。弟临济宗派，已无虞乎湮没。而溟波事迹，深有怯其沦亡。因泐丰碑，以志不朽！并书妙谛，用传其真。将见法语有与金像而常森，遗踪且同宝刹而永峙矣。谨记。

溟波和尚行迹列后：

老衲七十余,开口无意思。本来天真事,文墨总不知。

老衲乃顺天府武清县北仓村人,父姓郭,名文选,母王氏。弟兄七人,予居第五。一日父魂到冥府,冥官说:汝出家不终,当减寿一纪。父答:"不由自己,恐父母绝嗣。"冥官道:"这是孝心,不管他事,不可减寿。"一人道:"汝有一子,替汝出家,放你回去。"魂归阳世,向母说:"我在人前许过此子出家。"母即从之。后遇一命士,道:"此子异日有千百余人过堂。"至七岁,舍天仙庙落发。彼时总无禅师,至十八岁作应院。二十五岁更衣学禅,无门可入,习学鬼家活计,搬弄四大数年。有一报恩门人相见,即昼夜不放身。诘为甚事,说:为生死大事。此人笑云:这个要了生死,等到弥勒下生也无了期。随整衣礼拜,究竟末后事。说:汝是个俗汉,戒也未,受参甚么禅?佛事不知,如何去得?你上憨忠受戒可也。

即依教,顺治拾年四月八日圆戒,上普下润是得戒本师。完戒托钵行化,今七年有余,三十七腊。一一亲觐得法本师上大下博老和尚,八年不离禅堂,三年未信此道,还有旧渣子在。自己叮咛:"为何事而来,不忘习气?为甚么不信话头?"发心不起二念,不落两头。四日夜,浑忘世事,随众吃饭不知其味。次日,先师道:"这个汉得场热病,犹欠一身白汗在。"工夫无有间断,偶而拭足,得触边消息。自己笑道:"脚底是肉,通身一处。"一书记,已到方丈,予说:"本来真面目,无行亦无住。打破此重关,脚板原是肉。"先师阅偈抛地:"这是旧病发了,又是鬼家活计。"回说:"如何不是鬼家活计?"师云:"开口成双对,扬眉落二三。"回答:"不落二三,和尚又作么生?"师云:"非汝境界。不住存忘,何处安身立命?"回说:"无无无先。"师道:"你晓得这个落处吗?"住于磐山,五月初六日,本师诞辰。师问:"如何是最初句?"回说:"被和尚道破了也。"师云:"如何是末后句?"回说:"答处甚分明。"师云:"最初末后且正截断,众流句作么。"我即回地一声。师云:"又是风力所转。"回说:"石牛生象子,木马产婴儿也。是分外事。"师云:"有个臭气在,想是触边活计。"从此得法,后随师四年,离师太早,一奔深山,幽兰石室,居八个月。草卧木食,数丈高崖,堕两次无一损伤。想起生母未奉甘旨,住此何益?遂出山,众迎请南塔寺。结制三月,禁足参禅。完后到云居寺住持,相国冯公请参禅二载,又进深山。龙溪寺住持躬请,又住三年,四十余众参禅。从此身边不住一

物，不存一文，别众不作世间活计。白沟河请参禅三月，新城请参禅三月，东便门参禅数月。又到俗地，请参禅五月。后海会寺参禅三年，受云居请，道场完，四众恳留，下座便走。到云居禁足三载，又天津如来庵请参禅一年。沿路托钵，随处斋饭，又到云居。老四王爷请受幽冥戒，请鬼王。老和尚放施食，同住七日，道场圆满。

我等二人，统众托钵，恭遇皇上。召问："你是那里人？"奏道："武清县人。"问："那一宗？"奏说："临济正宗。"又问："可通佛法么？"回奏："通。"万岁笑云："赐白金三十两添钵！"回奏："不要。"随驾大人道："皇上所赐，如何不要？"万岁道："与你造衣。"后回云居，造麻布衣百领有余，济僧众，搭衣谢恩上堂。昔受先师遗嘱，今托钵行化。后至磐山，皇上亲临问："老和尚好？"奏："谢万岁洪恩！"至山门下马，问："可识字么？"遂回奏："不识。"又道："不立文字，不离文字。"遂回奏道："不离文字，不立文字。"又道："如何传戒？"奏道："戒者，止也。何有言诠？"后说道："头里走！"至殿拜佛，起来四顾，道："有禅棒？"彼时，在傍不答。又问："为甚么不答？"回奏道："若答恐有触犯？"皇上出门问："你的学问与佛藏学问谁的好？"亦不答。若答，犹有人我在。进方丈坐，默然无言。出方丈道："不要送！"大人问道："如何是向上？"答道："直去不回头。"无语。

又受甘露庵请，入院禁足三月。参禅传戒修净业，施茶放堂济孤散狱。道场圆满回山，受杨村请，一期道场济孤。到俗地茔中，荐祖济孤。二十一日道场，各处化衣五百单，又僧衣五百领，鞋袜、褂裤俱供。梵僧七百余众，四部亲临八千余人，以庆母难。老衲禁足三载，修宝塔，盖寮房，造佛造祖。又从前造佛四十八愿，殿宇共八层，禅堂斋房厨库共二百余间。修普同塔，立碑记。以遵古人刻经板，一碑金刚经，一碑刻药师经。造八大菩萨，十二药叉大将，祝国佑民。山僧领众捧诵千佛大戒平安，后造二十四诸天。已满此愿。

峕大清康熙三十七年岁次戊寅辰三月朔初三戊寅日法嗣圆通立　燕山王定国沐手敬书

碑刻说明

清刻。此碑立于云居寺毗卢殿左侧，青石质，螭首龟趺。碑首高120厘米，宽124厘米，厚50厘米。碑身高253厘米，宽118厘米，厚46厘米。碑额篆书"法轮常转"。碑文载清云居寺重开山第一代住持、传临济正宗第三十三世溟波生平。

碑文考释

《范阳郡白带山云居寺溟波和尚碑记》："顺治拾年四月八日圆戒，上普下润是得戒本师。完戒托钵行化，今七年有余，三十七腊。"溟波顺治十年（1653）在悯忠寺受戒，完戒后托钵行化7年有余，年37岁。由此知溟波在悯忠寺受戒时30岁整。由此推算，溟波出生于清太祖天命八年（1623）

龙溪寺，在今房山区张坊镇东关上村。

《大清西域寺圆通广禅师塔铭》："壬申冬，溟和尚将西行，嘱师曰：若个大寺，汝其主持，坚心守定，慎勿他适。"知溟波于壬申冬圆寂。壬申，即康熙三十一年（1692）。溟波寿69岁。

《西域云居寺重开山第一代上溟下波古翁老人行略》："复侍尚三载，始蒙印可，嘱令住山。祖年四十，习静云居。"习禅到37岁，又过三年开悟，得到大博印可。算起来溟波整整40岁，这一年正是康熙二年（1663）。这是溟波第一次到云居寺，《范阳郡白带山云居寺溟波和尚碑记》是这样记载的："离师太早，一奔深山，幽兰石室，居八个月。草卧木食，数丈高崖，堕两次无一损伤。想起生母未奉甘旨，住此何益？遂出山，众迎请冏塔寺。结制三月，禁足参禅。完后到云居寺住持，相国冯公请参禅二载，又进深山。"溟波第一次来云居寺，他是为"相国冯公请"，相国冯公，应是冯铨。

冯铨，字伯衡，又字振鹭，号鹿庵，顺天涿州（今河北涿州市）人，明清贰臣。明万历进士，授检讨。天启五年（1625），谄事魏忠贤，以礼部侍郎兼东阁大学士入内阁，不久即晋尚书，加少保兼太子太保，次年因得罪崔呈秀而被罢免。崇祯初以谄事魏忠贤，赎徒为民。顺治元年（1644）降清，令以大学士原衔入内院佐理机务。次年，授内翰林弘文院大学士兼礼部尚书。顺治十三年（1656），加太保致仕，仍留备顾问。顺治十六年（1659），改设内阁，冯铨以原衔兼中和殿大学士，居诸殿阁大学士之首，故有相国之称。康熙二年（1663），所谓"完后到云居寺住持，相国冯公请参禅二载"之冯相国，乃是冯铨无疑。

《范阳郡白带山云居寺溟波和尚碑记》:"老四王爷请受幽冥戒。"老四王爷,此人排行第四,身居亲王或郡王,而且年纪和辈分应该居长,且封爵在先。

老四王爷受幽冥戒的具体时间,碑文无载,根据碑文可推断大致时间:碑文称,溟波到云居寺住持,"参禅二载"即从康熙二年(1663)到三年(1664)。此后到龙溪寺住三年,这就到了康熙六年(1667)。"后海会寺参禅三年",到康熙九年(1670)。"到云居禁足三载,又天津如来庵请参禅一年。"到康熙十三年(1674)。"沿路托钵,随处斋饭,又到云居。老四王爷请受幽冥戒。"可知,老四王爷请受幽冥戒,应在康熙十三年(1674)后,溟波第三次云居驻锡云居寺后。

考清代亲王、郡王,铁帽王、非铁帽王,排行第四的王爷有以下三位:

安和亲王岳乐,清太祖爱新觉罗·努尔哈赤之孙,饶余亲王爱新觉罗·阿巴泰第四子。清天命十年(1625)生,顺治十二年(1655)授宗人府左宗正,掌宗人府事。顺治十四年(1657)晋封和硕安和亲王,康熙二十八年(1689),岳乐去世,年六十五岁,谥号和。

显懿亲王富绶,清太宗皇太极孙,肃武亲王豪格第四子。崇德八年五月十七日生。袭爵,改显亲王。康熙八年十二月二十日卒,年二十六。

顺承郡王勒尔锦,清太祖努尔哈赤玄孙,礼亲王代善曾孙,颖亲王萨哈璘孙,顺承恭惠郡王勒克德浑第四子。顺治九年(1652)三月,其父勒克德浑去世,由勒尔锦承袭顺承郡王爵位。康熙十一年(1672),掌宗人府事。康熙十二年(1673),吴三桂谋反,朝廷命勒尔锦为宁南靖寇大将军,率领大军讨伐。十九年(1680),具疏自劾,请解大将军任,以劳师糜饷,坐失事机,削爵。二十一年(1682),薨。

上述三位四王爷比较,数安和亲王岳乐辈高年长。按辈分安和亲王岳乐是显懿亲王富绶堂叔父:岳乐父饶余亲王阿巴泰为富绶祖父,清太宗皇太极七皇兄,岳乐与富绶父肃武亲王豪格同为清太祖努尔哈赤孙,肃亲王豪格出生明万历三十七年(1609),长岳乐十六岁。

而安和亲王岳乐,是顺承郡王勒尔锦叔祖父:岳乐父饶余亲王阿巴泰为勒尔锦曾祖父礼烈亲王代善皇七弟;岳乐与勒尔锦祖父萨哈璘同为清太祖努尔哈赤孙。萨哈璘生于明万历三十二年(1604),长岳乐21岁。

很显然,老四王爷非岳乐莫属,岳乐康熙二十八年(1689)去世,活了65岁。康熙十三年(1674)岳乐50岁,岳乐请受幽冥戒,是在50岁之后。

佛教中受幽冥戒,是在世的人为已过世的亲友、历代祖先、冤亲债主等求受皈依及大乘菩萨十戒,愿幽冥戒的众生,同时得到佛法的利益,离开幽冥的罪苦。

岳乐的父亲阿巴泰,顺治元年(1644)晋封为多罗饶余郡王。顺治三年(1646)三月,病逝,终年五十八岁。康熙元年(1662),追封为和硕饶余亲王。康熙十年(1672),加谥号为"敏"。岳乐在康熙十三年(1675)以后的一段时间,到云居寺朝山,请溪波受幽冥戒的因由,当是感于康熙帝对他亡过多年的父亲追封、加谥的恩典,为亡父饶余亲敏王阿巴泰求受皈依及大乘菩萨十戒,愿他早日脱离幽冥之罪苦。

据《范阳郡白带山云居寺溪波和尚碑记》载《溪波和尚行迹》并考诸碑:

溪波,俗姓郭,讳超古,字溪波,河北武清县北仓村人。清云居寺重开山第一代住持,传临济正宗第三十三世。父名文选,幼年曾出家于天仙庙,未久,母亲高氏令其还俗,娶王氏,生七子,溪波行五。

溪波自述,三岁那年,父亲重病身亡,灵魂到了地府,冥官说:"你出家不终,应该减寿十二年。"父亲回答说:"我是身不由己,怕不能为父母传宗接代,所以才还俗。"冥官闻言,颇为感动,说道:"如此说来,这是孝心,不该减寿。"这时,旁边的一个人对溪波的父亲说:"你让小儿子替你出家,就放你回去!"父亲答应了,果然起死回生。父亲睁开眼对王氏说:"我在冥官前许过让老五出家。"王氏为保全丈夫的性命,立即答应下来。

七岁那年,父母将溪波舍到天仙庙,投智庵为师,十八岁作应院。二十五岁更衣学禅,无门可入。有杨柳青镇报恩寺僧人相见,得知溪波苦衷,指点他到愍忠寺受戒。

顺治拾年(1653),溪波三十岁,四月八日在愍忠寺由普润和尚圆戒。完戒后离开愍忠寺托钵行化,投天津如来庵大博和尚门下。八年不离禅堂,发心不起二念。四日四夜,浑忘世事,随众吃饭不知其味。大博见了说道:"这个汉得场热病,还欠一身白汗在。"溪波听在心里,苦参禅义,毫不间断。一天心有所悟,撰成一偈,写到纸上。来到方丈,说给大博:"本来真面目,无行亦无住。

打破此重关，脚板原是肉。"大博从溟波手中接过书偈的纸，看了看，顺手丢到地上，说："这是旧病犯了，又是鬼家活计。"溟波回问："怎样才不是鬼家活计？"大博说："开口成双对，扬眉落二三。"溟波答："不落二三，和尚又做什么？"大博说："非你境界。当忘不忘，何处安身立命？"回说："原本没有疤痕在先。"大博说："你明白这个落处吗？"

溟波随大博住在磐山。五月初六这一天，是大博生日。大博问："如何是最初句？"溟波回答："被和尚道破了。"大博问："如何是末后句？"溟波答："答处很分明。"大博说："最初末后，且正截断，那些流句作么用？"溟波听了，大喝一声。大博闻声说："又是风力所转。"溟波说："石牛生象子，木马产婴儿也。是分外事。"大博："有个臭气在，想来是触边活计。"溟波由此开悟得法。

三年后，溟波离开大博，奔入深山处的幽兰石室，独居八个月，以山草为铺，采野果为食。一连两次从几丈高的山崖堕下，毫发无损。辞洞出山，涿州南塔智度寺僧众迎请入寺，挂褡三个月，禁足参禅。此后到云居寺住持。冯铨，涿州人，清中和殿大学士，身居相位，请他在云居寺参禅二载，又进深山。龙溪寺住持躬请到该寺，一住三年，同四十几位僧众参禅。白沟河请参禅三月，新城请参禅三月，东便门参禅数月。溟波回到家乡武清县北仓村，当地参禅五月。

多罗惠郡王和居士李德云等，请住朝阳门外南海会寺，为开法第一祖。多罗惠郡王，名博翁果诺。清太宗皇太极孙，其父承泽亲王硕塞为皇太极第五子。硕塞长子博果铎封庄亲王，葬在房山磁家务。博翁果诺为二子，他生于顺治八年（1651）十一月初一日，康熙四年（1665）正月封惠郡王。

在海会寺参禅三年，溟波受云居寺僧众恳请，再到云居寺住持，这是溟波二到云居寺。禁足三载，天津如来庵请去参禅一年。溟波沿路托钵，随处斋饭。又回云居寺，这是溟波三到云居寺，从此溟波在云居寺挂锡住持，直到终老。

老四王爷岳乐来到云居寺，请受幽冥戒，溟波做道场，请鬼王，行"放施食"法事，四王爷在寺中与溟波同住七天，道场圆满。岳乐，清太祖爱新觉罗·努尔哈赤之孙，饶余亲王爱新觉罗·阿巴泰第四子，顺治十四年（1657）晋封和硕安和亲王。

溟波率本寺僧众托钵化斋，路上恭遇到康熙皇帝。皇上把他叫过来问："你

是哪里人？"溟波奏道："武清县人。"皇上他问："你是那一宗？"溟波奏说："临济正宗。"又问："可通佛法吗？"回奏："通。"皇上笑了，说："赐你白金三十两添钵吧！"回奏："不要。"随驾大臣一听，忙说道："皇上赐你，哪能不要？"皇上对溟波说："拿去置办点僧衣！"

回到云居寺，溟波用皇上所赐白金，置办麻布僧衣百件有余，周济给缺衣的僧众，在本寺行搭衣仪，上堂升坐，答谢皇上赐金添衣之恩。

托钵行化到磐山，康熙皇帝听说，亲临磐山看望，溟波到山门外接驾，皇上问："老和尚可好？"溟波奏："谢万岁洪恩！"到了山门，皇上下马，问他："可识字吗？"回奏："不识。"皇上自言自语："不立文字，不离文字。"溟波回奏："不离文字，不立文字。"皇上问："如何传戒？"奏道："戒，就是止。还有什么可解释呢？"皇上说："你头里走！"

皇上进了大雄宝殿，上香拜佛，起身四顾，故意问："有禅棒吗？"溟波站旁边，默不作声。皇上又问："为什么不答？"溟波回奏："若答，恐有触犯。"皇上出了殿门，问："你的学问与佛藏相比，谁的好？"还是不答。若答，仍执着"有我"之见，不是出家人所为。皇上信步走进方丈坐下，默然无语。出了方丈说："不要送了！"

这时，随驾大臣问："怎样才是向上？"溟波答道："直去不回头。"

受甘露庵之请，入庵结夏三个月，参禅、传戒、修净业，施茶、放堂、济孤、散狱，道场圆满回本山云居寺。受武清杨村报成寺之请，做七天道场济孤。回到北仓村祖茔，祭祖、济孤。做二十一天道场，武清县各处化衣五百件济众，又化僧衣五百件，鞋袜、褂裤俱全。溟波生日那天，外来梵僧七百余人，僧尼、居士八千余人亲临祝贺。

云居寺自顺治年间老僧如全稍稍修治之后，到康熙十一年（1672）"颓者益颓，而残者日就剥落"。是年云居寺住持溟波大师开始对云居寺进行全面修复建设，西域寺、东域寺、梦堂庵、云居寺双塔、戒坛，以及石经山藏经洞、暴经台一应建筑，或翻新，或修补，或重建。据载在溟波的主持下，云居寺共修复建设殿宇、禅堂、寮房、厨库二百余间，这在云居寺历史上规模空前。又造八大菩萨、十二药叉大将、二十四诸天。遵云居寺刻经故事，刻造经碑两方：一方刻《金刚经》，一方刻《药王经》。

溟波是清云居寺开山第一代住持，蜚声遐迩，北京东便门、海会寺、甘露寺，天津、武清、涿州、新城县等处多请其参禅。上至康熙皇帝，下至王公大臣、皇亲显贵多与之交。康熙三十一年（1692），溟波圆寂于云居寺。溟波圆寂后，传弟子圆通，到清末民国传至第十五代。

○八五　大清西域寺圆通广禅师塔铭

赐进士及第文渊阁大学士海宁陈元龙撰文

经筵讲官议政大臣礼部尚书署理镶黄旗满洲都统印务仍兼太常寺行走署理左翼税务事三泰篆额

礼部左侍郎前督察院左副都御史内廷供奉日讲官起居注詹事府詹事王图炳书丹

雍正七年己酉正月十有二日，圆通禅师示寂于京师西山之西域寺，嗣法弟子宝福等建塔院造影堂奉灵龛而窆焉，乃走书具状来乞铭。余谨按状，师讳明广，号圆通，生顺天雄县西北乡。父高姓，母孟氏，梦灯入怀，觉而有娠。甫能言，即具大慧，告母曰："儿念在家业重，出家修行。母怜之，询于卜者。"曰："此子类有宿根，当得胜果，出家固当。"康熙己亥岁，师年十八，父母继殁。恍然曰："修行时至矣。"遂投义天师祝发于白沟河之观音庵。师见义天作务劳苦，叩曰："本愿了悟生死，故尔出家，今却作务何也？"义天知为法器，砭之曰："老僧却知作务为修行，汝欲离作务为修行耶？有溟波老和尚在，我为汝延，致自访之。"因延溟老，就庵结制，朝夕叩击，多所开悟。遂受戒于愍忠，禁足乎海会。欲穷妙道，遍参知识。年未三十，缁白四众，早以尊宿目之矣。一日礼拜毕，溟老曰："如今像和尚矣，好去入堂打七。"师内忖曰："像个和尚便不像，在此一人对，不见分晓，非丈夫也！"于是摒除诸念，一意参研。三日之后，身心廓然，境界顿异。师则自视敛然，谦恭弥甚。每有印证，不敢漫承，誓以真知寔得为究竟。起丁未至辛亥，五年之中，参究益力，忽如千百重负一旦而释。乃献偈曰："三世诸佛坐底牢，一条鼻孔透九霄。从今看破娘生面，普天匝地任逍遥。"自是机锋迅发，当仁不让。溟老和尚尽以法乳付嘱，而师亦以为法自任矣。癸丑，命住中江寺，师辞之。遂上五台，渡黄河，访少林，登首山，逾岳麓，礼香岩。纡回数千里，经历诸祖廷。味道餐风，瞻奇仰异。现光影于夕阳，证法眼于遗火。行脚四年，道乃大进。乙卯，复归侍，充首座者三年，住慈愍者十载。壬申冬，溟和尚将西行，嘱师曰：若个大寺，汝其主持，坚心守定，慎勿他适。师凛遵遗命。继席者三十八年，讵生于前壬午七月七日世寿八十有八，僧腊六十有二，传临济正宗当三十四世。窆之日，十月十九庚申也。余维师之为师，灵根智种，向道最早。屏妄去疑，信道最笃。真参实证，求道最力。决脂滴髓，入道最深。不事招徕，不轻锤炼，卫道最固。状貌不逾中人，及提唱宗风，威仪俨肃，千夫坐废，言词不离日用。及宣扬奥义，则澜翻海涌，万众倾心。补衣粝饭，破屋颓垣，安之若素，处之晏然。而修治殿宇，庄严法事，则罔有不力。逾七迈八，隆冬溽暑，徒步跋涉，不言况瘁。而洁饮馔，均劳逸，矜老病，恤行役，则罔有不周。盖其宏誓大愿，实有以陶铸群伦，德服大众。故所至人天拥护，僧俗瞻依。上有王公卿大夫，靡不虚往实归，久而加敬。下至负贩之细人，骄悍之俗子，钦奉欢喜，从无间言。吾于是而知师之感于人者，深积于穷者厚矣。昔师祖悟公之铭有曰："办真实心，行真实行，悟真实道，说真实法，化真实众。"今余铭师之塔，不能不为之三复云。至于晰针芥于微茫，审毫厘于疑似，则余非学佛人，乌足以知师也。谨系之以铭曰：

西山磅礴兮嶐崧，郁葱萧爽森梵宫。百年法席推圆通，早离浊垢追宗风。义师溟老颠倒中，清修苦务相磨砻。慧剑一挥血缕红，斩钉拔楔成英雄。圣谛了义师实聪，窃衣盗钵羞雷同。七日克复笑土龙，本来面目开瞳昽。化身千百岂赘庸！搬柴运水参神工。禅灯一点暗自融，古心古貌谁知公。祥麟威凤未易逢，咫尺千里烟雾蒙。我来兹山正高春，山花寂诉泉淙淙。拈花汲泉莫遗容，缀词草草铭其封。非奈儃笔忘谦冲，指与人世知天童。

雍正十年岁在壬子仲春朔吉旦勒石　江南江宁王惟乾、周东昇仝镌

碑刻说明

清刻。在云居寺北塔院，青石质，螭道龟趺。碑首高80厘米，宽108厘米，厚21厘米。碑身高205厘米，宽105厘米，厚18厘米。碑额篆书"临济正宗"，阴额篆书"万古流芳"。

碑文载清云居寺重开山第二代住持、传临济正宗第三十四世圆通生平。

碑文考释

打七：是指在七日之中，除必要的饮食睡眠之外，专心参究或专心持名，是佛教禅宗和净土宗的主要修行方式，所以又有"打禅七"和"打净七"之分。

禅宗修行的目的重在直觉参究人性的本源，使禅众克期取证，因此于每年冬安居时均举行"打禅七"的修行。"打七"是以七日为一个周期，在七日之中，专心参究，称为一七，如此直到第七个七日，称为"七七"。这样"打七"从阴历十月十五日起，到腊月八日止，共包括"七七"四十九天。每打"一七"的开始和结束，称为起七和解七，各有规定之仪式。

圆通，俗姓高，讳明广，字圆通，河北雄县人。清云居寺重开山第二代住持，传临济正宗第三十四世。清太宗崇德七年（1642）生于顺天雄县西北乡（今雄安新区），父高姓，母孟氏。18岁父母双亡，在河北固安白沟河观音庵出家，拜义天为师。后投云居寺溟波门下，受戒悯忠寺。在云居寺，他苦参禅机，颇有造诣。康熙十二年（1673），也就是溟波动工大规模修复云居寺的翌年，圆通离开云居寺，开始了他的云游生涯。前后三年的时间里，他上五台，渡黄河，访少林，登首阳，逾岳麓，礼香岩，迂回数千里，经历诸祖廷，味道餐风，道业大进。康熙十四年（1675）结束了云游生活，回到云居寺，充首座三年，住山海关慈愍庵十年。康熙三十一年（1692）冬，溟波大师示寂，圆通奉遗命住持云居寺。溟波圆寂后，云居寺修复工程尚未完工，圆通继承其师遗志，继续云居寺修复，康熙三十七年（1698）终于告竣。

圆通是继溟波之后的又一位高僧，《西域寺圆通广禅师塔铭》称："上自王公大夫，靡不虚往实归，久而加敬；下至负贩之细人，骄悍之俗子，钦奉欢喜，从无间言。"足见他在当时的影响之大。雍正七年（1729）正月十二日，圆通示寂于云居本寺。

撰文者陈元龙，字广陵，号乾斋，浙江海宁人。康熙二十四年（1685）一甲二名进士，授编修，直南书房。五十七年（1718），擢工部尚书。六十年（1721），调礼部，改兵部尚书。雍正三年（1725），任广西巡抚。雍正五年（1727），再任礼部尚书。雍正七年（1729），授额外大学士，后实授文渊阁大学士,文华殿大学士,兼礼部尚书。雍正十一年(1733),加太子太傅衔,以原官退休。乾隆元年(1736),陈元龙去世,年85岁,谥文简。

书丹者王图炳,字澄川,号麟照、慎悔道人,江南华亭县(今上海市金山区)张堰镇人,太常寺博士王顼龄之子。康熙五十一年(1712)御赐进士,选庶吉士,授编修。为礼部侍郎,加正詹衔。升为右中允、侍讲、右庶子、日讲官起居注。雍正时,先后出任国子监祭酒、詹事府正詹事、都察院左副都御史、礼部右侍郎,转左侍郎。乾隆八年(1743),王图炳去世,终年75岁。

王图炳工诗、书,善画。书得董其昌笔意,名闻于时,兼善写生,花卉用笔工整,设色绚丽。学有根底,诗词清逸,为康熙时诗坛"江左十五子"之一。清代著名诗人、书画家。

这两位朝中高官为圆通撰文书碑,一方面反映了圆通的社会影响力之大,一方面反映了云居寺在北京佛教中的地位之重。

碑阴

和硕康亲王第三子辅国将军弟子巴尔图,信官弟子于秉直、黄家琮、傅三元。

嗣法门人实福、实泽、实荣、实善、实祥、实体、实弘、实悟、实通、实参、实修、实慧、实昊、实亮、实定、实度、实魁、实雪、实雨、实洁、实湛、实成、实道、实志、实玉、实太、实澄、实亮、实瑞、实隆、实宽、实信、实智、实度、实义、实意、实祥、实至、实德、实和、实常、实元,孝徒实印,法孙际琛、际轮等,各府各州各县重善人等同建立。

碑文考释

碑阴载和硕康亲王第三子辅国将军弟子巴尔图,信官弟子于秉直、黄家琮、傅三元姓名,并43位门人、2位法孙的法名。

硕康亲王杰书,清太祖努尔哈赤曾孙,礼烈亲王代善之孙,镇国公祜塞第三子,为清代六大亲王之一。顺治二年(1645)生,顺治六年(1649),袭爵封为郡王。顺治八年(1651),加封号为康郡王。顺治十六年(1659),因其伯父巽亲王满达海被追论前罪,最终被追夺谥法及碑文,降爵为贝勒。满达海之子常阿岱亦因父罪而被降爵为贝勒，礼亲王一系的铁帽子王爵位由杰书承袭为康亲王。

巴尔图，礼烈亲王代善后裔，康良亲王杰书第四子。康熙十三年（1674）八月十三日生，康熙三十二年（1693），被封为三等辅国将军。雍正十一年（1733）侄儿康修亲王崇安逝世后，朝廷以巴尔图承袭康亲王爵位。乾隆十八年（1753），巴尔图逝世，朝廷赐予谥号"简"。

〇八六　西域大云居寺了尘福禅师塔铭

多罗宁郡王文并书

西域大云居者，京师之巨刹也。继临济一灯，代有尊宿，洵为北方龙象。自溟波古公法嗣圆通广公示寂后，了尘福授衣盂主持方丈，岂雍正七年春季也。寺密迩父王园寝，余奉命祭谒之暇过寺，见了师修头陀行，演毗尼法，戒律精持，庄严不懈。不意乙丑岁，其徒际瑜致启与余：报师于三月二十日示寂矣，且具状乞铭其塔。按状：师讳实福，字了尘，河间府河间县人。父陈姓，母夏氏。一日，父母同梦中秋拜月，觉而生。三岁聪颖异常儿，父母倍怜之。忽闻僧人于门外募缘念佛，随朗声诵佛号而出。僧甚诧之，曰："此佛器也，宜出家，当得胜果。"父佛朕曰："独子何由出此语？"其后因病困，父母许令薙发于双塔村之兴隆寺，礼本宗师默契禅宗。康熙四十五年春，始赴西峪求具自圆相戒，之后参随圆公二十余年，于常执事无不尽心力修持，遍参知识。一日，进方丈，圆公命坐，问云：者些年汝更作甚么？师随答云："云居数十年，参究无日闲。惟有弥陀佛，随机见处圆。"圆公微笑许可，师亦微笑答之。自后觉心地清凉，迥异平昔矣，圆师命充阇黎。雍正七年，圆公示寂，遗命阇黎嗣方丈，师乃继席。秉拂十六年来，移大悲坛，建藏经殿、比丘坛、客堂、回廊及后层殿刹，皆辉焕倍昔。参度学者，岁有数百。今岁三月，忽感微疾，召大众，示以执定力念佛，众皆念佛，师亦念佛而逝。享世寿七十，僧腊三十六年，传临济正宗当三十五世。窆之日，乾隆十年十月甲子也。盖师具童子身，修头陀行，七十年如一日，早彻性宗而不以语言文字示人，非得髓于临济正宗岂能若是？诚如悟公之铭，辨真实心，行真实行者。爰系之铭曰：

峨峨石经，嶂开西峪。台殿崔巍，翠微当户。代嬗正宗，法灯智炬。卓哉了公，倏肰西顾。我思其人，松心石髓。七十年来，水流云住。

乾隆十一年岁次丙寅秋九月嗣法际瑜敬立

碑刻说明

清刻。在云居寺北塔院。螭首方座，青石质。碑身高183厘米，宽82厘米，厚18厘米。碑额篆书"临济正宗"，阴额篆书"万古流芳"。碑文载云居寺重开山第三代住持、传临济正宗第三十五世了尘生平。

碑文考释

乙丑岁，即乾隆十年（1745）。

具自圆相戒：又称具戒、近圆戒，即具足戒。乃比丘，或比丘尼所受，此戒之戒品具足，近于涅槃圆果，故称圆具。《南海寄归内法传》卷四："圆具圆心，遵修律藏。"又具足戒之戒数，若依《四分律》：比丘共250戒，比丘尼共348戒。

阇黎：梵语的汉译，一作阇梨，意为高僧。

了尘，法名实福，号了尘，河间府河间县（今河北省河间县）人。云居寺重开山第三代住持，传临济正宗第三十五世。俗姓陈，母夏氏。据载，其父和母夏氏同梦中秋拜月，夏氏有感而生此子。了尘三岁时就比一般孩子聪明，父母倍加疼爱。一天，忽然听到门外有和尚念佛化缘，了尘朗声诵佛号迎出来，和尚见了十分吃惊，说："这孩子是佛器，应该出家，必得胜果。"父亲听了非常生气，说："我家是独子，和尚怎么能这么说？"后来，了尘大病一场，父母不得已，让他到双塔村（今属河间县景和镇）兴隆寺落发，礼本宗师为师。康熙四十五年（1706）春，赴云居寺，投圆通门下，求具自圆相戒。之后，随侍圆通20余载，位列高僧。雍正七年（1729）任云居寺住持。乾隆十年（1745）三月二十日示寂。了尘也是一代有作为的住持，清雍、乾间，住持云居寺凡16载，移大悲坛，修两壁僧寮，建藏经阁、比丘坛、客堂、回廊及后层殿刹，或修之或建之。

撰文书碑者多罗宁郡王，为爱新觉罗·弘晈，康熙孙，怡贤亲王爱新觉罗·胤祥子。雍正八年（1730）封为宁郡王，乾隆二十九年（1764）甲申八月十四日丑时示寂。

多罗宁郡王爱新觉罗·弘晈在《西域大云居寺了尘福禅师塔铭》中写道："寺密迩父王园寝，余奉命祭谒之暇过寺，见了师修头陀行，演毗尼法，戒律精持，庄严不懈。"

弘晈父胤祥墓位于保定市涞水县以北的石亭镇东营房村西云溪水峪，在云居寺西南19公里，故弘晈碑云"寺密迩父王园寝"。弘晈奉乾隆帝之命去西陵谒陵，途经云居寺，见了尘"修头陀行，演毗尼法，戒律精持，庄严不懈"。乾隆十年（1745）了尘示寂，弟子际瑜至弘晈府上，请他为了尘撰写塔铭，弘晈应允，故撰此铭。了尘在世时，弘晈应了尘之请，于乾隆四年（1739）为云居寺撰写《认买入官房地碑》，乾隆八年（1743）再撰《重修云居古刹碑记》，足见了尘生前和弘晈交谊颇深。

碑阴

嗣法门人万安际瑜、清仁际珩、清远际龙、殷然际明、胜如际性、玉光际琏、彻达际珍、贯文际瑞、天彻际悟、昙芳际望、万善际伦、宝宽际露、显光际琳、福如际璋、明宗际贵、惺然际琮、縢如际宝、祥生际环、□□际童、亮如际秀、正宗际域。孝徒万行、宽智。

各府各州各县各村庄众善人等

三宝弟子际荣、际隆、际印、际玉、际容、际德、际寿、际良、际正、际贤、际有、际文。葛门陈氏、魏门于氏、佟门李氏、钟门吴氏、吴门袁氏、李门田氏、何门任氏、马门刘氏、孟门陈氏、赵门金氏、孙门王氏、袁门张氏、韩门郭氏、吴门张氏、李门张氏、张门高氏、吴门王氏、张门张氏、黄门□氏、乔门任氏、王门闫氏、何门杨氏、张门冯氏、敖门那氏、白门白氏、白门那氏、阿门陈氏、张门绳氏、李门胡氏、朱门将氏、张门鲁氏、月门齐氏、傅门那氏。

信士钟弘智、钟弘信、孟弘信、孟永贵、马长清、付恒、禄哥、申慈保、□慈保、张玉佩、福成、小七六儿、魏门酱氏、费门米氏、黄门庄氏、傅门何氏、鲍门李氏、刘门曲氏、蔡门于氏、高门赵氏、张门杨氏、宝明、宝受、际峰、际祥、际善、宝邱、巴门李氏、赵门赵氏、佟门吴氏、李门吴氏、韩门蒋氏、周门李氏、杜门黄氏、熊门林氏、吴门吴氏、闫门于氏、吴门高氏、刘门樊氏、王门王氏、刘门段氏、杨门石氏、韩门刘氏、马门刘氏，郑芳时、海祥、寂宽、那门郑氏、吕门何氏，河间府东八里庄信士王影新、朱正心。永远。

江南江宁郑国立　李吉士　仝镌

碑文考释

碑阴载了尘22位门人、45位三宝弟子、33位信士名号。

功德碑刻

云居寺生计，自古靠檀越善信布施，静琬隋大业发起刻经，除了门徒参与其间，主要来自"好施檀越"的资助，无论是一千余年的刻经，还是创建以来历代寺院修复、僧人生活，离不开善信施钱施地。上至帝王权贵，下至普通百姓。

隋大业年间，静琬发起刻经，得到朝野的支持响应。大业七年（611），皇后萧氏施绢千匹，皇后弟内史侍郎萧瑀施绢五百匹，朝野上下争相为静琬刻经施舍财物。唐开元年十八年（730），唐玄宗和玄宗第八妹金仙长公主奏请玄宗赐新旧译经四千余卷，又御赐大片田园山林作为刻经经费。辽代，圣宗、兴宗、道宗，相继赐钱造经。此后，金、元、明历代，朝野施助不绝。

清代的施助是经常性的，康熙帝一次就赐溟波白金三十两添钵，嘉庆皇帝赐稻田三百亩，权贵和一些富裕的信众出手更是大方，施田几顷、十几顷，几十顷，屡见不鲜。如伊桑阿之孙福增格，向云居寺施田 20 顷零 50 亩，另外还布施瓦房 15 间、土房 25 间，及场院、园子、井、树等财产。清代，仅据碑记所载善信所施地亩就达 52 顷之多。施钱者出手也非常阔绰，东安县人刘万金，一次布施白金 170 两、白银 330 千、黑豆 100 石。对于大宗布施，僧寺必镌碑于寺，记下施主的功德。

本卷收录功德碑刻 20 件：金代 1 件、明代 1 件、清代 16 件、民国 2 件，其中收录碑文 20 篇。

〇八七　刘天甫等捐资碑

中都大兴府永清县合河村都维那刘天甫妻张氏合家管

花严堂内金佛一千五十三尊　盖一条

当县□亭村冯阿张　儿妇严氏共施钱壹拾贯文　盖一条

当县李阿王施钱伍贯文　当县陈阿潘施钱叁贯文

当县赵阿吴施钱二贯四伯文　当县张阿王施钱壹贯文

当县定□师施钱伍伯文　当县苏法照施钱三伯文

当县苏□施钱三伯文　当县王阿毕施钱三伯文

当县陈阿蒋施钱三伯文　当县李院使施钱一伯九十文

金大定十四年岁次乙未四月十五日建

碑刻说明

金刻。在石经山。拓片通高95厘米，宽45厘米。

碑文考释

永清县，今属河北省廊坊市，位于河北中部，京、津、保三角地带中心。碑载永清县自都维那刘天甫以下14人，为云居寺捐资数额。从一个侧面反映了金代永清县和云居寺的宗教联系。

〇八八　张普旺立碑记

此碑初建不书字，唐朝表朝石碑二确。永乐年间有都督谭，将碑因碍卧于地，土践尘埋，至六十余年，今成化十年甲午岁次冬十月，有保定府新城县韩杜社善人张普旺游于碑所，视之先遗言不忍，发心议勉本洞、本寺住持嗔嗒嗦哩同大众施财复立。

碑刻说明

明刻。镌于《宋小儿金刚般若波罗蜜经碑》碑座。高29厘米，宽91厘米，厚62厘米。

碑文考释

"唐朝表朝石碑二确"，应为唐武周时期（684—704）《宋小儿金刚般若波罗蜜经碑》、元至正元年（1341）《重修华严堂经本记》两碑。

由此题记可知，明初的永乐年间，有一位谭姓都督，来到石经山工干，因两碑碍事，把碑推倒，再也没扶起来。60多年后，成化十年（1474）十月，保定府新城县韩杜社村善人张普旺，游历石经山，发现二碑伏地，任由践踏，找到云居寺住持嗔嗒嗦哩，施财募捐，把二碑重新归安。

○八九　复涿州石经山琬公塔院记

住东海那罗延山海印寺沙门释德清撰

赐同进士出身资善大夫吏部尚书前刑部尚书南京吏刑二部尚书侍经筵官平湖陆祖光篆额

赐进士出身翰林院编修承事郎巴西黄辉书丹

昔尝阅藏教，睹南岳思大师愿文，愿色身常住，奉持佛法，以待慈氏，斯已甚为希有矣。及观光上国，游目小西天，见石经何其伟哉！盖有隋大业中，幽州智泉寺沙门静琬尊者，虑三灾坏劫，大法湮没，欲令佛种不断，故乃削刻石藏经板，封于涿州之西白带山，山有七洞，洞洞皆满，由大业至唐贞观十二年，公愿未终而化，门人导、仪、暹、法四公相继，五世而经亦未完，历唐及宋，代不乏人。至有元至正间，高丽沙门慧月大师，尚未卒业。其事颠末，具载云居各树碑幢间。惟我明无闻焉，何哉？噫，苟非其人，道不虚行。佛种从缘起，其是之谓乎？初达观可大师，于万历丙戌秋，访清于那罗延堀，北游云居，至琬公塔，一见则泪堕如雨，若亡子而见父母庐墓也，抱幢痛哭，徘徊久之而去。南游峨嵋，回至金坛，为报父母恩，手书法华、楞严二经完。越六年，壬辰六月，走都下，属太仆徐君琰，造琅函，将送置芦芽万佛塔，因暂憩潭柘。不日，圣母慈圣皇太后闻之，遣侍臣陈儒，赍斋具往供之，且随师再过云居，礼石经于雷音寺。时忽光烛岩壑，及揭殿中拜石，石下穴，穴中有函，函中银匣盛金匣，贮金瓶，藏佛舍利三颗，灿若金刚，恍如故物。一众称异，悲喜交集。已而载礼琬公。是时，塔院业已为寺僧卖之巨室，公骨将与狐兔同巢矣。师怆然而悲，即以圣慈所供傔金赎之。不足，仍因中贵人杨庭，属弟子徐法灯者助成之。师因避暑上方山，清亦来自东海，谒师于兜率院，谈及此，抚掌痛慨，食顷，师上足密藏开公持赎院券同琰君至，师跃然而喜，即拉清同过云居礼赞焉。冒雨冲泥，穷日而至。右绕三匝，默存俨然，凛凛生气，叹曰："公其不朽哉！"因感遇，与琰君共捐金购地若干亩，为守奉香火资。达师命清记其事，顾清何人，唯唯而作是言曰：尽大地为常住法身，唯至人能知一微尘有大千经卷，唯智眼能见以如是身说如是经。是法甚深奥，少有能信者，信之者岂易易哉？是以吾佛世尊，于旷大劫观十方界，无芥子许，不是舍身命，为众生故而求此法处，刚求而得之，即于一毛端头现宝王刹，一微尘里转大法轮，是则所说三藏十二部，言言字字，皆吾佛骨血心髓也。故曰此经在处，皆应起塔供养，不须复安舍利，以此中已有如来全身故。是以能持此法者，则为报佛深恩矣。灵山会上，佛欲以此法付嘱有在，是时人天百万，无一人敢吐气荷担者。顾此大众，岂非英杰丈夫哉？况亲承佛教，心领佛恩，而犹逡巡畏缩之如此，必待从地涌出六十二亿恒沙众者，此何以故？且又但许如来灭后五百岁，如是而已，况待慈氏，弥三灾，历穷劫乎？足见持法之难也如此！由是观之，能起一念护法深心者，则为诸佛护念矣。良由佛非法无以成正觉，法非佛无以度众生，生非法无以明自心，心不明无以护正法，法不护又何以报佛恩、称佛子哉？惟其佛灭而法灭，法常则佛身常住矣。佛以常身据法界、建大业，至若守护封疆者，固其多方，惟我南岳大师总持以愿轮，不若琬公见之于行事。虽然，佛业固大，非南岳无以振其纲。岳愿固弘，非琬公无以缵其业。琬公固高，非慧月无以继其志。呜呼！因修者易，草创者难。续焰传灯，代有其人。若夫峥嵘法界，一始终，同休戚，苦心深虑，克绍如来家业者，除庆喜，去童寿，唯我琬公一人而已。噫，公功大矣！穷劫众生受其赐，微公佛亦左袒矣，是亲承密印而来耶，抑六十二亿之一耶？何其愿力广大如此也？慨夫浊世，知公者希，则公者贵。至若知公则公，又唯我达观大师一人而已。唯公与师，正谓千载旦莫之遇也。嗟乎，世不知公，则不知佛。然不知师，又何以知公哉？愚谓公心即佛，公骨即经。广长舌相，不灭不生。佛法不朽，赖公骨存，骨与法界相为始终。今师与公，生死而肉骨之业，既往而又复之，则是重剖一尘，而出法界之经也。岂小缘哉？呜呼，公之骨托于师，师之心刻于石，后之览斯文而不堕泪者，犹人闻父母心血骨髓而不动色，断断乎非真子也。清固谓吾徒有泪，定当洒于琬公之骨。

岁秋七月望日知房山县事太原王育才立石

碑刻说明

明刻。原在云居寺北水头村塔院，现与开山琬公塔一同移置于寺内辽金藏经地宫西。首高124厘米，宽120厘米，厚44厘米。碑身高211厘米，宽110厘米，厚32厘米。碑座高86厘米，宽154厘米，厚62厘米。

碑文考释

万历丙戌，万历十四年（1586）。万历壬辰，万历二十年（1592）。

碑文追述隋大业静琬发起刻经及世代续刻的概况，继而记述达观两次朝谒云居寺的经过。

万历十四年（1586），达观第一次来到云居寺：这次达观由海印寺而来。真可自五台山跋山涉水，前往山东崂山的海印寺拜访德清，碑文未说明原委，而三年后的万历十七年（1589），开始在五台山紫霞谷妙德庵刊造《方册藏》，如此或以刊经事与德清相谋。达观逗留二十日，便携锡北归。途中，专程来云居寺参礼。他来到琬公塔前，一见便泪堕如雨，若亡子见父母庐墓，抱幢痛哭，徘徊久之。达观何以到云居寺参礼琬公塔？就其筹造方册藏的背景看，他参禅静琬这位900多年前的刻经大师，必和他筹造方册藏有关，他此行的目的一定是想从这位刻经先贤身上寻求感染和激励。这是真可第一次来云居寺。

离开云居寺，他没有立即回五台山，转道去了江苏常州的金坛，为报父母恩，亲手书录《法华经》《楞严经》。

时隔六年，达观第二次朝谒云居寺。达观原来携《法华经》《楞严经》送置芦芽万佛塔供奉，他来到北京，委托门下弟子制作了精美的经函，将两部佛经装藏于函内，奉于芦芽万佛塔。事情办妥，他来到潭柘寺暂憩。关于此次都下之行，释德清所撰《涿州西石经山雷音堀舍利记》亦有记载："有明万历二十年岁在壬辰四月庚寅朔十有五日甲辰，达观可禅师自五台送龙子归潭柘。"其中"送龙子归潭柘"语焉不详，《复涿州石经山琬公塔院记》则表述清晰。在潭柘寺期间，圣母慈圣皇太后遣侍臣陈儒前往，舍供斋金。

五月十二日，观达携门下弟子道开、如奇、冏丞、徐琰自潭柘寺前往云居寺。五月十九日，亲往石经山拜经，见雷音洞内"像设瘫散，石经薄蚀"，于是命东云居寺住持明亮加以修缮。动工的第二天，僧人们启开雷音洞内的拜石，石下有穴，内藏石函约1尺见方，面刻"大隋大业十二年岁次丙子四月丁巳朔八日甲子于此函内安置佛舍利三粒，愿住持永劫"36字铭文，内贮四五升灵骨，状如石髓，异香馥郁，其间有一银函方寸许，内盛小金函半寸许，金函内有一个小金瓶，内贮3粒舍利，状如小米，紫红色。按《法苑珠林》所言，这3颗舍利为肉舍利。达观即刻通过赵赟把石经山雷音洞发现佛舍利一事上奏。慈圣太后获悉，欣然斋宿3日，六月初一日，把佛舍利迎入其寝宫慈宁宫，供养3日。

真可逗留云居寺，再次参礼琬公塔，岂料，塔院已被寺僧盗卖给当地富豪，真可悲伤不已，当即拿出慈圣太后的供养金并得到法灯等人的资助，从巨室手中赎回静琬以下百余座历代高僧的骨塔。

在山西的五台山，达观的弟子们正在刊刻着《方册藏》。刻藏事体由真可门人如奇等主持，于万历十七年（1589），开始在五台山紫霞谷妙德庵刊造，到万历二十年已经进入了第四年年头。当年山中气候严寒，刻经工作极为艰难。真可再来云居寺参礼，且以主持刻经的如奇随行，其中的用心，不言可知。和第一次一样，他再次来云居寺参礼，仍然是缘于他的刻经情结。而达观的刻经情结，无疑是雷音洞佛舍利出土的内因。

时值盛夏，云居寺所在的北方，正是酷暑难耐的季节。真可大师便来到云居寺以北十数里的上方山避暑。此时，崂山海印寺的德清闻讯赶来，在上方山的兜率寺见到了达观。二位大师自万历十四年（1586）海印寺一别整整六年，久别重逢，真可谈及刚刚在云居寺的一段经历，两人抚掌痛慨。说话间，真可门人道开携同徐琰，手持赎买云居寺塔院券契而来。真可高兴得从座位上站起来，当即拉着德清冒雨一同前往云居礼赞。天雨泥泞，两位大师走了一天的路，傍晚才抵达云居寺，真可和德清顾不得一路劳顿，赶到塔院，顶着风雨绕琬公塔三匝礼拜，然后默存伫立。真可委托德清撰写《复涿州石经山琬公塔院记》刻碑于石。当年七月，由房山知县王育才立于琬公塔旁。

黄辉，字平倩，昭素，号慎轩，又号"无知居士""云水道人"，南充高坪区人（现西充县扶君乡黄家沟村人）。生于明嘉靖三十八年（1559），他自幼聪明机警，记忆力强，被视为神童。15岁中解元，31岁中进士，选翰林院庶吉士，为编修。迁右春坊右中允，为皇长子讲官，升少詹事兼侍读学士，天启元年（1621）卒于官位。黄辉的诗和书法都很有名，他的诗清新隽永，自舒性灵，状景抒情，真切动人，与公安派的主将陶望周齐名。其书法"布局疏朗，行气脱落，韵致潇洒，墨法圆润"，与当时大书法家董其昌齐名。故人们称誉他是"诗书双绝"。著有《铁庵集》《平倩逸稿》《怡春堂集》《慎轩文集》等。

○九○　石经山雷音寺施香火地碑记

尝闻儒教而有夫子，有夫子而有四书，有四书而有弟子，有弟子而有官禄。四者俱备，儒教所以常也。吾佛教而有如来，有如来而有三藏，有三世藏而有僧伽，有僧伽而有香火，四者俱备佛教所以久也。古尚既尔，今何不然？兹今石经山雷音寺，虽无佛在而有舍利，虽无贝叶而有石藏，虽无圣人而有凡僧，三者现存而独无香火也。香火既无而僧不久，僧既不久而法仗谁兴？法既不兴而佛必冰释矣。兹有京都信女孙门冯氏、董门蔡氏、孙门冯氏游历此山，因问住持曰：此间香火地有若干？住持答曰：一亩全无，而况多耶？由是众信女等各发护教之心，同捐衣食之费，置地五十余亩，以为助道之资。而财施虽然不多，可以留三宝常住于世矣。而住持感叹不已，欲刊石以垂后世，遂就余以求文。余曰：善哉！真佛教之金汤者也。昔给孤买园，祇陀施树建精舍，于丰德城内请世尊而转妙法轮，后入十八之列，至今千古难磨。吾想众女人等虽处坤道之身，而有护法之念，非给孤之再来，必祇陀之复世矣。就斯刻石以记之，永为万世之楷模也，何必余口喃喃的，大似云居罗汉披襟处，巩县茶瓶汤不绝。是为序。

施财信女孙门冯氏　董门蔡氏　孙门冯氏

峕康熙拾壹年岁次壬子孟秋吉旦立石

碑刻说明

清刻。在石经山藏经洞第五洞右侧。首高58厘米，宽79.5厘米，厚23.5厘米。碑身高151厘米，宽77.5厘米，厚19厘米。碑座高59厘米，宽89.5厘米，厚46厘米碑。碑额正书"万古不朽"。文中记载京都信女孙门冯氏、董门蔡氏、孙门冯氏同捐雷音寺香火地五十余亩之事。

碑文考释

此碑立于康熙十一年（1672），当年，北京城内信女孙门冯氏、董门蔡氏、孙门冯氏三人同游石经山，问住僧香火地有多少，住僧回答一亩都没有，三人于是施钱为云居寺置香火地五十余亩。

此碑反映了清初云居寺的败落，千年古刹，庙产尽失，僧人无以为计，快到了僧去山空的境地。

〇九一　认买入官房地碑

特授房山县正堂加三级彭，为认买入官房地事：

乾隆肆年叁月初八日，蒙布政司范宪牌前事，乾隆肆年贰月贰拾五日，蒙兵部尚书总督部堂孙宪牌，准户部咨开，即将西域寺僧际旺认买李元龙名下入官房地并山坡，准具认买缘由，即行知照。将价银解交司库，出给执照。交实福营业等因。蒙此，除将前项房地山坡价银贰佰壹拾捌两伍钱陆分陆厘陆毫，业经解交藩库查收获批执照在案外，合行给照，须执照者计开：坐落西域寺共水旱地壹顷玖拾陆亩，草房拾壹间，山坡贰处。坐落孤山口村地拾陆亩，坐落高家庄水地贰亩。以上共地贰顷壹拾肆亩，房拾壹间，山坡贰处，内有应纳民地钱粮捌两贰分贰厘肆毫叁丝壹忽壹微。

西域寺山坡一处，南至磨盘嘴为界。内有□□□□□□在东山根底，东至小西天山岭分水为界，北至□□□□坐庵公水为界，西至累八岭分水为界，四至分明。□□夏庄正东山坡一处，东至东山岭分水为界，北至黄□分水为界，西至李元龙祭田地为界，南至宽江分水为界，四至分明。高家庄西南有东西水地一段，坐落九□湾，周世魁承种。南至高台地边，东至河，北至周姓，西至周姓，四至分明。孤山口西北荒岗地段，坐落黄家坟，张江承种。南至荒隔为界，东至独树里逃户地为界，北至山坡段家坟为界，西至此正里民地为界，四至分明。

本寺下院京都阜成门外慈明寺香火、旱地、园地柒拾亩，涿州城东马坊村兴隆寺香火地伍顷，新城县龙堂村通会寺香火地柒顷，新城县栗各庄万寿庵香火地贰拾贰顷。京都东城大佛寺，涿州西北乡杜村东南香火水稻地一顷一十二亩：第一段地三十，北至旱地，西至沟，南至沟，东至郑。又一段地二十二亩，北至沟，南至沟，东至明，西至吴。又一段地六亩，西至高，北至旱地，南至索，东至香火。又一段地二十四亩，南至沟，北至沟，东至索，西至王。又一段地十二亩，南至沟，北至沟，东至香火，西至索。又一段地六亩，西至沟，北至沟，南至沟，东至索。又一段地十二亩，南至吴，北至沟，东至吴，西至吴。立买契僧人际伦，中保人觉罗永庆，买主实泰。

碑刻说明

清刻。在云居寺祖师殿前。清乾隆四年（1739）立。方首圆角，青石质。碑座高46厘米，宽104厘米，厚44厘米。碑身高143厘米，宽72厘米，厚20厘米。碑首高64厘米，宽74厘米，厚22厘米。碑额篆书"瞻奇仰异"，阴额双勾书"传代流芳"。多罗宁郡王弘皎撰文、书丹。

碑文考释

慈明寺，在北京城内北礼士路52号。明万历四十四年（1616）敕建，庙宇规模较大，山门前空场也较大。今已无存。

大佛寺，是元代古刹，原名普德寺俗呼大佛寺。位于北京东城区大佛寺东街、美术馆后街区域内之西南角。今已经无存。

涿州城东马坊村，今河北省保定涿州市清凉寺街道马坊村。

涿州西北乡杜村，今河北省保定涿州市下胡良乡杜村。

新城县龙堂村，今河北省保定高碑店市东盛街龙堂村道。

新城县栗各庄，今河北省保定高碑店市和平办事处栗各庄。

书碑者多罗宁郡王弘晈，康熙孙，怡贤亲王爱新觉罗·胤祥子。雍正八年（1730）封为宁郡王，乾隆二十九年（1764）甲申八月十四日丑时薨。

此碑主文为房山县出具云居寺僧人际旺认买李元龙名下入官房地文书，此地交易由房山县呈请户部，分别获得兵部尚书总督部堂和布政司的批准。李元龙入官地分别坐落西域寺共水旱地一顷九十六亩，草房十一间。山坡两处，坐落孤山口村地十亩，坐落高家庄水地二亩。以上共地二顷一十四亩，房十一间，山坡两处，内有应纳民地钱粮十八两分二厘四毫三丝一忽一微。

买地僧人际旺，是清云居寺重开山第三代住持，传临济正宗第三十五世了尘和尚的弟子，名昙芳，号际旺。按临济辈分为临济正宗三十六世僧人。其买地的乾隆四年（1739），正是其师了尘住持云居寺期间。了尘，河北河间县人，姓陈氏，法名实福，号了尘。

特授房山县正堂加三级彭，为房山知县彭萼彩。民国《房山县志》卷四载，彭萼彩于乾隆三年（1738）到任。

碑文下方镌云居寺香火地分布：西域寺山坡一处，夏庄（今下庄）正东山坡一处，高家庄西南有东西水地一段，孤山口西北荒岗地一段。

碑文左侧，镌云居寺下院地亩：京都阜成门外慈明寺、涿州城东马坊村兴隆寺、新城县龙堂村通会寺、新城县栗各庄万寿庵、京都东城大佛寺五家下院，其计有香火地三十五顷八十二亩。

碑后属立买契僧际伦，名万善，号际伦，是清云居寺重开山第三代住持、传临济正宗第三十五世了尘和尚的弟子。按临济辈分为临济正宗三十六世僧人。

而买主实泰，亦写作实太，与了尘同为清云居寺重开山第二代住持传临济正宗第三十四世圆通和尚的弟子。按临济辈分为临济正宗三十五世僧人，算起来是立买据人际伦的师叔。

中保人觉罗永庆，清宗室觉罗氏，康熙帝曾孙。祖父胤祺，康熙帝第五子。父永弘晌，胤祺第六子。永庆为弘晌第二子，雍正十三年（1735）封奉恩将军，乾隆五年（1740）因病告退。书碑者多罗宁郡王弘皎为永庆族叔。

两位皇亲、郡王书碑，将军中保，颇具护持意味。

据《石经山雷音寺施香火地碑记》，清初的康熙十一年（1672），重开山第一代溟波任住持，是年开始大规模兴建云居寺，但寺院状况不是很好，寺中香火地一亩也没有。

《认买往入官房地碑》表明，到了第三代了尘时期的乾隆初，云居寺情况大为好转。

〇九二　施地供众碑记

功德主散秩大臣副都统兼管左翼步军总尉事佐领和硕额驸福增格撰并书

西域云居寺，京西之巨刹也。自溟师天山以来，不事庄严，清修苦行。因距先祖文端公先茔甚迩，是以余家三世护持焚修，将及六十年矣。今有增格典到正白旗汉军石勇佐领下伊凌阿地二十顷零五十亩、瓦房十五间、土房二十五间、场院、园子、井、树，坐落新城县栗各庄，用价银五千两，契写三十年后银到取赎。后因知增格愿舍与龙天常住供众，石姓原典主亦乐勷善举，亲写永不取赎契约。是以，余情愿画写舍契，施与常住，永为寺业。各无争竞，久远存验。

乾隆十九年闰四月十五日

碑刻说明

清刻。在云居寺北塔院东廊。碑首高49厘米，宽76厘米，厚25厘米。碑身高100厘米，宽74厘米，厚22厘米。碑座高44厘米，宽90厘米，厚25厘米。碑额题"因果不昧"，阴题"福缘善庆"，碑额正书"福缘善庆"。落款私印两枚，一上一下，均系篆书，朱文。上为"散秩大臣"，下为"福增格"。

碑文考释

福僧格，字赞咸，号松岩。大学士伊桑阿孙，山西总督伊都立子。以怡王府仪宾，擢散秩大臣。出为山西总兵官，旋迁步军总尉兼副都统，转盛京兵部侍郎。著有《酌雅集》。

散秩大臣，从二品，是皇帝和皇宫的警卫部队侍卫处的官员。左翼步军总尉，京城禁卫武官，正二品，受提督九门步军统领节制。副都统，正二品，受将军节制。盛京兵部侍郎，盛京兵部长官。掌盛京营伍戎政、武官铨选及驿传、边禁等事。康熙三十年（1691）置，额设满洲一人。

和硕额驸，清代制度妃嫔的女儿称和硕公主，和硕公主丈夫称和硕额驸。而皇后生的女儿为固伦公主，固伦公主的丈夫为固伦额驸。福僧格为和硕额驸，他娶了妃嫔所生的女儿。

福僧格出身世家，身为二品武官，加之和硕额驸身份，地位格外显赫。他以价银五千两典到正白旗汉军石勇佐领下伊凌阿地二十顷零五十亩、瓦房十五间、土房二十五间、场院、园子、井、树，坐落新城县栗各庄（今河北省保定高碑店市和平街道栗各庄村），契写三十年后银到取赎。施给云居寺为香火地。石姓原典主得知地亩施云居寺，亲写永不取赎契约。这是入清以来，云居寺得到了最大一笔土地捐赠。

"因距先祖文端公先茔甚迩"，福僧格祖父，伊桑阿，谥文端。顺治九年进士，授礼部主事，累擢内阁学士。康熙十四年（1675），迁礼部侍郎，擢工部尚书、户部尚书。历兵、礼二部尚书。二十七年（1688），拜文华殿大学士兼吏部尚书。入阁十五年。四十二年（1703）七月卒，年六十有六，谥文端，赐祭。

"余家三世护持焚修，将及六十年矣。"伊桑阿墓在云居寺东北十数里的皇后台村，自伊桑阿至福僧格施地的乾隆十九年（1754），整整51年。

那么，自伊桑阿子伊都立始，伊氏家族在云居寺护持焚修当至福僧格、福僧格子，恰历三世，51个年头。"将及六十年"意思是说话就奔六十年了，这也是福僧格慷慨施地的原因所在。

福僧格施新城县栗各庄地产，时重开山第四代住持，传临济正宗第三十六世瑜公和尚住持云居寺。瑜公，俗姓朱，法名万安，号际瑜，青鲁商河（山东省济南市商河县）人。

功德碑刻

〇九三　宛平县阜城门内吴门王氏施地碑

京都顺天府宛平县阜城门内武衣库衚衕信女吴门王氏者，中年霜居，只身独影。安心行道，自利利人。为云居之会首，统众献香灯于金地伽蓝，引化众善同种般若之妙因。今者寿登八十有一，亦不以老介其心，施舍之念未尝去诸怀也。其植之福果，生生自是不断。所结之良缘，世世常为侣伴。美哉，善人！是以志之以垂不朽，为后人鉴。又施银三十两，置地二十亩，永远供众。

峕乾隆二十年月八日　云居主人立

碑刻说明

清刻。此碑立于云居寺北塔院东廊，方首抹角，白石质。碑座高44厘米，宽90厘米，厚25厘米。碑身高100厘米，宽74厘米，厚22厘米。碑首高49厘米，宽76厘米，厚25厘米。碑额正书"福缘善庆"。碑无题，题为添加。

碑文考释

文载，京都顺天府宛平县阜城门内武衣库衚衕信女吴门王氏者，中年孀居，为云居会首，历年布施。乾隆二十年（1755），81岁，又施银30两，置地20亩。时重开山第四代住持，传临济正宗第三十六世际瑜和尚住持云居寺。

〇九四　功德碑记

恭闻一茎草上现琼楼玉殿，非假功能，一念善中，故成德业福田。信自当人，祇园故有布金，震旦岂无长者？庞老见性成佛，妙在诸缘皆空。大梅即心即佛，贵乎修因无漏。

兹今范阳古郡大树楼桑，有善人刘门王氏者，好喜布施，不枉古人，恒怀拜善之风，永秉闻过之德。外现妇女之身，内含丈夫之气。人亲三宝，顿悟一时。近将祖业地陆段，计壹顷捌拾亩，癸酉年间，暨孙刘魁玉等同发坚固之心，共霑无为之化，舍奉西域梵刹，接代往来僧众。割现在之荣，种将来之福。前因后果，脉络相连。选佛场中已栽菩提妙树，龙华会上早证转女成男。功德无穷，福源浩渺。凭有红契，更立斯文。勒石刻铭，永重不朽云尔。

涿州三合屯壹顷贰拾亩　降各庄陆拾亩

功德主刘门王氏率孙刘魁玉　刘华玉　刘甫玉

大清乾隆二十八年岁在癸未二月　日立

碑刻说明

清刻。此碑嵌于云居寺千佛殿郎内西墙壁。碑首高25厘米，宽65厘米。碑身高85厘米，宽65厘米。碑额正书"永垂不朽"。

碑文考释

文中记载涿县大树楼桑刘门冯氏与孙刘魁玉、刘华玉、刘甫玉同发心，于癸酉年，即乾隆十八年（1753）将涿县三合屯一顷贰拾亩、降各庄陆拾亩，计壹顷捌拾亩，舍与云居寺之事。

三合屯，今属涿州市高官庄镇，在涿州市东南16.8公里处，北邻豆庄乡，东隔白沟河与固安县相望，南临高碑店市，西与涿州市林屯乡接壤。降各庄不详。

大树楼桑，今属河北涿州市林屯乡，在涿州市南，是汉昭烈帝刘备故里。刘备为汉中山靖王刘胜的后代，村中刘氏，亦中山靖王刘胜的后代，为刘备的族人，施地者刘门冯氏与孙刘魁玉、刘华玉、刘甫玉应为刘备族人后裔。

施地于乾隆十八年（1753），立碑于乾隆二十八年（1763），在重开山第四代住持，传临济正宗第三十六世际瑜和尚住持云居寺期间。

○九五　放财置地斋僧功德文引

涿鹿日暄，石经连鹫岭之脉。白带星燦，西域接祇树之园。然蔬食菜根，未尝不饱。饭糗茹草，不堪其忧。故室内留衣，韩文公曾有胜举。道傍指困，鲁子敬亦有义闻。契经亦云：人天路上，作福为先。六度门中，布施为首。

兹有比丘净如等，为人清俭，用度随缘，积有舌齿余资若干，置地舍奉西域金田，接待往来，供佛斋僧，永作香火，乃为身后之供养也。俾后之来者见贤思齐焉，令现之目睹者没世不忘也。酬恩报德，粥锅打破，自有王老。移贫作富，拈锤竖拂。助道因缘，故勒金石以记之云。

计开施银叁佰玖拾肆两肆钱，置水地壹段计陆拾捌亩，坐落涿州迤西北杜村村西，东至吴姓，南至高姓，西至弘恩寺地，北至水沟，四至分明。

功德主比丘净如、德如率徒体实、文普。证盟人张式彬。

容城县白沟河关帝庙比丘悟彻、新城县赵家庄白衣阁比丘净如同发心，施银百两，置地叁拾亩，四至本山，永远供众。

大清乾隆肆拾伍年岁次庚子捌月日吉立

碑刻说明

清刻。在云居寺毗卢殿北侧。方首圆角，青石质。碑首高49厘米，宽59厘米，厚13厘米。碑身高99厘米，宽55厘米，厚12厘米。碑座高13厘米，宽78厘米，厚31厘米。碑额正书"万代流芳"。

碑文考释

新城县赵家庄，今属河北保定高碑店市梁家营乡。

文载，清乾隆四十五年岁（1780）八月，新城县赵家庄白衣阁比丘净如、德如率徒体实、文普施银三百九十四两四钱，置水地一段计六十八亩，坐落涿州迤西北杜村村西。新城县赵家庄白衣阁比丘净如，又与容城县白沟河关帝庙比丘悟彻同发心，施银一百两，置地三十亩。

时在重开山第五代住持，传临济正宗第三十七恒朗主持云居寺期间。恒朗，俗姓杜，号了正，徐州府萧县杜家楼（今安徽省萧山杜楼镇杜老楼村）人。

○九六　嘉庆帝赐稻田记

从来天地多生成之德，帝王广化育之仁。西域为房山胜境，中有云居寺，清净法门，众僧云集，而赤米白盐之费，非杖头挂袋则终岁不给，其来久矣。迄大清嘉庆十四年春，恭逢圣驾亲临，瞻礼佛像，仰邀天眷，恩赐土田，俾霑水土之恩，以皈依之众。直隶督宪温承圣旨宣谕。此地坐落涿郡系稻田三百余亩，与寺地阡陌相连，耕耘实便。寺僧人均霑圣泽，仰沐皇仁。于是念薪水由来，世守宗风。云居寺之由此常存者，皆出我皇上深仁厚泽之赐也。敬勒于石，以示后世，用垂不朽云。

住持僧达焕敬立

碑刻说明

清刻。在云居寺祖师殿前。方首抹角，青石质。碑首高54厘米，宽67厘米，厚20厘米。碑身高98厘米，宽63厘米，厚18厘米。碑座高57厘米，宽88厘米，厚35厘米。碑额正书"皇图永固"。

碑文考释

文载，清嘉庆十四（1809）三月，嘉庆皇帝驾临云居寺驻跸，赋《云居寺瞻礼二十韵》镌碑寺中。云居寺众僧云集，多年来，口粮不足，寺僧若不托钵行乞，一年到头就无法为生。嘉庆帝得知，恩赐稻田三百余亩，坐落在涿州，紧挨云居寺原来的香火地。当年事体非常隆重，"直隶督宪温承旨宣谕"。

"直隶督宪温"，即直隶总督温承惠，字景侨，山西太谷人。乾隆四十二年（1777）拔贡，除七品京官，累迁郎中。乾隆五十四年（1789），出为陕西督粮道，补延榆绥道，起按察使。嘉庆五年（1800），擢陕西按察使。嘉庆十年（1805），擢江西巡抚。嘉庆十一年（1806）调福建巡抚兼署总督。嘉庆十二年（1807）授直隶总督。

嘉庆十四年（1809），温承惠以直隶总督衔荣任钦差，亲赴云居寺宣谕嘉庆赐田圣旨。眷眷皇恩，荣及一时。

"赤米白盐之费，非杖头挂袋则终岁不给，其来久矣。"碑文的记载，反映了当年云居寺僧众生活的窘境。嘉庆赐田，缓解了云居寺僧众的口腹之急。

此在重开山第六代住持，传临济正宗第三十八世焕公住持云居寺期间。焕公，俗姓赵，法名达焕，号大乘，广平（河北省邯郸市广平县）人。

〇九七　傅宅地亩碑记

西域云居寺，为房山第一名山古刹，历有兴替，自唐、宋迄至于我朝，不乏圆明之戒，是以士大夫贤良高蹈者无不至此瞻拜佛像、供给众僧，及历代朝廷亦常策銮舆而幸此。善亮因扈跸之余，慨然有布施之愿，因事不便，随将自置石门村地三顷零九亩一分六厘，下庄村地八顷七十三亩八分四厘，北正里零甲共大粮地拾一顷八十三亩，藉此诣寺，佛前祝告，备供斋僧。情甘同弟德亮，将此地半施半卖与西域寺内，言明地价纹银壹仟三百五十两正，其银笔下交清，并不欠少。又有慈母点食之地，三顷二十六亩五分三厘，情愿舍与寺内，供佛斋僧，永远为业。此地与卖地相连，任寺内接地承种。所有地内钱粮，攸关国课，自应凭寺更名完纳。主持福渊上人不泯功德，按节修经，礼参拜忏，亮感荷无已，援笔立词，用付琬琰，以志二美不朽云尔。

三宝弟子傅善亮　傅德亮仝撰

闲散人王石如书丹

峕大清嘉庆二十五年三月上浣谷旦

碑刻说明

清刻。在云居寺千佛殿前。青石质。碑首高50厘米，宽67厘米，厚19厘米。碑身高98厘米，宽64厘米，厚17厘米。碑座高44厘米，宽92厘米，厚38厘米。方首圆角，首身一体。碑额正书"万代流芳"。

碑文考释

文载，清嘉庆二十五年（1820），傅善亮、傅德亮兄弟二人，以地价纹银一千三百五十两，把石门村地三顷零九亩一分六厘、下庄村地八顷七十三亩八分四厘、北正里零甲共大粮地拾一顷八十三亩卖给云居寺，并无偿布施香火地三顷二十六亩五分三厘。傅氏兄弟的身份不详，清史无载。

"德亮因扈跸之余，慨然有布施之愿。"嘉庆十四年（1809）、嘉庆十八年（1813），嘉庆帝先后两次驻跸云居寺，傅德亮应在扈跸之列，由此推断，此人多为嘉庆皇帝身边的下级武官。

此在重开山第七代住持，临济第三十九世辉公住持云居寺期间。辉公，俗姓刘，法名悟辉，字福渊，山东兖州府汶上县（今山东省济宁市汶上县）人。

〇九八　檀波记

尝闻荃草现琼楼，非假功能，念中成德业。信自当人，祇园故有布金，震旦岂无长者？荒老见性成佛，妙在诸缘皆空。大梅即心即佛，贵乎修因无漏。兹有永清县水大王庄培润赵公者，恒怀拜善之风，永秉闻过之德，久亲三宝，顿悟一时，近将祖业地一顷一十四亩共一十一段暨阖家人等，同发坚固之心，共霑无为之化，舍奉西域梵刹，接待往来禅流。割现在之荣，种将来之福。前因后果，脉络相联。选佛场中，已栽菩提沙树。龙花会上，早证舍那金身。功德无穷，福源浩渺。凭有原契，更立斯文，勒石刻铭，以垂不朽。所有地段开列于后。

此地舍后，系功德主自种，每年交香资租银十两。功德主赵培润。

计开地段：一段三十五亩、一段十二亩、一段六亩、一段九亩、一段九亩、一段四亩、一段六亩、一段七亩、一段十一亩、一段六亩、一段九亩。

大清道光三年三月吉日　住持悟辉仝勒石

碑刻说明

清刻。在云居寺祖师殿前。方首抹角，青石质。碑首高54厘米，宽67厘米，厚20厘米。碑身高98厘米，宽63厘米，厚18厘米。碑座高57厘米，宽88厘米，厚35厘米。石座前后刻海水江崖，左右刻梅花、莲花。碑额正书"皇图永固"。

碑文考释

文载永清县水大王庄（今天津永清县六街乡南大王庄）赵培润，将祖业地一顷一十四亩其十一段舍奉云居寺之事。

此在重开山第七代住持、临济第三十九世辉公住持云居寺期间。

〇九九　孝女张氏法名真善功德茔地碑记

钦命管理僧录司印务体宽通申撰　乞士慈海普济书丹

盖联三宝堂前，作福为先。六度门中，檀施为首。西域大云居寺者，始建于隋，历唐、宋、元、明，至我大清以来千有余年，住持焚修，檀那信施，代不乏人。然庙貌巍峨，神明赫奕，田园僧舍，亦由众善功德之所成就。兹有前任贝勒讳绵律之张侧室，善根淳厚，佛地缘深，发心皈依第七代上福下渊辉公和尚为三宝弟子，受菩萨大戒，赐名真善，供养三宝，庄佛斋僧，功德无量。感化夫主，一同发心，皈依三宝，法名真明。一日，真善请曰："弟子双亲未葬，欲于佛地求一福穴安身。待己限尽，归茔父母。非惟寄身佛地，常闻经法，而且能全世孝，不离椿萱。如蒙慈允，平生之愿足矣。"福渊辉公慨然应曰："善哉斯举，佛孝双全。世出世间，可作一大标榜也。"乃命于道光二年二月，将真善父母卜日安厝于寺南之吉地焉。留余穴以待同归。乃嘱后裔曰："真善所修布施，上为供佛斋僧之费，下为节年祭扫之资。举凡为主为职，务守遗言，随时祭扫，毋令缺误，使余有食言之咎也。"呜呼！福公可谓全始全终之良导，真善可谓供佛孝亲之善人。余虽不文，故乐而为之撰云。

龙飞道光七年岁次丁亥中秋后三日　第八代住持明文真达等同立石

碑刻说明

清刻。在云居寺杖引河西岸。拓片高203厘米，宽91厘米。碑文落款尾有方形印章两枚，一上一下，上为朱文"明文"，下为白文"真达"。

碑文考释

文载贝勒绵律侧室张氏，皈依清云居寺第七代福渊受戒，赐名真善，道光二年（1822）向福渊请求寺南吉地以葬双亲，并为自己百年之后葬所之事。道光五年（1825），福渊示寂，达公继云居法席，为云居寺重开山第八代住持，临济第四十世。道光七年（1825），达公伐石立碑，镌下先师的许诺。

达公，俗姓王，法名真达，字明文。直隶河间府景州王家沙窝（今河北省衡水市景县安陵镇王家沙窝村）人。

张真善为清贝勒绵律侧室,皈依云居寺第七代福渊为俗家弟子:"兹有前任贝勒讳绵律之张侧室,善根淳厚,佛地缘深,发心皈依第七代上福下渊辉公和尚为三宝弟子,受菩萨大戒,赐名真善,供养三宝,庄佛斋僧,功德无量。"

绵律在其侧室真善的感化下,也皈依佛门,法名真明:"感化夫主,一同发心,皈依三宝法名真明。"

绵律,康熙玄孙,曾祖是雍正皇帝,祖父弘瞻是雍正第六子,父亲一等镇国将军永瑹。乾隆五十六年(1789)七月,绵律过继给果简郡王永瑆为子,袭贝勒。嘉庆十一年(1806)五月,因事被废去贝勒爵位。

张真善多次为云居寺布施。

香树庵倾圮,庵基沦为俗产,真善先于道光二年(1822)率先施钱赎回地基。道光十五年《香树庵原置重修二善碑记》:"云居寺之北,有古刹香树庵,历年久远,风雨飘摇。有信女宗室赵门张氏法名真善者,常于云居作诸功德,偶经其处,目击心怆。遂出己资,售斯旧址。……香树庵第道光二年宗室赵门张氏法名真善置。"

道光八年(1828),施钱重建大悲殿。道光八年(1828)《西域山大云居寺重修大悲坛碑记》:"旧有大悲坛,年深日已久……真善发大心,捐赀重修建殿宇,顿然新佛像,并庄严幢幡,及供器香花灯悉备。"

道光九年(1829),施钱一千五百吊,对云居寺千佛殿进行了油漆彩绘,并对诸佛菩萨神像进行了彩饰修缮。道光九年(1829)《西域云居寺千佛殿碑记》:"西域寺古刹也,千佛殿居上层,年代久远,金碧剥落,而诸佛菩萨衣裳珠履之饰亦多残缺。有宗室张氏者,好善有年,礼佛斋僧已征信念,兼之有同怀,更偕绍兴董氏一同焚香,誓愿共矢。虔诚捐金鸠工,油色彩画,无不如法。"

一〇〇 胡铭施地碑

房治迤西距京师百七十里许,有山蔚然,叠嶂回环,典流映带,视衡岳罗浮之胜有其过之夷。考舆图,殆□□独鹿也。上建古刹,创始自汉代,曰西域云居。隋唐以来,间有培葺,我朝尤盛。雕甍蔽日,杰阁凌霄。洒蜂台之法雨,宝筏宏开。拥鹫岭之慈云，金绳永耀。峙英灵于北极，挹爽气于西昆。诚畿南之一大胜境矣。善士胡君，信心皈依，来自潞河，侨居寺左。愿将所置民地二十□□，坐落保定府属新城之栗各庄，计其价八千有余，岁获租钱八百□□，布施本寺，供佛斋僧。和尚显慧，感其功德，求记颠末，□寿贞珉。乃为之铭曰

巍巍独鹿，赫赫禅宗。灵钟秀毓，遐迩景从。善哉胡叟，施博积厚。仗佛维持，同垂不朽。

诰授奉真大夫涿州知州郭宝勋撰并书

功德主胡铭

大清咸丰元年四月初八日　显悟　显慧　仝立

碑刻说明

清刻。在云居寺大悲殿前。方首抹角，白石质。碑首高69厘米，宽79厘米，厚25厘米。碑身高134厘米，宽75厘米，厚23厘米。碑座高56厘米，宽107厘米，厚48厘米。碑额双勾篆书"永远流芳"。原碑无题，题为添加。

碑文考释

文载，潞河（今北京市通州区）人胡铭，侨居寺左，应该是水头村。此人将保定府栗各庄村（今河北省保定高碑店市和平街道栗各庄村）地亩，每年所获地租钱布施云居寺。

碑石地亩数与地租钱数字残缺，或为"所置民地二十余顷"，"岁获租钱八百余两"。存疑。

显慧，俗姓李，法名显慧，号体耀，山东恩县（今山东省德州市平原县）人。云居寺重开山第十代，传临济正宗第四十二世。

显悟，在落款中居显慧之右，应为显慧法兄。

一〇一　施舍功德碑记

咸丰辛酉科拔贡候儒学正堂涿鹿姚玉璋撰并书

余闻天必锡之福降之祥者，无非好善之心有感而通焉者也。要之善，谓非人之极务哉？然为人之极务，则人有善行可称者，贵揄扬不宜泯没也。

乃于同治二年孟冬下浣，适有顺天东安县人刘万金先生，世居野鸡刘家庄，距县城廿里许。其人心超流俗，性近法门。故觅泉石以修真，寻山林以托迹。即来西域之所自昉也，由是暂住云居，朝夕游观，睹其古柏蕃昌，异花畅茂，仙峰耸翠，佛殿生光。聆梵音而纤尘悉涤，听禅语而万虑咸除。宝月写其涓涓，昙云欣其漠漠。森严肃静，有以开菩提之道场。彼刘公好善之忱殆有勃然莫遏之势焉。因此，始旋故里，同其子玉堂特具白金一百七十两，青蚨三百三十千，黑豆一百石，悉施之寺内，以佐香火之资，则敬神如在之诚，不可播诸声称，传诸闾巷乎？及年湮代远，和尚增公又恐有磨灭不彰之处，所以欲刊诸碣石，以冀异日之有征也。于是属余为文，余嘉其功德宏深，亦足了我国家教化攸行而民风永厚矣。因搦管而为之记，以致永垂不朽云。

峕大清同治三年岁次甲子十一月初一日　住持密增　监院密沁等同勒石　石匠续林刻

碑刻说明

清刻。在云居寺千佛殿前。方首抹角，白石质。碑首高54厘米，宽68厘米，厚17厘米。碑身高100厘米，宽65厘米，厚14厘米。碑座高44厘米，宽88厘米，厚38厘米。碑额行书题"为善最乐"。

碑文考释

文载，同治三年（1864），东安县刘家庄刘万金与其子刘玉堂施云居寺白金一百七十两，清钱三百三十千，黑豆一百石事。云居寺住持密增、监院密沁树碑为记。

密增，俗姓郭，字雅纯，山东兖州府宁阳（今山东泰安市宁阳县）人。云居寺重开山第十一代住持，传临济正宗第四十三世。

密沁，字镜如，与密增同为云居寺重开山第十代，传临济正宗第四十二世显慧弟子。

一〇二　善愿常存记

闻之诗，君子有谷贻子孙。是知有率祖之深心者，事事皆遵先人之范。有继述之雅意者，在在必做已往之轨。凡作固然，而善事尤甚。若我教先师天贵张君并其弟子张云清者，籍隶河间府河间县人也。幼奉三宝，长愈抒诚敬。受菩萨大品戒法，厕近佛门，专修净业，愿就弟子为优婆塞，即时发心，誓为外护，藉以稍修善果，期培正因者也。耆年愈勤，毕生靡懈。我教眷属，睹先人之遗绩，深恐后世废弛，用是同发诚心，谨将过去先祖并现在诸徒名讳铭诸贞石，期以后世若子若孙，勿忘乃祖父之嘉谟善志云尔。乃为铭曰：

皆可为善，最罕其真。兹自祖父，久扣禅心。澄澄碧水，翙翙云飞。凡情若尽，圣解何亏。咄哉诸徒，勿替祖训。尽未来际，人天慧命。

奉教菩萨戒弟子优婆塞张天贵，河间、献县诸门徒：

史永明、刘殿甲、张明学、李太和、张文达、宋天开、左香魁、刘印慧、赵守用、张寿、张云清、薛延昇、宋士增、左廷叁、张峻德、宋天继、史开惠、杜廷梅、张兴茂、李良贵、李方林、史永良。

徐尚清、王凤祥、张永祥、张好礼、王可富、高士起、李广绪、王顺来、张永盛、刘朝凤、冯天法、程鹤鸣、程百禄、彭名、杜茂林、刘有福、王可修、程永中、邢满堂、邢百令、高华成、高荣。

邢乐、邢立水、崔凤山、宋崇山、宋具明、宋昆山、宋魁林、陈会连、陈福顺、郝凤魁、赵寿、邓绍康、邓克有、邓永利、刘云昇、刘砚田、王万秋、薛锦绣、安新成、齐树恒、田长兴、邓绍洪。

高仕、高杨、曹凤岐、周培德、董晋堂、赵振三、艾钟清、艾钟治、张文炳、田耀林、宋天修、宋春元、宋奎昇、宋天眷、宋天恕、宋士元、李永信、李怀曾、李其兴、李其德、李怀益、李其成。

李其桂、李怀桂、李德明、宋永棠、宋永山、宋永寿、赵廉清、赵御清、张永奉、曹殿魁、王永春、王学礼、王殿魁、王学孟、刘文、纪凤君、王德、曹瑞锡、袁通成、黄雨李、李其坤、李其春。

闫宝祥、闫锟、王殿元、曹景怀、于学林、邓振和、于凤池、于振元、韩文昇、冠广和、于凤鸣、于朝彦、于君礼、于汉波、于万清、胡大奎、苗兴义、史大利、史大均、孙富玉、李怀凤、袁同成。

杨段氏、张葛氏、王氏、马支氏、黄郝氏、高孟氏、高刘氏、高李氏、高孙氏、高卢氏、高赵氏、李高氏、孔吴氏、马常氏、孔杨氏、李氏、冯氏、韩周氏、赵刁氏、彭江氏、刘和氏、和冯氏。

杨王氏、杨刘氏、刘徐氏、曹田氏、曹闫氏、王郭氏、曹孙氏、白李氏、齐卢氏、缴夏氏、郝宋氏、王程氏、杜茂氏、刘江氏、郭王氏、李吴氏、关萧氏、程杨氏、段赵氏、萧庆氏、郭刘氏、赵萧氏。

李照安、史杨氏、白谢氏、马杨氏、杨张氏、崔刘氏、刘王氏、陈张氏、张王氏、曹张氏、王田氏、曹王氏、齐朱氏、赵马氏、齐赵氏、李史氏、杨刘氏。

大清同治十三年岁次甲戌仲春月立

碑刻说明

清刻。在云居寺千佛殿前。方首圆角，白石质。碑首高24厘米，宽62厘米，厚20厘米。碑身高90厘米，宽60厘米，厚18厘米。碑座高39厘米，宽79厘米，厚32厘米。碑额行书"俾循勿替"。

碑文考释

文载，河间府河间县人优婆塞张天贵，受菩萨大品戒法，在河间县、献县有张清云等193个门徒。这件碑刻，让后人了解了清代优婆塞广收门徒的现象。

张天贵应是为云居寺高僧门下弟子，他"幼奉三宝，长愈抒诚敬。受菩萨大品戒法，厕近佛门，专修净业，愿就弟子为优婆塞，即时发心，誓为外护，藉以稍修善果，期培正因者也。耆年愈勤，毕生靡懈。"

张天贵过世，其两县弟子"深恐后世废弛，用是同发诚心，谨将过去先祖并现在诸徒名讳铭诸贞石"。碑左，刻下张天贵和其门下弟子193人的姓名，女弟子则刻下姓氏。

时重开山第十二代住持,传临济正宗第四十四照公住持云居寺。照公,俗姓王,法名印照,字慈霞,山东济南府德州北厂(今山东省德州市德城区长庄乡北厂村)人。

一〇三 施财功德碑

观夫德□□□□□□□□□理事,事即理之事,万化弗能穷其源,理即事之理□□□□□□□□□旨其在斯乎。要之悟于修耳,悟则妙解圆明果因。□□□□□□□理事全。以此乃□宗极则禅家妙旨者。当日灵山会□□□□□□□措,是以仰劳世尊再□群□鹿苑,初唱檀度云与庄严□□□□□卯土既多长者□□□□善人。兹有信女,籍隶安州淀头村□□□□□性近三宝,德秉四箴,前诣荒山,瞻礼金容,钦仰之,至赍白金□□□□□谒我寺,布施斋僧,藉种良因,度伸皈祝,伏祈现世福寿弥增,□□□□□,愿将来龙华会上女证男身,因真果正,德慧无穷矣。在彼岂乐□□□。和尚照公感其诚,乃勒石贞珉,昭垂后世云尔。

住持印照 监院密彦

峕大清光绪二年四月初八日 吉立

碑刻说明

清刻。在云居寺千佛殿。方首圆角,白石。碑身高62厘米,宽70厘米,厚18厘米。碑座高46厘米,宽79厘米,厚37厘米。碑额正书"万古流芳"。

碑文考释

文载,安州县淀头村(今属河北雄安新区端村镇)信女,到白带山瞻礼,为佛教圣地云居寺所感,回乡后,带来白金再谒云居寺,布施斋僧。

时值重开山第十二代住持,传临济正宗第四十四照公住持云居寺,为之立碑为记。

监院密彦，号万宝，云居寺重开山第十代，传临济正宗第四十二世显慧门人。住持印照师叔。

一〇四　云居寺善会碑

咸丰辛酉拔贡就职试用奖办海运出力准选儒学正堂邢景燿撰文

溯自西域云居大刹创立迄今，无时不资功德。嗣即庙古，楼殿林立□□□□随遇皆有善缘。讵忆有顺天府固安县城北乡马家屯马门李氏者，□□□□，向闻常常为会首。争先恐后，每适源源渠果来。寿已逾八十，会仍领□□。□□既久，立志弥坚。故在在输诚，功惟冀符乎不朽。时时修福，名乃愈显其□□。□而虑塔携杆小，而挂幡献供劝舍，群欣胁集纳捐，已倍腰缠，洵可谓乐善□□，好施茂加也已。嘻！感盛德之延鸿，宜赋他山以褒他助。美阴功之贻燕，尤□□寿以继多男。庶几善门永辟，会众偕乐追随。有斡有年，德泽长绵。若人其□□基恒心恒产族钦。法师保公，索余为文，余直不揣，耄荒书颂，爰勒贞珉，用昭□举。是为志。

住持保泰和尚命比丘本修书丹。

会首：马李氏。

管事：宋开第、余景林、余绍德、余振海、虞从恺、宋应琨、温殿元、王涣文、段品一、宋应铨、高奎、余幼清、卜德胜、陆有福、张巨德、陆有祥、庞宝珍、陆士林、蓝贵、陆士元、邓玉和、韩福、孔庆魁、褚化山、谷连峰、高凤岐、文钰、杨振雄、张志、闫增福、田树林、宋应琪、刘国祥、刘凤鸣、张棠、刘凤斋、高文碧、□秋□、马广□、王伦□。

王赵氏、谢张氏、郭邢氏、于黄氏、王李氏、刘祖氏、鲍鲍氏、董陈氏、田王氏、龙董氏、王谢氏、刘黄氏、张岳氏、高荣氏、王奶奶、李王氏、甄王氏、宋张氏、鲍陶氏、马曹氏、赵陈氏、马马氏、姜赵氏、李杜氏、郭韩氏、宋张氏、张马氏、高张氏、杨李氏、王马氏、李张氏、尹祖氏、王张氏、邓张氏、张马氏、高魏氏、谢张氏、邵李氏、刘董氏、温刘氏、曹薛氏、闫李氏、侯李氏、章申氏、于周氏、王周氏、周师氏、张于氏、罗杨氏、杨李氏、张吴氏、余刘氏、胡赵氏、王温氏、温郭氏、马马氏、高杨氏、李朱氏、李姚氏、赵刘氏、齐李氏、樊贺氏、齐李氏、王刘氏、王谢氏、侯王氏、刘张氏、杨闫氏、王董氏、杨蔺氏、夏刘氏、雷毕氏、□□氏、温□氏、佟□氏、侯刘氏、□□氏、□□氏、□□氏。

合会人等全叩献。

大清光绪三十三年岁次丁未三月谷旦立　监院善丛　监司乐禅　知客智参　都管瑞林勒石

碑刻说明

清刻。云居寺毗卢殿北侧。方首抹角，白石质。碑首高55厘米，宽70厘米，厚17厘米。碑身高99厘米，宽68厘米，厚16厘米。碑座高22厘米，宽82厘米，厚46厘米。碑额正书"万古流芳"。原碑无题，题为添加。

碑文考释

文载，顺天府固安县城北乡马家屯（今河北保定市固安县柳泉镇马家屯）马门李氏，为善会会首，历年为云居寺布施。年逾八十，立志弥坚。云居寺保泰和尚为此立碑，镌下会首马李氏和会众的120人的芳名，以作褒扬。

保泰，俗姓李，名大登，号保泰，山东泰安府东阿县黄家屯（今山东省聊城市东阿县山黄屯乡黄家屯）人。云居寺重开山第十三代住持，传临济正宗第四十五世。

监院善丛，名大法，号善丛。保泰师弟。云居寺重开山第十二代住持，传临济正宗第四十四印照弟子。

监司乐禅，名乘和，号乐禅。保泰弟子，衣钵传人。

知客智参，名大来，号智参。保泰师弟。

都管瑞林，名乘振，号瑞林。保泰弟子。

一〇五　朝山进香碑

直隶保定府新城县东南乡南北沙口村万善同归

同心善敬，发意公举，朝山进香，礼敬真如，乐助蜻囊。今有北沙口村会首刘王氏，愿力善举，领众善男信女人等朝山进香祈福，保泰合宅人口平安，福缘善庆，功德无量。此会历数千百年，享祀遍天下。虽庸人孺子，无不信仰尊崇者，其惟我佛教乎！上自王公大人，下至百工黎庶，或建祠立庙以尽其诚，或应时祀祭以致其敬。万民奉戴，四海推心。懿欤盛哉！不其伟矣？夫我释氏，以生死轮回之说警恶劝善，直启千古迷津，使福善祸淫之道炳若日星。于是，善男信女鼓舞乐道，乱臣贼子改恶迁善。是诚德被生民，功施社稷。故能广传幽远，历久弥昌。人人心史，何事小子之哓哓？然乐道之诚情不容已，乃立石于是，缀以祠铭。虽无裨于神明，聊达余之耿耿而已。铭曰：

皇皇神明，照临下土。无无浑浑，惟德是福。兆民有赖，岂云小补。善哉善哉，依乾坤以终古。

督亢居士陈桂林撰文

本邑后石门村增生王宝兴 师范毕业生王德元沐手敬书

信士弟子会首刘焕章 徐庆林 董事人郭宗山 佟圽

中华民国伍年丙辰三月吉旦 敬立 刘仲镌

碑刻说明

民国刻。在云居寺毗卢殿北侧。方首圆角方座，雕海水、江崖、流云。碑首高 57 厘米，宽 65 厘米，厚 20 厘米。碑身高 100 厘米，宽 63 厘米，厚 17 厘米。碑座高 40 厘米，宽 80 厘米，厚 22 厘米。额双勾题"永垂不朽"。原碑无题，题为添加。

碑文考释

文载，新城县北沙口村会首刘王氏，历年带领南沙口村、北沙口村（今属雄安新区北沙乡）会众朝山进香、捐施银两事。

当时，乐禅为云居寺住持。乐禅，名乘和，号乐禅。民国三年（1914）正月十六日，保泰示寂，乐禅继主云居寺，是为云居寺重开山第十四代住持，传临济正宗第四十六世。

一〇六　信女居士李氏法名真修募缘功德碑

盖闻三宝堂前，作福为先。六度门中，檀施为首。兹有信女居士，直隶任丘县东大坞村李君尚达之女也。奉佛斋僧，乐善好施。民国庚申皈余座下为三宝弟子，鉴其慕道修行专诚不怠，遂赐其名曰真修以勖之。是年秉受五戒居士，尝谓欲种福田，苦行第一。因发愿募化十方，回向功德。历八年之久，共募大洋六百元，以此资财，代彼修葺十方佛殿。居士以一女人身，载驰载奔，寒暑不避，劳瘁不知。凡世间所谓艰难困苦之事，均不足以阻挠其心，卒致有志者而事竟成也。非夙具善根，信道坚固，何可臻斯？此余所以嘉其志，特叙之于碑，俾大功德，藉此不朽云。

京兆直隶各县善士列于左：

任丘县李万义、陆树乔、边善人、庞善人。雄县胡、张善人，高阳县赵、常、韩浦洲、庞济仁、庞子仁、邓善人、杨善人、韩玉香、苏万有、刘庚五、刘腔有、刘混有、龚泫增、杜成有、尹善人、苏善人、张善人。蠡县于善人、刘仙姑、刘道修。新安县、安肃、大成、河间、献县、交河县刘善人、任善人。大名府冯太太、曹善人、王太太。东光、静海独流姚善元、梁联□、□□□、□善人、李善人、刘善人。容城县郑门、李善人、刘善人。博野县余太太。安次县欧阳连、欧阳王氏。天津清修堂张二奶奶。永清县刘王氏、辛高氏。固安县姚善人。文安胜芳镇薛王氏。

中华民国十五年岁次丙寅春三月中浣　第□□□□□乐禅同立

碑刻说明

民国刻。在云居寺毗卢殿北侧碑廊，方首圆角。拓片通高204厘米，宽70厘米。正书。额双勾题"因果不昧"。

碑文考释

民国庚申，民国九年（1920）。

文载，直隶任丘县东大坞村（今属河北省沧州任丘市议论堡乡）李尚达之女奉佛斋僧，乐善好施，民国九年（1920）皈依云居寺住持乐禅座下为三宝弟子，赐名真修，秉受五戒居士。真修发愿募化十方，"历八年之久，共募大洋六百元"，云居寺用这笔钱建了十方佛殿。民国十五年（1926）三月，云居寺住持乐禅为此立碑寺中。

真修民国九年（1920）皈依，到民国十五年（1926）共7个年头，不满8年之数，她募化当从民国八年（1919）始。8年时间，她奔走任丘县、雄县、高阳县、蠡县、新安县、安肃县、大成县、河间县、献县、交河县、东光县、静海县、容城县、博野县、安次县、永清县、固安县、文安县18县，大名府1府，天津1城募化，能记下姓名者47人，均镌于碑左。以上各县、府、城，今分别隶属于河北省四个地级市和天津直辖市。

其中隶属于今保定市的有7县。雄县，今河北省保定市雄安新区。新安县，今河北省保定市雄安新区。高阳县，今河北省保定市高阳县。蠡县，今河北省保定市蠡县。安肃县，今河北省保定市徐水县。容城县，今河北省保定市容城县。博野县，今河北省保定市博野县。

隶属于今廊坊市的有5县。大成县，今河北省廊坊市大成县。安次县，今河北省廊坊市安次区。永清县，今河北省廊坊市永清县。固安县，今河北省廊坊市固安县。文安县，今河北省廊坊市文安县。

隶属于今沧州市的有5县。任丘县，今河北省沧州市任丘市。河间县，今河北省沧州市河间县。献县，今河北省沧州市河献县。交河县，今河北省沧州市泊头市。东光县，今河北省沧州东光县

隶属于今邯郸市有1府：大名府，今河北省邯郸市大名县。

隶属于今天津直辖市的有1城1县。天津，今天津市。静海县，今天津市静海区。

图书在版编目（CIP）数据

房山碑刻通志．卷三，大石窝镇 / 杨亦武著．－－北京：学苑出版社，2020.11
ISBN 978-7-5077-6075-0

Ⅰ．①房… Ⅱ．①杨… Ⅲ．①碑刻－汇编－房山区 Ⅳ．① K877.42

中国版本图书馆 CIP 数据核字（2020）第 229044 号

责任编辑：潘占伟
出版发行：学苑出版社
社　　址：北京市丰台区南方庄 2 号院 1 号楼
邮政编码：100079
网　　址：www.book001.com
电子信箱：xueyuanpress@163.com
联系电话：010-67601101（销售部）　67603091（总编室）
印　刷　厂：北京建宏印刷有限公司
开本尺寸：710×1000　1/8
印　　张：31.75
字　　数：245 千字
版　　次：2020 年 12 月第 1 版
印　　次：2020 年 12 月第 1 次印刷
定　　价：498.00 元